上海师范大学应用文科计划
国家自然科学基金面上项目
"我国环保产业R&D投入的决策理论与评价方法研究"（71673189）支持

我国节能环保投入与绩效情况报告

孙红梅 等 著

上海财经大学出版社

图书在版编目(CIP)数据

我国节能环保投入与绩效情况报告/孙红梅等著.—上海：上海财经大学出版社，2017.9
ISBN 978-7-5642-2821-7/F・2821

Ⅰ.①我… Ⅱ.①孙… Ⅲ.①节能-产业发展-投资收益-研究报告-中国 Ⅳ.①F426.2

中国版本图书馆 CIP 数据核字(2017)第 212974 号

□ 责任编辑　朱静怡
□ 整体设计　JUN Studio

WOGUO JIENENG HUANBAO TOURU YU JIXIAO QINGKUANG BAOGAO
我国节能环保投入与绩效情况报告
孙红梅 等 著

上海财经大学出版社出版发行
(上海市中山北一路 369 号　邮编 200083)
网　　址:http://www.sufep.com
电子邮箱:webmaster@sufep.com
全国新华书店经销
上海华业装潢印刷厂印刷装订
2017 年 9 月第 1 版　2017 年 9 月第 1 次印刷

787mm×1092mm　1/16　14 印张(插页:1)　203 千字
定价:48.00 元

项目组成员

组　　长：孙红梅　上海师范大学商学院　教授
副组长：郭照蕊　上海师范大学商学院　教授
成　　员：朱伟琪　上海师范大学商学院　硕士
　　　　　洪　兰　上海师范大学商学院　讲师
　　　　　潘怀燕　上海师范大学商学院　硕士
　　　　　许　成　上海师范大学商学院　硕士
　　　　　孙崇瀚　上海师范大学商学院　硕士
　　　　　徐东东　上海师范大学商学院　硕士
　　　　　刘　嘉　上海师范大学商学院　硕士
　　　　　齐　真　上海师范大学商学院　硕士

摘 要

随着生态、资源、环境与经济的关系越来越紧密,我国"十三五"规划提出"坚持绿色发展,着力改善生态环境",并在 2016 年连续出台"生态文明建设方案""环保税法""十三五节能减排综合工作方案"等一系列节能和环保的相关法规政策,2017 年政府工作报告再次将节能与环保列为重点工作。

本报告在对我国节能环保现状分析的基础上,总结了我国节能环保投入基本情况;在对影响我国节能环保因素进行了单因素分析后,从理论上探索了能源利用效率与环境保护机理,并选择了全国各地区的样本数据,利用 DEA 数据包络法进行多投入与多产出的实证分析;在对美国、加拿大、日本、德国等国家节能环保的投资政策、投资行为、投资层次等进行分析的基础上,运用空间数据分析法对比我国各地区节能环保投资绩效进行了空间差异性分析;并在此基础上对金融、科技投入等影响节能环保的主要因素进一步做回归等实证分析,探讨金融政策与科技政策对节能环保绩效的作用;最后对我国节能环保目标与经济的协调性进行了探讨,分析了节能环保面临的问题和发展趋势,提出了发展建议。研究结果表明,我国节能环保投入总量是逐步上升的,但是与经济发展速度相比明显滞后,同时,

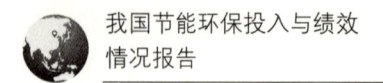

区域之间能源效率存在明显的空间差异与溢出效应;节能与环保有明显的相关性,未来需要在投入结构、投入层次与投入主体多样性等方面分类分级进行,在细分行业特征的基础上分区域投入,从而提高投资绩效。

关键词:节能环保,投资绩效,能源效率,目标权衡

目 录

摘要	1
一、我国节能环保现状	1
（一）我国能源现状	1
1. 石油	2
2. 天然气	3
3. 煤炭	5
4. 核能	7
5. 水电	8
6. 一次能源消费状况	9
（二）我国环保现状	14
1. 水	14
2. 大气	17
3. 土地	19
（三）节能环保发展状况	20
1. 相关政策	20
2. 发展状况	24
（四）我国节能环保不同区域状况与比较	29
1. 煤炭消耗量变动	30

2. 石油消耗量变动 ··· 31
　　3. 电力消耗量变动 ··· 32
　　4. 水资源 ··· 33

二、我国节能环保投入情况 ·· 36
　（一）投入构成 ·· 36
　　1. 投资来源 ··· 36
　　2. 投入层次 ··· 41
　　3. 投入方向 ··· 41
　（二）投入水平 ·· 43
　　1. 主要发达国家节能情况 ··· 44
　　2. 我国的基本情况 ·· 51
　　3. 比较与启示 ·· 56
　（三）我国不同区域节能环保投入情况与比较 ································· 57
　　1. 各省份自身的环保投资弹性系数 ··· 57
　　2. 东、西和中部的环保投资总额 ·· 57
　　3. 环保投资占GDP的比例 ·· 59
　　4. 各省份环保投资构成 ·· 59
　　5. 各省份电力消耗 ·· 61

三、影响节能环保投入的因素分析 ·· 64
　（一）社会发展水平 ·· 65
　（二）人文地理因素 ·· 68
　（三）污染情况 ·· 71
　（四）科技水平 ·· 73
　（五）能源消耗水平 ·· 74

（六）节能环保投入影响因素的实证分析 …… 76
1. 数据选取及指标体系的建立 …… 76
2. 单位根检验 …… 77
3. 面板数据的协整检验 …… 78
4. 相似性检验 …… 78
5. 面板数据的回归 …… 79
6. 模型结果评价 …… 80

四、能源利用效率与环境保护机理 …… 82
（一）能源利用效率理论 …… 82
1. 物理学 …… 82
2. 管理学 …… 84
3. 经济学 …… 84

（二）环境保护效益 …… 85
1. 环境保护效益定义 …… 85
2. 环境保护效益指标体系 …… 85

（三）能源利用效率与环境保护的关系 …… 86
1. 能源利用效率与环境保护关联 …… 86
2. 能源与环保协调发展的措施 …… 87
3. 能源与环境问题 …… 88

（四）提高能源利用效率的途径与措施 …… 89

五、节能环保投入绩效分析 …… 92
（一）国外主要发达国家经验借鉴 …… 92
1. 美国 …… 92
2. 日本 …… 94

3. 欧洲各国 ·· 96
　　4. 发达国家的经验总结 ·· 97
(二)节能环保投入绩效评价体系 ·· 98
　　1. 经济指标 ·· 98
　　2. 社会指标 ·· 98
　　3. 环境指标 ·· 99
(三)我国节能环保投入绩效实证分析 ·· 100
　　1. 样本选定 ··· 100
　　2. 变量设计 ··· 100
　　3. 实证过程 ··· 100
　　4. 结果分析 ··· 102
(四)我国不同区域节能环保投入绩效差异分析 ······························· 103
　　1. 节能环保绩效地域聚集程度指标及空间相关性 ················· 103
　　2. 空间面板模型分析 ·· 104
　　3. 结果分析 ··· 106

六、我国区域节能环保科技投入分析 ··· 108
(一)投入现状 ··· 108
　　1. 科技投入强度 ··· 109
　　2. 环境污染治理投资强度 ·· 111
(二)理论分析与假设的提出 ·· 113
(三)绩效评价设计 ··· 115
　　1. 影响因素 ··· 116
　　2. 指标体系的构建 ·· 118
(四)绩效差异的空间实证分析 ··· 124
　　1. 研究设计 ··· 124

2. 数据选取与处理 …………………………………………………… 125
　　3. 模型构建 …………………………………………………………… 125

七、区域金融发展对环保产业绩效的影响 ………………………………… 133
（一）现状分析 ………………………………………………………………… 133
（二）途径分析 ………………………………………………………………… 135
　　1. 外部规模效应 ……………………………………………………… 136
　　2. 金融扩散效应 ……………………………………………………… 137
　　3. 金融外溢效应 ……………………………………………………… 137
　　4. 金融资源使用效率 ………………………………………………… 139
　　5. 促进技术创新 ……………………………………………………… 139
（三）影响机理分析 …………………………………………………………… 140
　　1. 金融集聚效应 ……………………………………………………… 141
　　2. 资本支持效应 ……………………………………………………… 141
　　3. 资本配置效应 ……………………………………………………… 142
　　4. 企业监督效应 ……………………………………………………… 143
　　5. 政府引导效应 ……………………………………………………… 143
　　6. 绿色金融效应 ……………………………………………………… 144
（四）研究假设 ………………………………………………………………… 144
（五）理论模型 ………………………………………………………………… 146
（六）区域金融发展对环保产业综合效益影响的面板分析 ………………… 146
　　1. 指标构建 …………………………………………………………… 146
　　2. 样本数据及模型设定 ……………………………………………… 149
　　3. 区域金融发展水平评价分析 ……………………………………… 151
　　4. 面板数据模型参数估计 …………………………………………… 154
（七）区域金融对环保产业增长的空间模型分析 …………………………… 156

5

1. 空间面板模型概述 ·· 156
2. Moran 相关性检验 ·· 157
3. 空间模型分析 ·· 159
4. 模型结果分析与建议 ·· 160

八、节能环保产业发展的特征分析 ························· 162
(一)主要发达国家发展历程与特征 ······················· 162
1. 美国 ··· 162
2. 日本 ··· 168
3. 德国 ··· 172
4. 加拿大 ·· 174
(二)规律与启示 ·· 175
(三)我国节能环保产业发展历程与特点 ·················· 176
1. 我国节能环保产业发展不同时期的特点 ················ 176
2. 我国节能环保产业发展特征 ······························ 183

九、我国节能环保产业存在的问题与发展趋势 ············ 185
(一)节能环保产业目前存在的问题 ······················· 185
1. 企业主动性节能环保意识不坚定 ························ 185
2. 相关法律与节能环保标准不完善 ························ 186
3. 节能环保产业结构与地域分布不均衡 ·················· 186
4. 节能环保技术人才不足 ···································· 186
(二)我国节能环保产业发展趋势分析 ····················· 186
1. 政策有力促进,节能环保进入攻坚阶段 ················ 187
2. 产业结构优化,助推经济发展模式的转变 ············· 188
3. 节能减排力度进一步加大,相关节能企业发展空间巨大 ········· 189

  4. 新技术、新领域不断拓展 ……………………………………… 189

  5. 合作新模式 ……………………………………………………… 190

十、相关建议 ……………………………………………………………… 192

（一）加快节能环保产业的发展 …………………………………………… 193

  1. 完善法规政策，发挥政府职能 ………………………………… 193

  2. 与信息化相结合，紧跟国企改革政策 ………………………… 193

  3. 对接资本市场，引入新型PPP合作模式 ……………………… 194

  4. 发展绿色金融，辅助配合PPP模式 …………………………… 195

  5. 鼓励节能环保企业进行海外并购整合 ………………………… 196

  6. 重点发展节能产业 ……………………………………………… 196

  7. 利用先进技术发展智慧环保 …………………………………… 196

  8. 普及节能环保理念，发展非政府环保组织作用 ……………… 197

  9. 发挥市场机制，调整产业结构 ………………………………… 197

（二）提升节能环保科技水平的建议 ……………………………………… 198

  1. 依据地区资源差异进行调整，形成有效的资源配置结构 …… 198

  2. 开发利用新的无污染能源，提高能源利用率 ………………… 198

  3. 注重对科研人员和技术人员的培养和支持 …………………… 198

  4. 充分发挥节能环保科技投入绩效的空间溢出效应 …………… 199

  5. 合理利用区域差异性 …………………………………………… 199

  6. 加大对中、西部地区的投资力度 ……………………………… 199

参考文献 …………………………………………………………………… 200

一、我国节能环保现状

（一）我国能源现状

能源是工业化社会经济发展过程中的"血液"，没有充足的能源供应，社会经济难以整体持续发展。世界上任何一个发达国家都有一个可靠的能源保证体系。近些年来，我国能源工业的发展相对滞后于国民经济发展的步伐，在20世纪的最后20年里，我国能源消费的年均增长为4.6%，尚不足国民经济增长率的1/2。可以看出，在21世纪，尤其是前20年，我国能源工业面临着十分严峻的挑战。大力发展能源工业，加速建立可靠的能源保证体系已迫在眉睫。

我国能源现状主要有如下特点：

第一，我国是世界上最大的能源生产和消费国，但是由于我国人口众多，人均能源占有量远低于同期发达国家。

第二，能源结构失衡，环境污染严重，能源生产及增长呈现出"富煤、缺油、少气"，以及"新型能源短缺"的结构特征。

第三，能源消耗强度高、效率低、浪费大。我国可再生能源丰富，但可再生能源占能源消费的比重很低，可再生能源的发展还有很长的路要走。

能源是任何一个国家经济发展不可或缺的物质基础，是国民经济发展和产业结构提升的重要支撑。随着我国人口的继续增长和经济的快速发展，能源消费量的增加是必然的。

随着经济的发展，我国对能源的需求越来越大，能源供应已经成为制约国民经济发展的重要因素。尽管我国的经济增长已经放缓且正经历结构转型,但是我国仍是世界上最大能源消费国、生产国和净进口国。根据《BP 世界能源统计年鉴 2016》数据显示,2015 年我国能源消费增长 1.5%,比起过去十年的平均水平 5.3%有了较大幅度下降,这也是我国自 1998 年以来能源消费增速最低值。尽管如此,我国仍然是世界上最大的能源消费国,能源消费量占全球消费总量的 23%、全球净增长的 34%。

1. 石油

我国石油资源主要分布在东部地区,包括东北、华北、江淮地区。东北和华北地区主要在松辽和渤海湾盆地,江淮地区包括河南和苏北等盆地,这些地区累积探明石油储量占全国近 75%。

截至 2015 年底,石油是化石能源中消费增长最快的能源,其消费量比 2014 年增长了 6.3%,增长率稍高于其十年平均水平。石油剩余可采储量为 18.5 亿吨,位居世界第 13 位,但仅占世界总量的 1.1%,石油储采比 11.7,远低于世界平均水平 50.7。2015 年我国石油产量 4 309 千桶/日,比 2014 年增长了 1.5%,占 2015 年世界石油产量的 4.9%,位居世界第 5 位,属于世界产油大国,见表 1-1。

表 1-1　　　　　2006—2015 年世界主要产油国石油产量　　　　　单位:千桶/日

国家	2006	2007	2008	2009	2010	2011	2012	2013	2014	2015	变化(%)	占比(%)
美国	6 826	6 860	6 785	7 264	7 550	7 853	8 883	10 059	11 723	12 704	8.5	13.0
墨西哥	3 692	3 481	3 167	2 980	2 961	2 942	2 912	2 876	2 785	2 588	−7.0	2.9
委内瑞拉	3 336	3 230	3 222	3 033	2 838	2 758	2 701	2 678	2 685	2 626	−2.1	3.1
挪威	2 772	2 551	2 466	2 349	2 136	2 040	1 917	1 838	1 889	1 948	3.2	2.0
俄罗斯	9 818	10 043	9 950	10 139	10 366	10 518	10 639	10 779	10 838	10 980	1.2	12.4
伊朗	4 290	4 333	4 361	4 250	4 420	4 466	3 814	3 611	3 736	3 920	4.5	4.2
科威特	2 737	2 661	2 786	2 500	2 561	2 915	3 171	3 134	3 120	3 096	−1.1	3.4
沙特阿拉伯	10 671	10 268	10 663	9 663	10 075	11 144	11 635	11 393	11 505	12 014	4.6	13.0
阿联酋	3 098	3 002	3 027	2 725	2 895	3 320	3 403	3 640	3 685	3 902	5.3	4.0
尼日利亚	2 433	2 314	2 134	2 234	2 535	2 476	2 430	2 321	2 389	2 352	−1.5	2.6
中国	3 711	3 742	3 814	3 805	4 077	4 074	4 155	4 216	4 246	4 309	1.5	4.9
世界总计	82 487	82 277	82 818	81 182	83 283	84 097	86 218	86 591	88 834	91 670	3.2	100

数据来源:《世界能源统计年鉴 2016》。

2015年,我国石油净进口增长9.6%,至737万桶/日,创历史最高水平。我国进口原油3.35亿吨,进口成品油69.5百万吨,分别占世界的16.98%和6.75%,是世界石油进口第三大国,仅次于美国和欧洲。而美国原油进口量为3.66亿吨,成品油进口量为98.1百万吨,与我国相差不大。此外,我国还有少量原油和成品油出口,分别为280万吨和3 670万吨。因此,2015年我国原油净进口量为3.32亿吨,成品油净进口量为3 280万吨。

随着经济的快速增长,我国对石油的消费也大幅增长,成为仅次于美国的全球第二大石油消费国。但我国石油能源仍存在很多问题:

第一,我国石油能源自给能力不足。我国石油消费量排名全球第二,但石油储量相对贫乏。根据相关资料显示,我国已经探明的石油资源主要分布在丘陵地区和沙漠地区,这些地区通常环境恶劣、地质条件较差,因此勘探和开发的难度较大、成本较高。

第二,我国石油能源战略储备不完善。我国的石油储备远远达不到西方发达国家的水平,也没有达到安全的程度,这与我国石油战略储备的制度建设不完备密切相关。

第三,我国石油海外投资产出程度低。我国石油超过一半以上来自中东地区,海外产油国政治局势动荡,必然会影响石油的正常开采和出口。

2. 天然气

天然气素有"绿色能源"之称,是一种优质、高效、清洁的化石能源,在所有化石能源中碳排放系数最低。我国具有丰富的天然气资源,截至2015年,天然气储量和产量增长迅速,在能源结构中的占比不断上升。天然气比煤炭清洁,其价格比石油便宜,而且已具备成熟的开采技术,将是未来取代煤炭和石油的重要能源。天然气已经被广泛地应用于国民生活和生产的各个领域,目前在世界能源消费结构中所占比重约为24%。我国由于天然气工业基础相对薄弱,因此与国际平均水平相比,天然气在能源消费结构中的比例还很低。

截至2015年底,在化石能源中天然气的消费增长速度仅次于石油,比2014年增长了4.7%,远低于近十年的天然气增长率平均水平。我国天然气剩余可采储量3.8万亿立方米,世界排名第11位,占世界天然气剩余可采储量总量的2.1%。天然气储采比27.8,低于世界平均值52.8。2015年我国天然气产量138十亿立方米,名列世界第6位,比2014年增长了4.8%,占世界当年天然气产量的3.9%,见表1-2。

表1-2　　　　　2005—2015年世界主要产气国天然气产量　　　　单位:十亿立方米

国家	2005	2006	2007	2008	2009	2010	2011	2012	2013	2014	2015	变化(%)	占比(%)
美国	511.1	524.0	545.6	570.8	584.0	603.6	648.5	680.5	685.4	728.5	767.3	5.4	22.0
加拿大	187.1	188.4	182.7	176.6	164.0	159.9	159.7	155.7	156.1	162.0	163.5	0.9	4.6
挪威	85.8	88.7	90.3	100.1	104.4	107.3	101.3	114.7	108.7	108.8	117.2	7.7	3.3
俄罗斯	580.1	595.2	592.0	601.7	527.7	588.9	607.0	592.3	604.7	581.7	573.3	−1.5	16.1
土库曼斯坦	57.0	60.4	65.4	66.1	36.4	42.4	59.5	62.3	62.3	69.3	72.4	4.5	2.0
伊朗	102.3	111.5	124.9	130.8	143.7	152.4	159.9	166.2	166.8	182.0	192.5	5.7	5.4
卡塔尔	45.8	50.7	63.2	77.0	89.3	131.2	145.3	157.0	177.6	174.1	181.4	4.2	5.1
沙特阿拉伯	71.2	73.5	74.4	80.4	78.5	87.7	92.3	99.3	100.0	102.4	106.4	4.0	3.0
阿尔及利亚	88.2	84.5	84.8	85.8	79.6	80.4	82.7	81.5	82.4	83.3	83.0	−0.4	2.3
中国	51.0	60.6	71.6	83.1	88.2	99.1	109.0	111.8	122.2	131.6	138.0	4.8	3.9
印度尼西亚	75.1	74.3	71.5	73.7	76.9	85.7	81.5	77.1	76.5	75.3	75.0	−0.3	2.1
世界总计	2 790.9	2 891.2	2 964.5	3 071.7	2 983.3	3 208.5	3 299.9	3 362.6	3 410.7	3 463.2	3 538.6	2.2	100

数据来源:《世界能源统计年鉴2016》。

天然气具有储量丰富、降低单位GDP耗能、CO_2排放量最低、利用率高、经济效益好、污染小的优势。天然气是我国能源发展的战略选择,将会对优化能源结构起到积极作用。我国非常规天然气资源丰富,充分利用非常规天然气,将会对我国治理大气污染起到极大的推动作用。我国应加强常规和非常规天然气的发展,着力培育天然气市场,加强天然气发展的战略研究,引领天然气产业的健康发展。从当前和长远考虑,我国应坚持标本兼治、多措并举,充分发挥并利用天然气的优势,树立尊重自然、顺应自然、保护自然的生态文明理念,为造就美丽中国奠定坚实的基础。

3. 煤炭

我国自然资源的基本特点是富煤、贫油、少气,这就决定了煤炭在一次能源中的重要地位。与石油和天然气相比,我国煤炭的储量相对比较丰富,煤炭资源总量为5.6万亿吨,占世界储量的11.6%。其中已探明可采储量为1.1万亿吨,占世界总可采储量的12.8%,是世界第一大产煤国。

我国煤炭资源分布广泛,除上海以外各省市均有分布,但分布极不均衡。我国北方的大兴安岭—太行山、贺兰山地区煤炭资源量大于1 000亿吨,内蒙古、山西、陕西、宁夏、甘肃、河南六省区的全部或大部分地域,是我国煤炭资源集中分布的地区,其资源占全国煤炭资源量的50%左右。在我国南方,煤炭资源量主要集中在贵州、云南、四川三省,这三省煤炭资源量为3 525.74亿吨,占我国南方煤炭资源量的91.47%;探明保有资源量占我国南方探明保有资源量的90%以上。

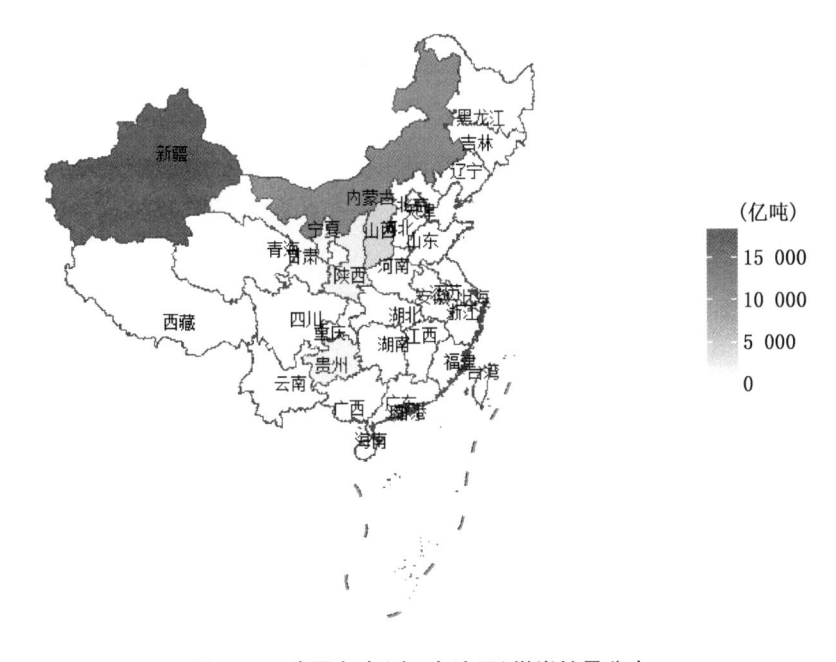

图1-1 我国各省(市、自治区)煤炭储量分布

我国的能源结构持续改进。尽管煤炭仍是我国能源消费的主导燃料,2015年占一次性消费能源69%,但其占比值是历史最低值,近些年的最高值是2005年前后的74%。截至2015年底,我国煤炭剩余可采储量,仅次于美国和俄罗斯,位居世界第三,占世界总量的12.8%,煤炭的储采比为31,远低于世界平均水平114;我国是世界头号产煤大国,占世界总产量的47.7%。2015年我国煤炭产量18.27亿吨,比2014年减少2.0%,而煤炭产量增长率近十年平均水平为3.9%,这是1998年以来我国煤炭产量第二次下降。

表1-3　　　　　　　2005—2015年世界主要产煤国煤炭产量　　　　　　　单位:百万吨

国家	2005	2006	2007	2008	2009	2010	2011	2012	2013	2014	2015	变化(%)	占比(%)
美国	580.2	595.1	587.7	596.7	540.8	551.2	556.1	517.8	500.9	508.0	455.2	-10.4	11.9
加拿大	35.3	34.8	35.7	35.6	33.1	35.4	35.5	35.9	36.6	35.8	32.1	-10.3	0.8
哥伦比亚	38.8	43.0	45.4	47.8	47.3	48.3	55.8	58.0	55.6	57.6	55.6	-3.4	1.5
捷克共和国	23.6	23.9	23.8	22.8	20.9	20.6	20.8	19.8	17.7	16.7	16.4	-1.8	0.4
德国	56.6	53.3	54.4	50.1	46.4	45.9	46.7	47.8	45.1	44.1	42.9	-2.7	1.1
希腊	8.5	8.2	8.4	8.1	8.2	7.3	7.5	8.0	6.7	6.4	6.0	-6.1	0.2
哈萨克斯坦	37.3	41.4	42.2	47.9	43.4	47.5	49.8	51.6	51.4	48.9	45.8	-6.3	1.2
波兰	69.4	68.0	62.5	60.9	56.4	55.4	55.7	57.8	57.2	54.0	53.7	-0.6	1.4
俄罗斯	135.6	141.0	143.5	149.0	141.7	151.0	157.6	168.3	173.1	176.6	184.5	4.5	4.8
土耳其	11.2	13.2	14.8	16.7	17.4	17.5	17.4	15.5	15.2	16.4	11.7	-28.4	0.3
乌克兰	34.9	35.7	34.0	34.4	31.8	31.8	36.3	38.0	36.6	25.9	16.4	-36.7	0.4
南非	138.4	138.3	138.4	141.0	139.7	144.1	143.2	146.6	145.4	148.2	142.9	-3.6	3.7
澳大利亚	206.5	211.6	217.9	224.9	232.6	240.5	233.4	250.4	268.2	287.3	275.0	-4.3	7.2
中国	1 241.7	1 328.4	1 439.3	1 491.8	1 537.9	1 665.3	1 851.7	1 873.5	1 894.6	1 864.1	1 827.0	-2.0	47.7
印度	189.9	198.2	210.3	227.5	246.0	252.4	250.8	255.0	255.7	271.0	283.9	4.7	7.4
印度尼西亚	93.9	119.2	133.4	147.8	157.6	169.2	217.3	237.3	276.2	281.7	241.1	-14.4	6.3
世界总计	3 033.6	3 188.5	3 326.7	3 436.0	3 435.3	3 627.6	3 891.4	3 930.2	3 986.5	3 988.9	3 830.1	-4.0	100

数据来源:《世界能源统计年鉴2016》。

我国煤炭资源人均可采储量仅为世界平均水平的1/2,已发现的煤炭资源勘探程度低,精查储量少,用于规模建设的资源供给能力不足,现有生产矿井后备资源不足。我国煤炭资源利用存在的问题有:

第一,开采的过程中煤炭资源浪费严重。开采过程中破坏和浪费资源的情况屡禁不止,采煤方法的落后导致煤炭回采率低。

第二,煤炭资源综合利用率低。目前我国煤炭资源综合利用率相对较低,尤其对煤炭共伴生矿产资源的综合勘探、开发和利用水平低下。

第三,煤炭行业产业布局不合理。我国目前仍然以原煤消费为主,产品附加值低,造成大量长距离的无效运输,煤炭企业自身产业升级水平低下,因此原煤需要进行大量长距离的运输才能被加工成高附加值的下游产品。

第四,开采机械化程度低。我国煤炭的开采方法从总体上还相对落后,特别是小型煤矿,大部分采用巷道式、房柱式等落后的采煤法,急需关停、升级改造。

第五,原煤入洗率低。由于我国一直都是以销售原煤为主,这种传统的消费习惯使得我国原煤入洗比重相对较低。目前我国原煤入洗率在主要产煤国家中是最低的。

第六,煤炭开发所带来的生态环境问题依然严峻。在煤炭开发利用中,由于不合理的开采,忽视环境保护、生态恢复和污染治理,矿区开采往往造成大面积的地表破坏、水土流失、土地沙化,大量堆积的矸石山、煤炭自燃以及废污水的排放等正在严重破坏着矿区的生态环境。

4. 核能

由于人类对化石能源的大规模开发利用,因此可供开采的化石能源日益衰竭,在世界一次能源供应中约占87.7%,其中石油占37.3%、煤炭占26.5%、天然气占23.9%。非化石能源和可再生能源虽然发展迅猛、增长很快,但仍保持较低的比例,约为12.3%。根据《BP世界能源统计年鉴2016》,在非化石能源中,世界核能增长率仅次于太阳能,增长率为28.9%,是过去十年平均水平12.4%的两倍。截至2015年底,我国核能消费量38.6百万吨油当量,仅次于美国、法国和俄罗斯,位居世界第4,占世界消费总量的6.6%,比2014年增加了28.9%。

表1-4　　　　　　　　2005—2015年世界主要国家核能消费量　　　　　　单位:百万吨油当量

国家	2005	2006	2007	2008	2009	2010	2011	2012	2013	2014	2015	变化(%)	占比(%)
美国	186.3	187.5	192.1	192.0	190.3	192.2	188.2	183.2	187.9	189.9	189.9	—	32.6
加拿大	20.7	22.0	21.0	21.6	20.2	20.4	21.0	21.3	23.2	24.2	23.6	−2.5	4.0
法国	102.2	101.9	99.5	99.4	92.7	96.9	100.0	96.3	95.9	98.8	99.0	0.2	17.0
德国	36.9	37.9	31.8	33.7	30.5	31.8	24.4	22.5	22.0	22.0	20.7	−5.8	3.6
俄罗斯	33.4	35.4	36.2	36.9	37.0	38.6	39.1	40.2	39.0	40.9	44.2	8.0	7.6

续表

国家	2005	2006	2007	2008	2009	2010	2011	2012	2013	2014	2015	变化(%)	占比(%)
乌克兰	20.1	20.4	20.9	20.3	18.8	20.2	20.4	20.4	18.8	20.0	19.8	-0.9	3.4
中国	12.0	12.4	14.1	15.5	15.9	16.7	19.5	22.0	25.3	30.0	38.6	28.9	6.6
韩国	33.2	33.7	32.3	34.2	33.4	33.6	35.0	34.0	31.4	35.4	37.3	5.3	6.4
世界总计	626.4	635.0	621.8	619.8	613.9	626.3	600.4	559.3	564.0	575.5	583.1	1.3	100

数据来源:《世界能源统计年鉴2016》。

由于新的可再生清洁能源目前面临技术和成本的问题,因此只有核能是一种既清洁又安全可靠且经济上具有竞争力的最现实的替代能源。我国坚持发展与安全并重原则,执行安全高效发展核电政策,采用最先进的技术、最严格的标准发展核电。截至2015年10月底,我国运行核电机组27台,总装机容量2550万千瓦;在建核电机组25台,总装机容量2751万千瓦。伴随着核能事业的发展,国家同时高度重视核安全与核应急同步得到加强,安全使用核能。

5. 水电

我国幅员辽阔,蕴藏着丰富的水力资源。2016年水力资源复查结果显示,我国水力资源理论蕴藏量在10兆瓦及以上的河流共3886条,水力资源理论蕴藏量年电量为60829亿千瓦时,平均功率为694400兆瓦。根据《世界能源统计年鉴2016》,截至2015年底,我国水电消费总量为254.9百万吨油当量,远超其他国家,位居世界第一,占世界消费总量的28.5%,比2014年增加了5%,见表1-5。

表1-5　　　　2005—2015年世界主要国家水电消费量　　　　单位:百万吨油当量

国家	2005	2006	2007	2008	2009	2010	2011	2012	2013	2014	2015	变化(%)	占比(%)
美国	61.8	66.1	56.6	58.2	62.5	59.5	73.0	63.1	61.4	59.3	57.4	-3.2	6.4
加拿大	81.9	79.9	83.2	85.4	83.4	79.5	85.0	86.1	88.7	86.6	86.7	0.1	9.7
巴西	76.4	78.9	84.6	83.6	88.5	91.3	96.9	96.3	88.5	84.5	81.7	-3.3	9.1
挪威	30.9	27.0	30.2	31.5	28.3	26.4	27.2	32.1	29.0	30.6	31.1	1.5	3.5
俄罗斯	39.5	39.6	40.5	37.7	39.9	38.1	37.3	37.3	41.3	39.7	38.5	-3.0	4.3
印度	22.0	25.4	27.7	26.0	24.0	25.0	29.8	26.2	29.8	29.6	28.1	-4.9	3.2
中国	89.8	98.6	109.8	144.1	139.3	163.4	158.2	197.3	208.2	242.8	254.9	5.0	28.5
世界总计	661.4	690.2	699.7	741.4	737.9	784.2	795.3	835.6	864.8	884.3	892.9	1.0	100

数据来源:《世界能源统计年鉴2016》。

新中国成立以来,国家十分重视水电建设。虽然由于历史及体制等因素,水电建设曾出现起伏,呈现波浪式前进的态势,但50多年来水电建设已获得了很大的发展,为我国的经济发展和人民生活水平的提高做出了巨大的贡献。

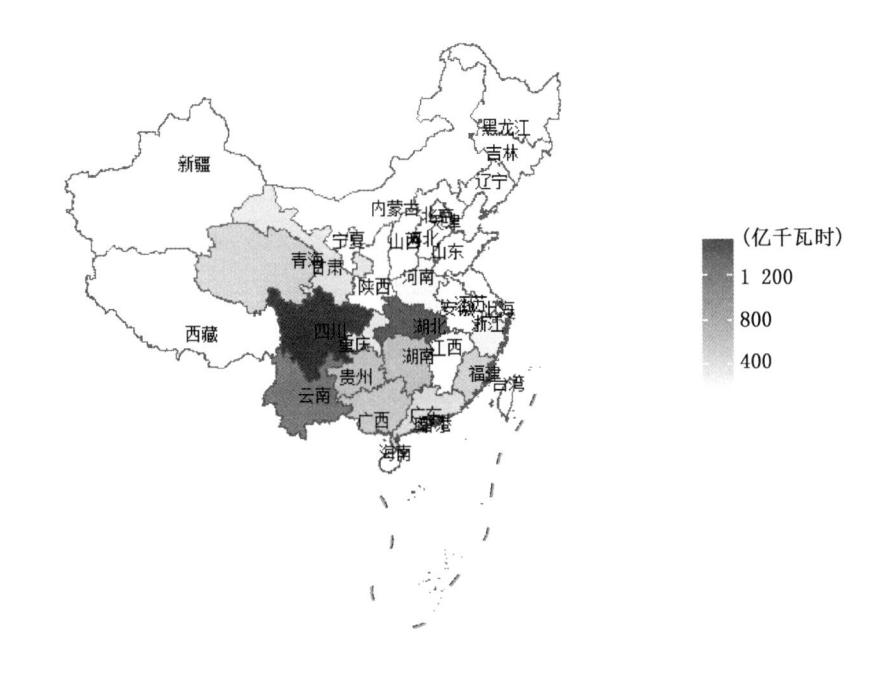

图1-2 我国各地区水力发电量分布

水电建设与各地区的经济发展紧密相关,经济发达地区水力资源量少、开发程度高,而经济落后地区资源量大、开发程度低。各地区水力资源分布和能源电力需求不平衡,导致开发程度存在较大差异。整个东部地区和中部地区,含东北辽吉、华北京津冀、华东闽浙皖鲁豫、中南豫湘粤海等地区开发程度均超过技术可开发量的50%,最高的达88.7%。而水力资源特别丰富的川、滇、藏开发程度仅为13.6%、11%和0.4%,西北地区的陕、甘、青开发程度分别为28.7%、34.8%和22%,广西与贵州开发程度超过50%,新疆开发程度为10.3%。

6. 一次能源消费状况

2015年我国一次能源消费总量30.14亿吨油当量,比2005年增加了12.21亿吨油产量，增长68%，高于世界同比增长率，是世界能源消费增长最快的国家。2015年中国一次能源消费总量位居世界第一，占世界总量的22.9%，比美国高5.6个百分点，见表1-6。同年在我国一次能源消费总量中，煤炭消费占总量的63.7%，原油消费占总量的18.6%，天然气消费占总量的5.9%，核能消费占总量的1.3%，水电消费占总量的8.5%。2015年世界各国一次性能源消费结构，见表1-7。

表1-6　　　　2005—2015年世界主要国家一次能源消费状况　　　　单位：百万吨油当量

国家	2005	2006	2007	2008	2009	2010	2011	2012	2013	2014	2015	变化(%)	占比(%)
美国	2 350.2	2 333.1	2 371.8	2 320.3	2 206.1	2 285.3	2 266.0	2 210.4	2 271.7	2 300.5	2 280.6	−0.9	17.3
加拿大	323.9	321.1	326.9	327.4	311.6	316.4	328.7	326.6	335.0	335.5	329.9	−1.7	2.5
巴西	207.5	213.3	227.0	237.7	236.3	260.8	273.8	279.3	290.0	297.6	292.8	−1.6	2.2
法国	262.4	261.1	257.4	259.1	245.2	253.2	244.5	244.7	247.4	237.5	239.0	0.6	1.8
德国	332.3	341.3	327.2	330.7	310.4	323.7	312.3	316.7	325.8	311.9	320.6	2.8	2.4
俄罗斯	647.2	676.1	680.5	683.5	648.0	673.3	694.9	695.3	688.0	689.4	666.8	−3.3	5.1
伊朗	177.5	194.2	208.2	215.9	226.7	227.8	237.9	238.6	247.6	260.8	267.1	2.5	2.0
沙特阿拉伯	158.4	164.5	171.4	186.9	196.5	216.1	222.2	235.7	237.4	252.4	264.0	4.6	2.0
中国	1 793.7	1 968.0	2 140.1	2 222.3	2 322.1	2 487.4	2 687.9	2 795.3	2 903.9	2 970.3	3 014.0	1.5	22.9
印度	393.6	413.9	450.2	475.7	515.2	541.0	565.0	599.8	626.0	666.2	700.5	5.2	5.3
日本	522.5	521.8	517.4	510.8	469.0	497.4	471.9	468.5	465.8	453.9	448.5	−1.2	3.4
韩国	221.0	222.9	231.9	236.4	237.4	254.6	267.8	270.5	270.9	273.1	276.9	1.4	2.1
世界总计	10 940.0	11 267.8	11 617.3	11 780.3	11 598.5	12 181.4	12 450.4	12 622.1	12 873.1	13 020.6	13 147.3	1.0	100

数据来源：《世界能源统计年鉴2016》。

表1-7　　　　2015年世界各国一次性能源消费结构　　　　单位：%

	原油	天然气	原煤	核能	水力发电	再生能源	合计(百万吨油当量)
美国	37.3	31.3	17.4	8.3	2.5	3.1	2 280.6
加拿大	30.4	28.0	6.0	7.2	26.3	2.2	329.9
墨西哥	45.6	40.3	6.9	1.4	3.7	1.9	185.0
北美洲合计	37.1	31.5	15.3	7.7	5.4	3.0	2 795.5
阿根廷	36.0	48.7	1.6	1.8	10.9	1.0	87.8
巴西	46.9	12.6	5.9	1.1	27.9	5.6	292.8
智利	48.4	10.0	20.6	—	15.2	5.7	34.9
哥伦比亚	36.5	22.4	16.5	—	23.7	0.9	42.5

续表

	原油	天然气	原煤	核能	水力发电	再生能源	合计（百万吨油当量）
厄瓜多尔	76.0	3.9	—		19.5	0.6	15.4
秘鲁	45.2	28.2	3.7	—	22.0	1.6	24.1
特立尼达 & 多巴哥	8.5	91.5	—	—	—	<0.05	21.2
委内瑞拉	39.8	38.6	0.2	—	21.5	<0.05	80.5
其他中南美洲国家	65.0	6.9	3.0	—	20.7	4.3	100.0
中南美洲合计	46.1	22.5	5.3	0.7	21.8	3.5	699.3
奥地利	37.0	22.0	9.4	—	24.3	7.1	34.1
阿塞拜疆	32.8	64.2	<0.05	—	2.9	<0.05	13.7
白俄罗斯	30.0	65.7	3.4	—	<0.05	0.4	23.6
比利时	54.0	24.1	5.7	10.4	0.2	5.7	56.5
保加利亚	22.2	13.7	35.3	18.5	6.9	3.7	18.9
捷克共和国	23.7	16.4	39.4	15.4	1.0	4.3	39.6
丹麦	47.9	17.1	10.6	—	<0.05	25.3	16.9
芬兰	32.0	7.3	13.5	20.5	14.7	12.0	25.9
法国	31.9	14.8	3.6	41.1	5.1	3.3	239.0
德国	34.4	21.0	24.4	6.5	1.4	12.5	320.6
希腊	56.4	9.6	21.7	—	4.9	7.2	26.3
匈牙利	32.5	37.1	10.2	16.7	0.5	3.3	21.5
爱尔兰共和国	47.2	26.0	15.1	—	1.3	11.0	14.6
意大利	39.1	36.5	8.2	—	6.5	9.7	151.7
哈萨克斯坦	23.2	14.2	59.5	—	3.2	<0.05	54.8
立陶宛	49.1	39.6	3.8	—	1.9	5.7	5.3
荷兰	47.4	35.0	13.0	1.1	<0.05	3.3	81.6
挪威	21.7	9.1	1.7	—	66.0	1.3	47.1
波兰	26.4	15.9	52.4	—	0.4	4.8	95.0
葡萄牙	47.3	16.2	13.7	—	8.3	14.5	24.1
罗马尼亚	27.5	28.1	18.4	7.9	11.3	6.7	33.1
俄罗斯联邦	21.4	52.8	13.3	6.6	5.8	<0.05	666.8
斯洛伐克	24.1	24.7	20.9	21.5	5.7	3.2	15.8

续表

	原油	天然气	原煤	核能	水力发电	再生能源	合计（百万吨油当量）
西班牙	45.0	18.5	10.7	9.6	4.7	11.5	134.4
瑞典	26.6	1.5	4.0	24.3	31.9	11.7	53.0
瑞士	38.3	9.2	0.7	19.0	30.4	2.5	27.9
土耳其	29.6	29.9	26.2	—	11.5	2.9	131.3
土库曼斯坦	17.2	82.8	—	—	<0.05	<0.05	37.3
乌克兰	9.9	30.4	34.3	23.3	1.6	0.4	85.1
英国	37.4	32.1	12.2	8.3	0.7	9.1	191.2
乌兹别克斯坦	5.4	87.8	2.1	—	4.8	<0.05	51.6
其他欧洲和欧亚国家	34.5	14.3	24.4	2.0	22.4	2.4	96.0
欧洲和欧亚合计	30.4	31.9	16.5	9.3	6.9	5.0	2 834.4
伊朗	33.3	64.4	0.4	0.3	1.5	<0.05	267.2
以色列	43.0	29.7	26.1	—	<0.05	1.2	25.6
科威特	57.5	42.6	—	—	—	<0.05	41.0
卡塔尔	21.2	78.8	—	—	—	<0.05	51.5
沙特阿拉伯	63.7	36.3	<0.05	—	—	<0.05	264.0
阿联酋	38.5	59.9	1.5	—	—	<0.05	103.9
其他中东国家	633.4	34.6	0.6	—	1.4	<0.05	131.4
中东合计	48.1	49.9	1.2	0.1	0.7	<0.05	884.7
阿尔及利亚	35.3	64.3	0.4	—	<0.05	<0.05	54.6
埃及	45.5	49.9	0.8	—	3.5	0.5	86.2
南非	25.0	3.6	68.4	1.9	0.2	0.8	124.2
其他非洲国家	55.0	23.1	6.5	—	14.0	1.4	169.9
非洲合计	42.1	28.0	22.3	0.6	6.2	0.9	435.0
澳大利亚	35.2	23.5	35.6	—	2.4	3.4	131.4
孟加拉国	17.9	78.5	2.6	—	0.7	0.3	30.7
中国	18.6	5.9	63.7	1.3	8.5	2.1	3 014.0
中国香港	65.6	10.4	24.0	—	—	<0.05	27.9
印度	27.9	6.5	58.1	1.2	4.0	2.2	700.5
印度尼西亚	37.6	18.3	41.1	—	1.8	1.2	195.6

一、我国节能环保现状

续表

	原油	天然气	原煤	核能	水力发电	再生能源	合计（百万吨油当量）
日本	42.3	22.8	26.6	0.2	4.9	3.2	448.5
马来西亚	38.9	38.5	18.9	—	3.5	0.2	93.1
新西兰	35.7	19.5	6.7	—	26.7	11.4	21.0
巴基斯坦	32.2	49.9	6.0	1.4	10.0	0.5	78.2
菲律宾	48.8	8.0	30.2	—	5.8	7.2	37.7
新加坡	86.7	12.7	0.5	—	—	0.2	80.2
韩国	41.1	14.2	30.5	13.5	0.3	0.6	276.9
中国台湾	41.6	14.9	34.1	7.5	0.9	0.9	110.7
泰国	45.3	38.1	14.1	—	0.7	1.8	124.9
越南	29.6	14.6	33.7	—	21.9	0.2	65.9
其他亚太地区国家	33.6	11.6	31.5	—	23.0	0.5	61.3
亚太地区合计	27.3	11.5	50.9	1.7	6.6	2.0	5 498.5
世界总计	32.9	23.8	29.2	4.4	6.8	2.8	13 147.3
其中：OECD	37.4	26.5	17.8	8.1	5.7	4.5	5 503.1
非OECD	29.8	21.9	37.4	1.8	7.6	1.6	7 644.2
欧盟	36.8	22.2	16.1	11.9	4.7	8.3	1 630.9
苏联	19.8	51.7	16.2	6.8	5.4	0.1	950.4

数据来源：《世界能源统计年鉴2016》。

与世界能源消费结构相比，我国是世界煤炭消费量最多的国家，占世界煤炭消费总量的34.4%，在一次能源中的消费比例远高于世界平均水平。原油消费总量位居世界第二，占世界原油消费总量的8.2%，但在一次能源中的消费比例约为22.2%，低于世界平均水平近15个百分点。天然气消费量较低，在一次能源中的比例不到3%，远低于世界平均水平。核能消费量较少，在一次能源消费中的比例也低于世界平均水平。

2015年，我国能源消费增长1.5%，远低于过去十年的增速平均水平5.3%，这是自1998年以来的最低值。然而,我国仍是世界上最大的能源消费国,占全球能源消费量的23%,占能源消费净增长的34%。2015年,煤炭仍是我国能源消费中的主导燃料,占比63.7%,是历史最低值,同年,我国的二氧化碳排放降低了0.1%,这是自1998年以来首次负增长,远低于前十年平均水平4.2%。这与我国的能源结构改进密不可分。在化石能源中,石油是消费增长最快的能源,其次是天然气和煤炭,而这三种增长最快的能源的增长率中只有石油增长率比前十年平均水平稍高,其他两种能源的能源增长率都低于前十年平均水平。非化石能源中,增长最快的是太阳能,其次是核能和风能。水电在2015年增长了5.0%,是自2012年以来增长率最慢的一年。2015年我国超越德国与美国,成为世界上最大的太阳能发电国。2015年我国可再生能源全年增长了20.9%,在一次性能源消费中占2.1%,在近十年间从占全球总量份额的2%提升至17%。

随着我国现代经济的高速发展,能源消耗急剧上升,截至2015年我国已经成为全球能源消费大国。另一方面,我国的能源消耗结构仍然存在不合理之处,过分依赖煤炭资源,其他清洁能源的利用率不高,是现阶段及未来几年仍要面对的问题。所以,加快清洁能源的开发,尽快实现对新能源的有效利用,对于我国未来的稳定发展有着重要的现实意义。

(二)我国环保现状

1. 水

我国人均水资源拥有量仅为世界平均水平的1/4,水资源短缺情况较为严重。根据联合国2008年数据,我国拥有全世界21%的人口,但水资源总量只占全球水资源总量的6%,是全球水资源最贫乏的国家之一。我国658个城市中,有2/3以上城市缺水。图1-3是2000—2015年我国人均水资源量变化图,从图中可以看到,我国人均水资源量略有起伏,基本在2 000立方米/人的水平线上下波动。

例如,北京市的供水有60%以上来自地下水,换言之,北京市居民喝的每三杯水中,就有两杯来自地下。所以,地下水水质一直倍受人们关注。放眼全国,地下

一、我国节能环保现状

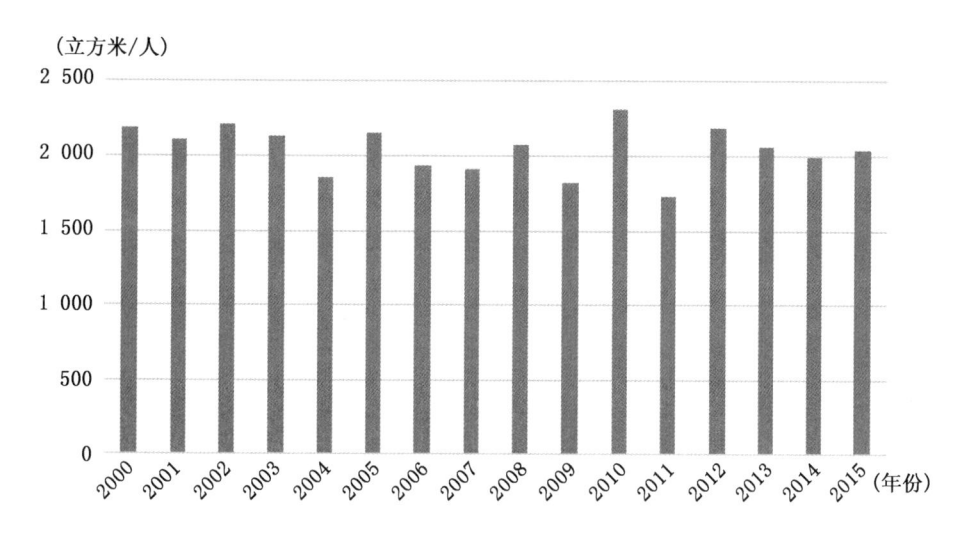

图 1-3 2000—2015 年我国人均水资源量

水由于分布广、水质好、储存量大,在很大程度上弥补了地表水时空分布不均、动态变化大的不足,因此成为许多地区,特别是北方地区不可缺少的重要供水水源。

环境保护部发布的《2015中国环境状况公报》显示,对全国5 118个地下水水质监测点的水质进行检测,其中水质呈较差级的监测点比例为42.5%;水质呈极差级的监测点比例为18.8%,"较差"与"极差"已占六成。据统计,2011—2015年,水质较差和极差的监测点占总数的比例分别为55%、57.4%、59.6%、61.5%、61.3%,地下水水质逐年变差。图1-4为2015年全国监测点地下水水质评价分布情况。

全国水资源分布极不均衡。据水利部《中国水资源公报(2015)》显示,北方六区2014年水资源总量为4 733.5亿立方米,占全国水资源总量的16.9%,但总用水量却占全国的45.3%。

■优良 ■良好 ■较好 □较差 ■极差

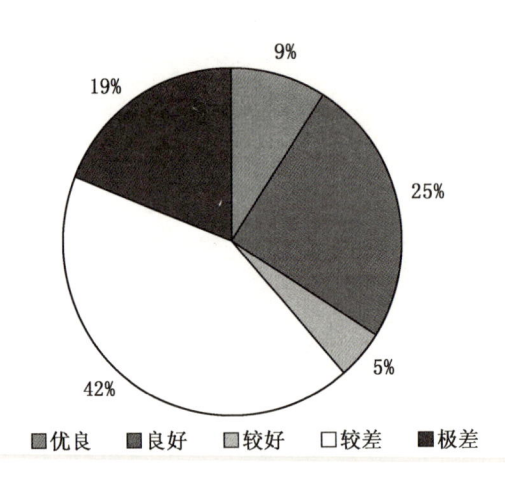

图1-4 2015年我国监测点地下水水质评价分布

表1-8　　　　　　　　　2014年水资源一级区水资源分布表　　　　　　单位:亿立方米

水资源一级区	水资源总量	总供水量	总用水量
全国	27 962.6	6 103.2	6 103.2
北方六区	4 733.5	2 762.2	2 762.2
南方四区	23 229.1	3 341.0	3 341.0

数据来源:《中国水资源公报(2015)》。

生活污水排放量超过工业废水排放量。水污染情况仍然十分严重,2015年对全国开发利用程度较高、面积较大的116个主要湖泊共2.8万平方千米水面进行了水质评价。全年总体水质为Ⅰ～Ⅲ类的湖泊有29个,比2014年减少10个;Ⅳ～Ⅴ类湖泊60个,比2014年增加3个;劣Ⅴ类湖泊27个,比2014年增加2个。这三个类别的湖泊数量分别占评价湖泊总数的25.0%、51.7%和23.3%。通过对上述湖泊营养状态进行评价得知,处于中营养状态的湖泊有25个,占评价湖泊总数的21.7%;处于富营养状态的湖泊有90个,占评价湖泊总数的78.3%,大部分湖泊处于富营养状态。主要湖泊数量比2014年有所减少,湖泊水质评价结果显示,2015年水质较差的湖泊数量比2014年有所增长,处于富营养状态的湖泊占比有所提高。这些数据均说明我国水环境保护刻不容缓,国家应该尽快采取有效措

一、我国节能环保现状

施防止水质进一步恶化。

《2016中国环境状况公报》显示,2016年全国地表水1 940个评价、考核、排名断面中,Ⅰ类、Ⅱ类、Ⅲ类、Ⅳ类、Ⅴ类和劣Ⅴ类水质断面分别占2.4%、37.5%、27.9%、16.8%、6.9%和8.6%。以地下水含水系统为单元,潜水为主的浅层地下水和承压水为主的中深层地下水为对象的6 124个地下水水质监测点中,水质为优良级、良好级、较好级、较差级和极差级的监测点分别占10.1%、25.4%、4.4%、45.4%和14.7%。338个地级及以上城市897个在用集中式生活饮用水水源监测断面(点位)中,有811个全年均达标,占90.4%。春季和夏季,符合第一类海水水质标准的海域面积均占中国管辖海域面积的95%。近岸海域417个点位中,一类、二类、三类、四类和劣四类分别占32.4%、41.0%、10.3%、3.1%和13.2%。水质总体有明显改善。

2. 大气

近年来,随着城市工业的发展,大气污染日益严重,空气质量进一步恶化,不仅危害人们的正常生活,而且威胁人们的身心健康。

2015年,开展空气质量新标准监测的地级及以上城市338个,城市数量相较于2014年增加177个,是2014年开展空气质量新标准监测的城市数量的两倍。对这些城市的空气质量进行分析,结果表明,76.7%的城市空气质量达标,23.3%的城市空气质量超标。2015年,480个监测降水的城市(区、县)中,酸雨频率平均值为14.0%,与2010年相比,出现酸雨的城市比例下降10个百分点。这说明政府采取的节能环保相关政策取得了一定的效果,空气质量水平得到了一定程度的改善,见表1-9。

表1-9　　　　　　　2000—2015年我国废气排放及处理情况

年份	工业废气排放总量(亿立方米)	二氧化硫排放总量(万吨)	氮氧化物排放总量(万吨)	工业废气治理设施(套)	工业废气治理设施处理能力(万立方米/时)	本年运行费用(亿元)
2000	138 145	1 995.1		145 534		93.7
2001	160 863	1 947.2		134 025		111.1

续表

年份	工业废气排放总量（亿立方米）	二氧化硫排放总量（万吨）	氮氧化物排放总量（万吨）	工业废气治理设施（套）	工业废气治理设施处理能力（万立方米/时）	本年运行费用（亿元）
2002	175 257	1 926.6		137 668		147.1
2003	198 906	2 158.5		137 204		150.6
2004	237 696	2254.9		144 973		213.8
2005	268 988	2 549.4		145 043		267.1
2006	330 990	2 588.8		154 557		464.4
2007	388 169	2 468.1		162 325		555.0
2008	403 866	2 321.2		174 164		773.4
2009	436 064	2 214.4		176 489		873.7
2010	519 168	2 185.1		187 401		1 054.5
2011	674 509	2 217.9	2 404.3	216 457	1 568 592	1 579.5
2012	635 519	2 117.6	2 337.8	225 913	1 649 353	1 452.3
2013	669 361	2 043.9	2 227.4	234 316	1 435 110	1 497.8
2014	694 190	1 974.4	2 078.0	261 367	1 533 917	1 731.0
2015	685 190	1 859.1	1 851.0	290 886	1 688 675	1 866.0

数据来源：《2016 环境统计年鉴》。

《2016 中国环境状况公报》显示，2016 年全国 338 个地级及以上城市中，有 84 个城市环境空气质量达标，占全部城市数的 24.9%；254 个城市环境空气质量超标，占 75.1%。338 个地级及以上城市平均优良天数比例为 78.8%，比 2015 年上升 2.1 个百分点；平均超标天数比例为 21.2%。新环境空气质量标准第一阶段实施监测的 74 个城市平均优良天数比例为 74.2%，比 2015 年上升 3.0 个百分点；平均超标天数比例为 25.8%；细颗粒物（PM2.5）平均浓度比 2015 年下降 9.1%。474 个城市（区、县）开展了降水监测，降水 pH 年均值低于 5.6 的酸雨城市比例为 19.8%，酸雨频率平均为 12.7%，酸雨类型总体仍为硫酸型，酸雨污染主要分布在长江以南—云贵高原以东地区。

3. 土地

截至2015年底，全国共有农用地64 545.7万公顷，其中，耕地13 499.9万公顷、园地1 432.3万公顷、林地25 299.2万公顷、牧草地21 942.1万公顷；建设用地3 853.1万公顷，其中，城镇村及工矿用地3 105.66万公顷。

2015年，全国因建设占用、灾毁、生态退耕、农业结构调整等原因减少耕地面积30万公顷，通过土地整治、农业结构调整等增加耕地面积23.4万公顷，年内净减少耕地面积6.6万公顷。

全国耕地质量评价成果显示，2014年全国耕地平均质量等别为9.97等，总体偏低。优等地面积为386.5万公顷，占全国耕地评定总面积的2.9%；高等地面积为3 577.6万公顷，占26.5%；中等地面积为7 135.0万公顷，占52.9%；低等地面积为2 394.7万公顷，占17.7%。

表1-9　　　　　　2000—2014年全国土地利用情况　　　　　　单位：万公顷

年份	农用地	耕地	园地	林地	草地
2000	65 336.2	12 824.3	1 057.6	22 878.9	26 376.9
2001	65 331.6	12 761.6	1 064.0	22 919.1	26 384.6
2002	65 660.7	12 593.0	1 079.0	23 072.0	26 352.2
2003	65 706.1	12 339.2	1 108.2	23 396.8	26 311.2
2004	65 701.9	12 244.4	1 128.8	23 504.7	26 270.7
2005	65 704.7	12 208.3	1 154.9	23 574.1	26 214.4
2006	65 718.8	12 177.6	1 181.8	23 612.1	26 193.2
2007	65 702.1	12 173.5	1 181.3	23 611.7	26 186.5
2008	65 687.6	12 171.6	1 179.1	23 609.2	26 183.5
2009	64 777.5	13 538.5	1 481.2	25 395.0	21 972.1
2010	64 728.0	13 526.8	1 470.3	25 376.6	21 967.2
2011	64 686.5	13 523.9	1 460.3	25 356.0	21 961.5
2012	64 646.6	13 515.8	1 453.3	25 339.7	21 956.5
2013	64 616.8	13 516.3	1 445.5	25 325.4	21 951.4
2014	64 574.1	13 505.7	1 437.8	25 307.1	21 946.6
2015	64 545.7	13 499.9	1 432.3	25 299.2	21 942.1

数据来源：《2016环境统计年鉴》。

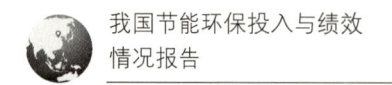

根据第一次全国水利普查水土保持情况普查成果,我国现有土壤侵蚀总面积294.9万平方千米,占普查范围总面积的31.1%,其中,水力侵蚀129.3万平方千米、风力侵蚀165.6万平方千米。

2015年,全国共完成水土流失综合防治面积7.4万平方千米,其中,综合治理面积5.4万平方千米、实施生态修复面积2万平方千米、实施坡改梯266.67万平方千米,建设生态清洁型小流域300多条。国务院批复《全国水土保持规划(2015—2030年)》,继续推进长江中上游、黄河中上游、东北黑土区、西南石漠化等水土流失严重的贫困地区国家水土保持重点工程建设,水土流失面积和强度持续下降。

《2016中国环境状况公报》显示,2016年,全国2 591个县域中,生态环境质量为"优""良""一般""较差"和"差"的县域分别有548个、1 057个、702个、267个和17个。"优"和"良"的县域占国土面积的44.9%,主要分布在秦岭淮河以南、东北大小兴安岭和长白山地区。全国现有森林面积2.08亿公顷,森林覆盖率21.63%;草原面积近4亿公顷,约占国土面积的41.7%。全国共建立各种类型、不同级别的自然保护区2 750个,其中陆地面积约占全国陆地面积的14.88%;国家级自然保护区446个,约占全国陆地面积的9.97%。

总体上,我国生态环境保护取得积极进展,但是依然存在较多问题,如污染物排放量大面广,山水林田湖缺乏统筹保护,产业结构和布局不合理,生态环境风险高等。

(三)节能环保发展状况

1. 相关政策

自1992年起,我国的节能环保政策进入新的阶段——可持续发展阶段。1992年6月,联合国环境与发展大会在里约热内卢召开,这标志着世界环境保护工作迈进新的征程:探求环境与人类社会发展的协调方法,实现人类与环境的可持续发展。联合国号召各国走可持续发展道路。至此,环境保护工作从单纯的治理污染扩展到人类发展、社会进步这个更广阔的范围,即可持续发展成为世界环境保护工作的主题。

我国节能环保事业经多年努力发展,至20世纪末,环境污染加剧的趋势开始得到控制,然而仍然存在不足。

2016年召开了全国环境保护工作会议,主要任务是:贯彻落实党的十八大、十八届三中全会、十八届四中全会、十八届五中全会和中央经济工作会议精神,按照"五位一体"总体布局和"四个全面"战略布局,牢固树立和贯彻落实五大发展理念,总结"十二五"和2015年工作,分析把握"十三五"环境保护面临的新形势、新任务,研究提出"十三五"环境保护总体思路,以改善环境质量为核心。具体分四个方面部署安排2016年的重点工作:

第一,深刻学习领会党中央、国务院关于生态文明建设和环境保护的新理念、新思想、新战略,清醒认识"十三五"时期环境保护面临的新形势、新挑战、新任务。

第二,总结"十二五"和2015年环境保护取得的成绩,坚决向污染宣战,推进污染减排,坚持以环境保护优化经济发展,开展生态建设和农村环境综合整治等。

第三,准确把握"十三五"环保工作总体思路和目标任务。"十三五"环境保护的总体思路是:紧紧围绕"五位一体"总体布局和"四个全面"战略布局,牢固树立和贯彻落实五大发展理念,以改善环境质量为核心,实行最严格的环境保护制度,打好大气、水、土壤污染防治三大战役,推进主要污染物减排,严密防控环境风险,确保核与辐射安全,加强环境基础设施建设,强化污染防治与生态保护联动协同效应,不断提高环境管理系统化、科学化、法治化、精细化和信息化水平,加快推进生态环境治理体系和治理能力现代化,确保2020年生态环境质量总体改善。

第四,精心做好2016年各项工作,统筹谋划好"十三五"环保工作,编制"十三五"生态环境保护规划,深化落实各项改革措施,坚决治理大气、水和土壤污染,强化环境法治保障,加强环境预防体系建设,加大生态和农村环境保护力度等。

党的十八大以来,党中央、国务院把生态文明建设和环境保护摆在更加重要的战略位置,做出一系列重大决策部署,认识高度、推进力度、实践深度前所未有。

习近平总书记在国内主持重要会议、考察调研,在国外访问、出席国际会议活动,有关重要讲话、论述、批示多达80余次,对生态文明建设和环境保护提出了一系列新理念、新思想、新战略,涵盖重大理念、方针原则、目标任务、重点举措、制度保障等诸多领域和方面,体现了宽广而深远的思想观、实践观、系统观、全球观。李克强总理、张高丽副总理对生态文明建设和环境保护作了许多重要批示、指示,提出明确要求。习近平总书记提出的坚持"两山论"和绿色发展理念,最为重要,影响长远。这是党积极探索经济规律、社会规律和自然规律的认识升华,带来发展理念和方式的深刻转变,执政理念和方式也得到深刻转变。

党的十八届五中全会审议通过《中共中央关于制定国民经济和社会发展第十三个五年规划的建议》,强调牢固树立并切实贯彻创新、协调、绿色、开放、共享五大发展理念,对生态文明建设和环境保护做出一系列重大安排部署,要求加快补齐生态环境短板,将生态环境质量总体改善列为全面建成小康社会目标。在此之前,党中央、国务院发布两份重要的"姊妹篇"文件——《关于加快推进生态文明建设的意见》《生态文明体制改革总体方案》。这三份文件彼此呼应、相互衔接,是中央的战略部署,是重大的、系统的、全面的制度架构,是当前和今后一个时期生态文明建设的顶层设计图,具有重要的引领和指导作用。

生态环境质量总体改善,其基本要求就是环境质量只能更好,不能变差、不能退步,主要环境质量指标有所好转,一些突出的环境问题(如大规模严重雾霾、城市黑臭水体等)明显减轻。《"十三五"环境监测质量管理工作方案》提出,到2020年全面建成环境空气、地表水和土壤等环境监测质量控制体系,并要求加快环境监测事权上收。

《"十三五"生态环境保护规划》明确提出:到2020年,生态环境质量总体改善。生产和生活方式绿色、低碳水平上升,主要污染物排放总量大幅减少,环境风险得到有效控制,生物多样性下降势头得到基本控制,生态系统稳定性明显增强,生态安全屏障基本形成,生态环境领域国家治理体系和治理能力现代化取得重大进展,生态文明建设水平与全面建成小康社会目标相适应。并给出了具体环境保护指标,见表1-10。

表1-10　　　　　"十三五"生态环境保护主要指标

指标		2015年	2020年	〔累计〕[1]	属性
生态环境质量					
1.空气质量	地级及以上城市[2] 空气质量优良天数比率(%)	76.7	>80	—	约束性
	细颗粒物未达标地级及以上城市浓度下降(%)	—	—	〔18〕	约束性
	地级及以上城市重度及以上污染天数比例下降(%)	—	—	〔25〕	预期性
2.水环境质量	地表水质量[3] 达到或好于Ⅲ类水体比例(%)	66	>70	—	约束性
	地表水质量劣Ⅴ类水体比例(%)	9.7	<5	—	约束性
	重要江河湖泊水功能区水质达标率(%)	70.8	>80	—	预期性
	地下水质量极差比例(%)	15.7[4]	15 左右	—	预期性
	近岸海域水质优良(一、二类)比例(%)	70.5	70 左右	—	预期性
3.土壤环境质量	受污染耕地安全利用率(%)	70.6	90 左右	—	约束性
	污染地块安全利用率(%)	—	90 以上	—	约束性
4.生态状况	森林覆盖率(%)	21.66	23.04	〔1.38〕	约束性
	森林蓄积量(亿立方米)	151	165	〔14〕	约束性
	湿地保有量(亿亩)	—	≥8	—	预期性
	草原综合植被盖度(%)	54	56	—	预期性
	重点生态功能区所属县域生态环境状况指数	60.4	>60.4	—	预期性
污染物排放总量					
5.主要污染物排放总量减少(%)	化学需氧量	—	—	〔10〕	约束性
	氨氮	—	—	〔10〕	
	二氧化硫	—	—	〔15〕	
	氮氧化物	—	—	〔15〕	

续表

指标		2015年	2020年	〔累计〕1	属性
6.区域性污染物排放总量减少（%）	重点地区重点行业挥发性有机物5	—	—	〔10〕	预期性
	重点地区总氮6	—	—	〔10〕	预期性
	重点地区总磷7	—	—	〔10〕	预期性
生态保护修复					
7.国家重点保护野生动植物保护率（%）		—	≥95	—	预期性
8.全国自然岸线保有率（%）		—	≥35	—	预期性
9.新增沙化土地治理面积（万平方公里）		—	—	〔10〕	预期性
10.新增水土流失治理面积（万平方公里）		—	—	〔27〕	预期性

注：1.〔　〕内为五年累计数。

2.空气质量评价覆盖全国338个城市（含地、州、盟所在地及部分省辖县级市，不含三沙和儋州）。

3.水环境质量评价覆盖全国地表水国控断面，断面数量由"十二五"期间的972个增加到1 940个。

4.为2013年数据。

5.在重点地区、重点行业推进挥发性有机物总量控制，全国排放总量下降10%以上。

6.对沿海56个城市及29个富营养化湖库实施总氮总量控制。

7.总磷超标的控制单元以及上游相关地区实施总磷总量控制。

2. 发展状况

"十二五"以来，在党中央、国务院的领导下，坚持把环境保护作为转方式、调结构的重要抓手，作为惠民生、促和谐的重要任务，作为推进生态文明建设的根本措施，着力解决突出环境问题，环境质量改善取得积极进展。

第一，严格控制污染。大力实施"气十条"、"水十条"和"土十条"，在京津冀、长三角和珠三角等重点区域，建立和健全区域联防联控协作机制。建成我国最大的空气质量监测网，全国338个地级及以上城市全部具备细颗粒物（PM2.5）等六项指标监测能力，2016年，338个地级及以上城市细颗粒物（PM2.5）平均浓度同比下降6.0%，优良天数比例同比提高2.1个百分点；全国地表水国控监测断面Ⅰ～Ⅲ类水体比例同比增加1.8个百分点，劣Ⅴ类断面比例减少1.1个百分点。实施《重点流域水污染防治规划》，加强饮用水水源地和水质较好湖泊生态环境保护。

一、我国节能环保现状

全国地表水国控断面劣Ⅴ类比例由2010年的15.6%下降至2016年的8.6%,大江大河干流水质稳步改善。"十二五"期间完成首次全国土壤污染状况调查。2016年,开展了沿江饮用水水源地环保执法专项行动,完成11省(市)126个地级以上城市全部319个集中式饮用水水源保护区划定;出台《土壤污染防治工作方案编制技术指南》,指导督促各地制定工作方案、细化落实《土十条》,17个省(区、市)印发省级工作方案;研究起草《土十条》实施情况考核规定,推动落实各省级人民政府土壤污染防治目标;启动6个土壤污染综合防治先行区建设,以及第二批土壤污染治理与修复试点项目。

第二,推进节能减排。2015年,全国新增城镇污水日处理能力4 800万吨,累计达1.75亿吨,已成为全球污水处理能力最大的国家之一;全国脱硫、脱硝机组占火电总装机容量比例由2010年的82.6%、12.7%提升至96%、87%。完成煤电超低排放改造8 400万千瓦,约占全国煤电装机1/10,正在进行改造的超过8 100万千瓦,电厂煤耗已达世界先进水平。2016年,全国共排查违法违规建设项目64.7万个,已完成清理整顿61.8万个,约占总任务量的95.6%;排查出"十小"企业2 641家,完成取缔2 465家,取缔完成数量占比93.3%。启动实施工业污染源全面达标排放计划,通过依法治理、科技支撑、监督执法、完善政策等措施,分类推进工业污染源达标排放。

第三,不断完善政策和标准技术体系。2015年,在4省(区)开展生态保护红线划定试点,6省(区)在全国率先出台省级环境功能区划。国家层面完成西部大开发、中部地区发展战略环评。各级环保部门完成4 000多项规划环评审查,国家层面完成300多项。国家层面审批项目环评文件1 164个,对153个不符合条件项目不予审批,涉及总投资7 600多亿元。加强标准引导,发布国家环保标准493项,对重点地区重点行业执行更加严格的污染物特别排放限值。2016年,出台《关于构建绿色金融体系的指导意见》,修订《环境保护专用设备企业所得税优惠政策》,国家开始严格限制"高污染、高环境风险"产品生产企业享受出口退税优惠和加工贸易;完成火电、加油站等12项污染物排放标准实施评估,发布59项国家环境保护标准,现行有效的环境保护标准达1 732项;发布《国家先进污染防治技术目录(VOCs防治领域)》以及水泥窑协同处置固体废物、铅蓄电池生产及再生、废电池等3项污染防治技术政策;发布《节能减排与低碳技术成果转化推广清单(第二批)》。2017年,印发《排污许可证管理暂行规定》,初步构建全国排污许可证管理信息平台。

第四,综合整治农村生态环境。2015年,成立生物多样性保护国家委员会,发布《生物多样性保护战略与行动计划(2011—2030年)》。建成自然保护区2 729个,总面积约占陆地国土面积的14.8%,85%的陆地生态系统类型和野生动植物得到有效保护。深入开展生态文明建设示范区创建,16个省(区)开展生态省(区)建设,1 000多个市(县)开展生态市(县)建设。2015年,中央安排专项资金275亿元,在23个省(区、市)开展农村环境连片整治示范;支持7万个村庄实施环境综合整治,1亿多农村人口直接受益。2016年,《培育发展农业面源污染治理、农村污水垃圾处理市场主体方案》印发。

第五,环境法治不断强化。《环境保护法》颁布以来,我国持续开展《环境保护法》实施年活动,严厉打击环境违法行为,清理环保违法违规建设项目,健全环境法律法规体系。2016年,完成环境保护税法制定和环境影响评价法、海洋环境保护法、固体废物污染环境防治法修改;发布《建设项目环境影响登记表备案管理办法》等4件部门规章;修改《关于办理环境污染刑事案件适用法律若干问题的解释》,加大对数据造假等恶意违法行为处罚力度;上海修订《上海市环境保护条例》,新疆修订《新疆维吾尔自治区环境保护条例》,天津颁布《天津市水污染防治条例》,吉林颁布《吉林省大气污染防治条例》,湖北颁布《湖北省土壤污染防治条例》。

第六,防控生态环境风险。"十二五"以来,我国开始构建全过程、多层级环境风险防范体系,强化重污染天气、饮用水污染、有毒有害气体释放等关系公众健康的重点领域风险预警与防控,妥善处置突发环境事件。提高核设施安全水平,推进放射性污染防治,强化监管,确保核与辐射安全。加强化学品和危险废物环境管理,继续推进重点区域、重点行业、重点企业重金属污染防治。加强生态风险预警监控,严格外来物种引入管理。2016年,出台《生态环境监测网络建设方案实施计划(2016—2020年)》,制定实施《国家生态文明建设示范区管理规程(试行)》《国家生态文明建设示范县、市指标(试行)》,编制《核安全与放射性污染防治"十三五"规划及2025年远景目标》,建立"十三五"环保投资项目储备库。

我国目前的能源现状有以下特点:(1)能源年消耗量巨大。我国是世界上最大的能源生产和消费国,但是,我国人口众多,人均能源占有量不及同期发达国家的1/5。能源是任何一个国家经济发展不可缺失的物质基础,是国民经济的发展和产业结构提升的重要支撑。随着我国人口的继续增长和经济的快速发展,能源消费量的增加是必然的。(2)能源结构失衡。总体上,我国的能源生产及消费呈现出"富煤、缺油、少气",以及"新型能源短缺"的结构特征。我国煤炭资源极其丰富,也是世界上最大的煤炭生产国和消费国。煤炭生产量和消费量占世界总产量的1/3左右。预计未来很长一段时间内,我国以煤炭为主的能源消费现状不会改变。而另一方面,石油的生产量低、消费量高,供需缺口需依赖进口石油满足。与煤炭资源相反,石油在能源总产量中的比重逐年递减,而其消费量的比重五年来均超过20%。新能源利用率低,发展潜力大。目前对新能源的利用率不足10%,而我国地域辽阔,太阳能、风能、生物质能等能源蕴藏丰富,开发潜力巨大。

我国能源的发展正处在战略过渡期间,能源的发展受资源和环境的约束进一步加剧,节能减排形势严峻,能源资源对外依存度快速攀升,能源总量需要控制,能源结构需要调节。在未来的一段时间里,我国要改变现阶段以煤为主的消费结构,摆脱低效、粗放、高污染的能源消费模式,逐步转型发展到以新能源为基础的洁净、高效、节能新式能源结构体系。同时,积极发展再生能源和石油、天然气能源,提高其利用技术,使之能高效、洁净地燃烧,用以改善环境质量和节约能源。以矿物能源特别是煤炭能源开发利用为主的能源结构,对我国生态环境造成了相当大的压力。现阶段,我国在努力改变过去粗放式的利用高代价换取高增长的经济发展模式,在放缓经济增加速度、减少消耗能源的同时,降低能源消费对环境的影响。要改变能源消费的模式,一方面,对于一次能源采取新技术,提高能源的利用效率,减少有害污染;另一方面,通过增加清洁能源的利用比例,减少整体能源消费给环境带来的不利影响。在未来一段时间内,风力发电产业、光伏产业、潮汐能开发产业、生物质能开发产业仍是我国国内能源产业建设重点。能源是人类生存和发展的重要物质基础,关系到国计民生和国家安全。推动能源生产和利用方式变革,调整优化能源结构,构建安全、稳定、经济、清洁的现代能源产业体系,对于保障我国经济社会可持续发展具有重要战略意义。

如今,环保已经成为各行各业的讨论热点,国家也出台了一系列政策,推进环保产业的全面建设与发展。

2013年,国务院印发《关于加快发展节能环保产业的意见》(简称《意见》)。《意见》提出促进节能环保产业加快发展的目标:到2015年,节能环保产业总产值达到4.5万亿元,成为国民经济新的支柱产业,产值年均增速保持15%以上,产业技术水平显著提升,为实现节能减排目标奠定了坚实的物质基础和技术保障。2015年实际实现了节能环保产业总产值4.5万亿元,从业人数3 000多万人。这标志着国家对节能环保产业的重视。

2015年是"十二五"规划的收官之年,是全面深化改革的关键之年,也是新《环境保护法》的实施之年。2015年,全国化学需氧量、氨氮、二氧化硫、氮氧化物排放总量分别同比下降3%、3%、5%、9%以上。首批实施新环境空气质量标准的74个城市PM2.5平均浓度同比下降14.1%。

在大气环境质量方面,2015年我国338个城市PM10浓度平均为$87\mu g/m^3$、PM2.5平均为$50\mu g/m^3$,"历史同期"发达国家PM10平均约为$44\mu g/m^3$、PM2.5平均浓度为$18\sim25\mu g/m^3$。要在2020年达到发达国家"历史同期"平均水平,需降低50%左右,难度极大。在水环境质量方面,"历史同期"OECD主要国家和地区,水质相当于Ⅰ~Ⅲ类河流比例与我国基本相当甚至略低,但劣Ⅴ类河流比例明显低于我国,甚至没有劣Ⅴ类水体。而我国除了劣Ⅴ类河流外,还有约55%的城市黑臭水体。

确定具体环境指标是"十三五"环保工作需要解决的主要问题。发达国家的经验表明,环境保护与经济发展之间存在"倒U型"关系,环境质量改善是一个伴随着经济结构调整和治理水平提高而逐步实现的过程。相比国际上一些国家,我国是在较低的收入水平和以煤炭为主的能源结构下解决更为复杂的环境问题。1996年美国提出PM2.5控制时,人均GDP达到2.8万美元,煤炭、工业能耗占比分别仅为20%、7%左右。而我国2011年提出PM2.5控制时,人均GDP为5 400美元,能源消费中煤炭占68.4%、工业能耗占70%左右,能源和经济发展阶段差距较大,治理的复杂性和难度更大。

与发达国家经济发展水平类似的"历史同期"相比,我国目前环境质量差距很大。2020年我国人均GDP预计将达到1.1万~1.2万美元(以2010年为基期),以此指标衡量,我国2020年经济发展情境大致相当于美国约1975—1980年、日本约1978—1985年、欧盟的1979—1986年,滞后欧美发达国家35~40年。我国的节能环保事业任重而道远,需持续推进环境保护相关工作,节能减排,建立全民节能环保意识。

近年来,我国的节能环保取得了一定的成绩,积极响应政府政策,以改善环境质量为核心,实行最严格的环境保护制度,推进主要污染物减排,严密防控环境风险,不断提高环境管理系统化、科学化、法治化、精细化和信息化水平,加快推进生态环境治理体系和治理能力现代化,确保生态环境质量总体改善,创建"绿色—环保中国"。

(四)我国节能环保不同区域状况与比较

"十二五"以来,我国的节能环保产业得到了长足发展。截至2015年,我国节能环保产业总产值达4.5万亿元,从业人数为3 000万人。产业集中变明显提高,有70余家年营业收入超过10亿元的节能环保龙头企业。从空间布局上看,节能环保产业的发展主要集中在东部沿海地区,已经初步形成了长三角、珠三角、环渤海三大主要产业聚集区。江苏、浙江、广东、山东、北京、天津等省市成为我国节能环保产业具有引领和带动作用的发展策源地。地处中西部地区的四川、湖南、湖北、安徽等地以及河北、山西等环境污染问题严重的地区,逐渐对节能环保产业给予了特别的关注,产业发展增速明显,在部分核心城市和区域正在逐步形成我国节能环保产业发展的"第二梯队"。

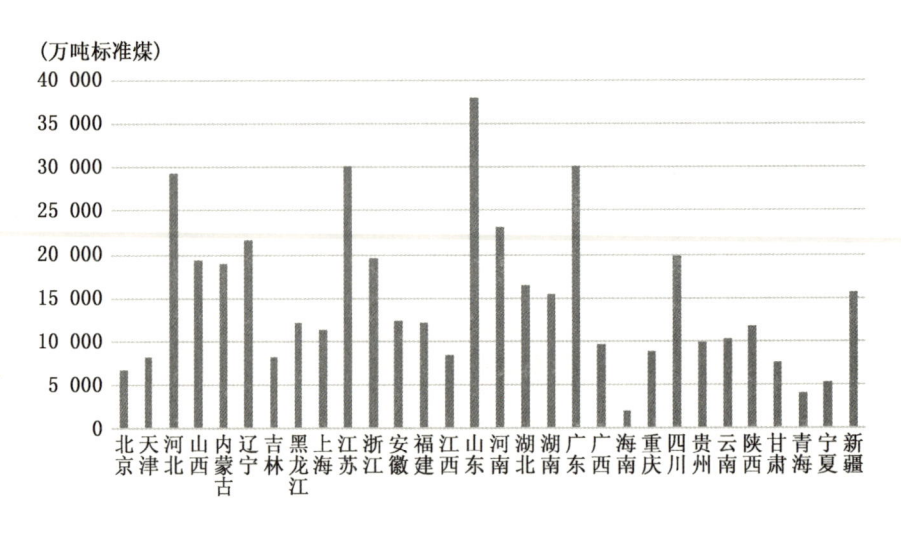

图 1-5　2015 年我国各省(市、自治区)能源消费总量

从图 1-5 可以看出,属于我国节能环保产业发展的"第一梯队"的部分省市,能源消费总量在全国也排于前列水平。

我国正从工业型经济向服务型经济转变,这导致能源消费增长缓慢。根据 2015 年的能源相关数据,过去一年间全国能源消费进一步放缓,能源结构正逐步向低碳燃料转型。

下文从水、电、煤、油能源消耗的变化情况以及水、气、土的质量水平等方面说明我国各省(市、自治区)节能环保产业现状。

1. 煤炭消耗量变动

我国是产煤大国,煤是我国主要燃料来源。图 1-6 是 2012 年和 2015 年煤消耗量对比,从图中可以看出,我国节能环保产业发展"第一梯队"中的江苏、浙江、广东、北京、天津等省市 2015 年的煤消耗量比 2012 年均有所降低;而属于"第二梯

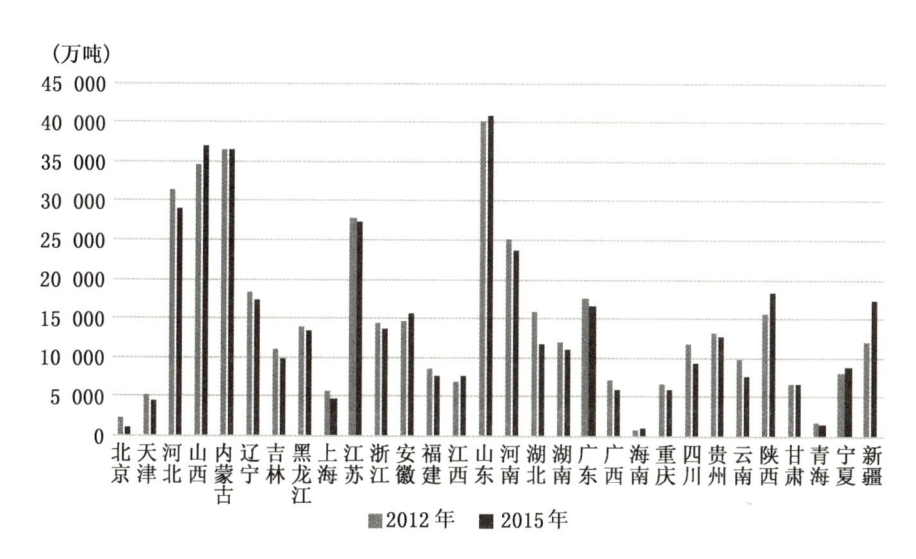

队"的安徽、山西等省市 2015 年的煤消耗量比 2012 年有所上升。

图 1-6 2012 年与 2015 年煤消耗量对比

从整体上看,煤消耗量呈现负增长的省份较多,这说明我国节能环保产业推进取得一定成绩,能源消费结构正实现平稳转型,逐步向清洁能源转化,各省(市、自治区)均着力推进清洁能源发展使用计划,减轻环境负担,减少环境污染、大气污染。从整体走势也可以看到我国能源消费存在分配不均的现象,有的地区煤炭消耗量极高,有的地区能源消耗量极低,这与我国能源分布情况存在密切关系。

2. 石油消耗量变动

截至 2015 年,石油仍是全球的主要燃料,占全球能源消费的 32.9%。而我国的需求再次取得最大涨幅,从整体上看,我国的石油消费量仍在增加。图 1-7 是 2012 年和 2015 年我国各省(市、自治区)石油消费量对比,从图中可以看出,我国节能环保产业发展"第一梯队"中的江苏、广东、北京、天津等省市 2015 年的石油消费量比 2012 年略有增长;在环境污染相对严重的四川、湖南、湖北、安徽等地,2015 年的石油消费量比 2012 年均有所增长。从整体走势可以看到,我国石油消费量的分布不均衡,广东、辽宁、山东、上海等省市的石油消费量明显高于其他地区,而青海、宁夏等地区的石油消费量明显低于其他地区。

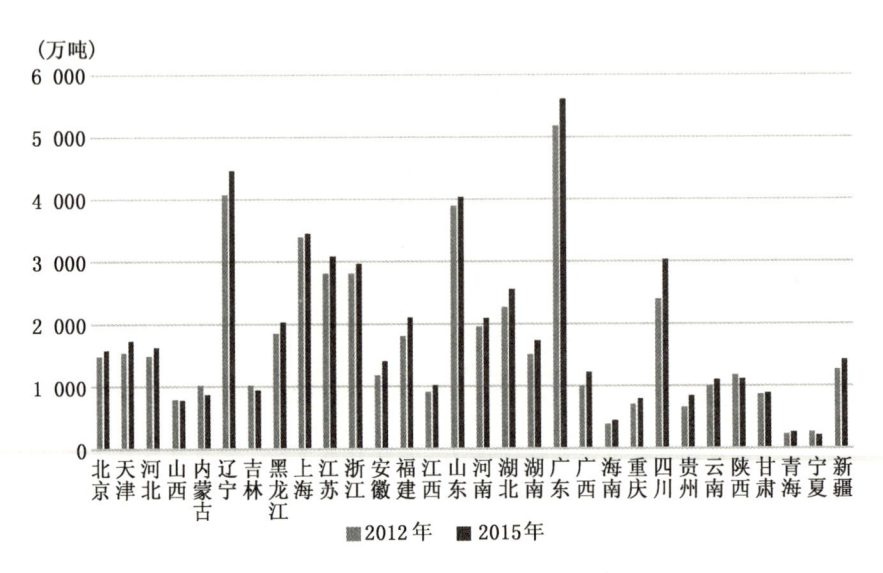

图 1-7　2012 年与 2015 年石油消费量对比

3. 电力消耗量变动

2015 年我国总的发电量为 58 105.8 亿千瓦小时,比 2014 年增长 0.3%,其中火力发电量降低 2.7%、水电发电量增长 5.0%、核电发电量增长 28.9%。核电同比增长率最大,其次是水电,而火电则呈现负增长,这说明我国大力发展绿色能源,大力推进节能环保。

图 1-8 是 2012 年与 2015 年我国各地区的电力消耗量的对比,从图中可以看到,大部分省(市、自治区)的电力消耗量都呈现增长的趋势。随着社会的进步和科学技术的发展,电已经成为现代社会不可缺少的重要能源,电消费需求只会越来越大,因此要继续加快发展风能、水能等安全环保的发电方式,在不造成环境污染的前提下满足现代社会建设的一切需求。

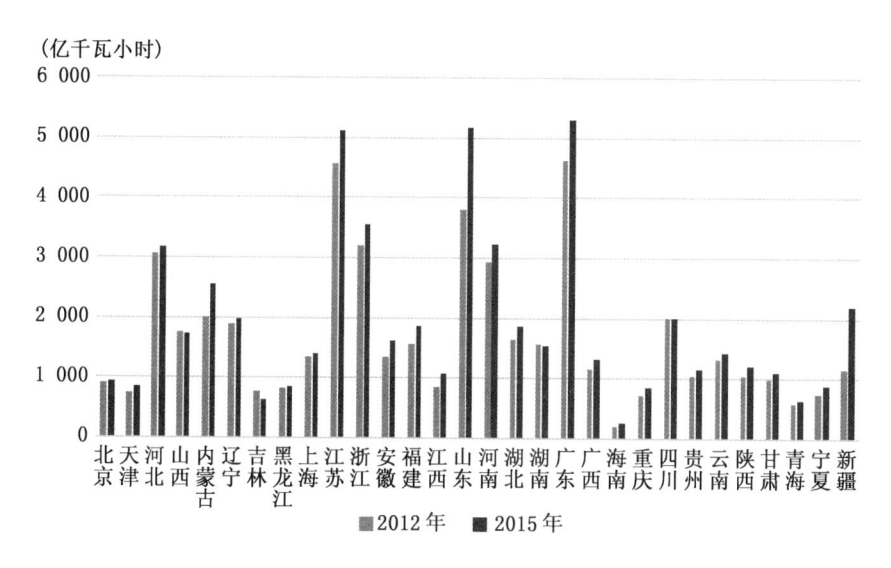

图 1-8　2012 年与 2015 年电消费量对比

4. 水资源

调查显示,2015 年,480 个城市(区、县)开展了降水监测,酸雨城市比例为 22.5%,酸雨频率平均为 14.0%,酸雨类型总体仍为硫酸型,酸雨污染主要分布在长江以南—云贵高原以东地区。全国 967 个地表水国控断面(点位)开展了水质监测,Ⅰ~Ⅲ类、Ⅳ~Ⅴ类和劣Ⅴ类水质断面分别占 64.5%、26.7% 和 8.8%。5 118 个地下水水质监测点中,水质为优良级的监测点比例为 9.1%,良好级的监测点比例为 25.0%,较好级的监测点比例为 4.6%,较差级的监测点比例为 42.5%,极差级的监测点比例为 18.8%。338 个地级以上城市开展了集中式饮用水水源地水质监测,取水总量为 355.43 亿吨,达标取水量为 345.06 亿吨,占 97.1%。监测表明,Ⅰ类水质断面(点位)占 2.8%,比 2014 年下降 0.6 个百分点;Ⅱ类占 31.4%,比 2014 年上升 1.0 个百分点;Ⅲ类占 30.3%,比 2014 年上升 1.0 个百分点;Ⅳ类占 21.1%,比 2014 年上升 0.2 个百分点;Ⅴ类占 5.6%,比 2014 年下降 1.2 个百分点;劣Ⅴ类占 8.8%,比 2014 年下降 0.4 个百分点。

我国是一个干旱缺水严重的国家。《2016 年水资源公告》显示,2016 年我国一级区水资源总量 32 466.4 亿立方米,其中,北方 6 区 5 592.7 亿立方米,南方 4 区

26 873.7亿立方米,松花江区1 484.0亿立方米,辽河区489.8亿立方米,海河区387.9亿立方米,黄河区601.8亿立方米,长江区11 947.1亿立方米,淮河区1 009.5亿立方米,东南诸河区3 113.4亿立方米,珠江区5 928.9亿立方米,西南诸河区5 884.3亿立方米,西北诸河区1 619.8亿立方米。2016年,全国用水总量6 040.2亿立方米,其中,北方6区2 748.9亿立方米,南方4区3 291.3亿立方米,松花江区500.7亿立方米,辽河区197.3亿立方米,海河区363.1亿立方米,黄河区390.4亿立方米,长江区2 038.6亿立方米,淮河区620.4亿立方米,东南诸河区312.2亿立方米,珠江区838.1亿立方米,西南诸河区102.4亿立方米,西北诸河区677.0亿立方米。用水量最大的省份是新疆,2016年用水565.4亿立方米。可见我国水资源储量与使用分布非常不均衡。

图1-9是我国水资源分布图,图中用渐变色表示我国水资源分布变化情况,由浅到深的渐变色对应各地区水资源总量的由低到高。从图中可以看到,水资源总量最高的是西藏自治区,与西藏相邻的四川省等地的水资源相对充足;而北京、山东等地的水资源均欠缺。

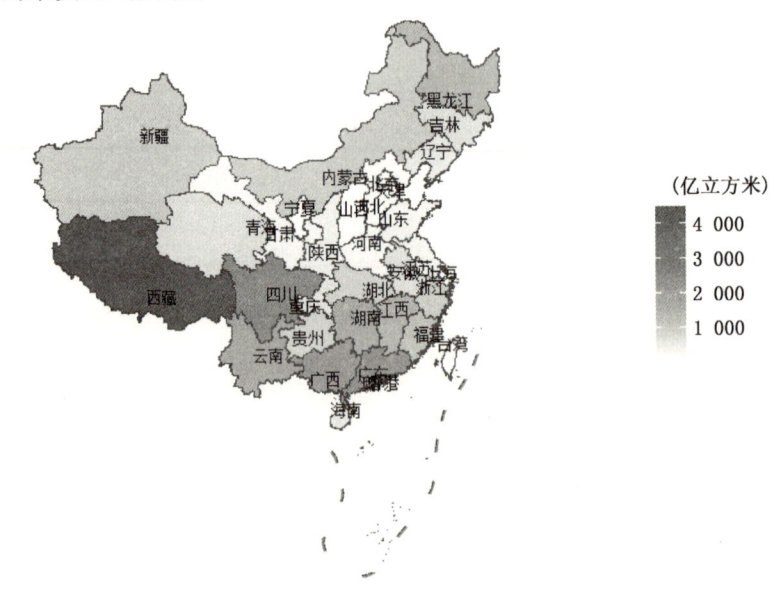

图1-9　2015年我国水资源分布

按东、中、西部地区统计分析,我国人均综合用水量分别为389立方米、451立方米、537立方米;万元国内生产总值用水量差别较大,分别为58立方米、115立方米、143立方米,西部比东部高近1.5倍;耕地实际灌溉亩均用水量分别为363立方米、357立方米、504立方米;万元工业增加值用水量分别为41.9立方米、64.1立方米、47.9立方米。

我国各地区经济发展水平的不平衡,导致各地的节能环保状况存在差异。发展经济或多或少地影响了当地的自然环境。由于地理环境等因素影响,各地能源拥有量也存在分布不均衡现象。节能环保产业的发展主要集中在东部沿海地区,已经初步形成了长三角、珠三角、环渤海三大主要产业聚集区。江苏、浙江、广东、山东、北京、天津等省市成为我国节能环保产业具有引领和带动作用的发展策源地,这些地区的节能环保工作卓有成效。地处中西部地区的四川、湖南、湖北、安徽等地以及河北、山西等环境污染问题严重的地区,也逐渐对节能环保产业给予特别关注,努力改善环境污染问题和能源利用问题。

二、我国节能环保投入情况

(一)投入构成

1. 投资来源

(1)全国环保投资总额

我国节能环保投资主要包括老工业污染源治理、建设项目"三同时"、城市环境基础设施建设三个部分。根据《2015年环境统计年报》的相关统计数据,2015年我国环保投资总额为8 806.3亿元,占国内生产总值(GDP)的1.30%,占全社会固定资产投资总额的1.6%,比2014年减少8.0%。其中,城市环境基础设施建设投资4 946.8亿元,老工业污染源治理投资773.7亿元,建设项目"三同时"环保投资3 085.8亿元,分别占节能环保投资总额的56.2%、8.8%和35.0%。

表2-1　　　　2011—2015年全国环保投资情况　　　　单位:亿元

年份	城市环境基础设施建设投资	老工业污染源治理投资	建设项目"三同时"环保投资	投资总额
2011	3 469.4	444.4	2 112.4	6 026.2
2012	5 062.7	500.5	2 690.4	8 253.6
2013	5 223.0	849.7	2 964.5	9 037.2
2014	5 463.9	997.7	3 113.9	9 575.5
2015	4 946.8	773.7	3 085.8	8 806.3
变化率	−9.5%	−22.5%	−0.9%	−8.0%

数据来源:《2015年环境统计年报》。

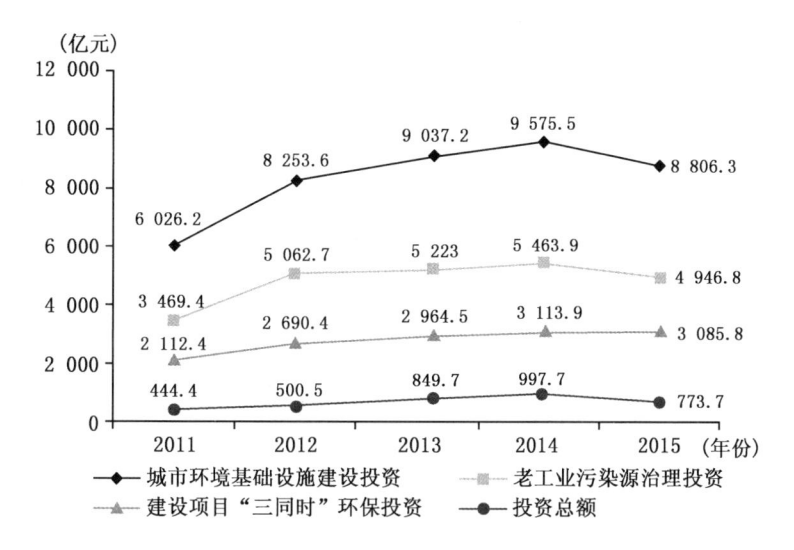

图 2‑1　2011—2015 年全国环境保护投资情况趋势

根据以上数据可以发现,我国环境保护的投资主要来源于政府主导下的投资行为,即政府的财政支付和污染企业为控制污染在政府环境保护部门的监督下进行的被动投入。企业为追求利益,并不会主动投资环保产业,而是将其推向政府部门。在城市环境基础设施建设方面,主要是依靠政府的支出,而不是引进社会资本的投融资。虽然我国在环境保护方面出台了一系列的政策建议,但是随着社会在不断发展,已存在的政策并不能适应当下环保产业的发展。因此,环保政策应与时俱进,以便早日建成我国环保市场机制,积极调动社会各界参与环保投资的热情。

随着经济的发展,我国逐渐形成多投融资模式的机制发展环保产业,如利用银行贷款、建设专项环保基金、排污费征收、BOT 模式等。环境保护需要在政府的正确引导下,协同社会各界力量共同参与,推动节能环保产业持续健康发展。目前,我国仍以政府投资为主,企业为辅。

(2)全国环保直接投资

2015 年,我国环保设施直接投资总额为 4 694.2 亿元,占环保投资总额的 53.3%,其中城市环境基础设施投资、老工业污染源治理投资和建设项目"三同

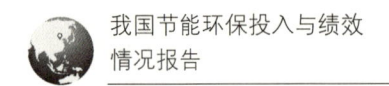

时"环保投资分别占环保直接投资的17.8%、16.5%和65.7%。建设项目"三同时"环保投资是环保直接投资的主要来源。

2015年,环境保护设施直接投资比2014年减少3.1%。城市环境基础设施投资中污染治理设施直接投资比2014年增加13.6%,老工业污染源治理投资比2014年减少22.5%,建设项目"三同时"环保投资基本与2014年持平。

表2-2　　　　　　　　2011—2015年我国环保直接投资情况　　　　　　　　单位:亿元

年份	环保直接投资	城市基础设施建设投资	老工业污染治理投资	建设项目"三同时"环保投资	占当年环保投资总额比例	占当年GDP比例
2011	3 076.5	519.7	444.4	2 112.4	51.1%	0.65%
2012	3 765.4	574.5	500.5	2 690.4	45.6%	0.71%
2013	4 479.5	665.3	849.7	2 964.5	49.6%	0.77%
2014	4 846.4	734.8	997.7	3 113.9	50.6%	0.76%
2015	4 694.2	834.7	773.7	3 085.8	53.3%	0.68%
变化率	-3.1%	13.6%	-22.5%	-0.9%	—	—

数据来源:《2015年环境统计年报》。

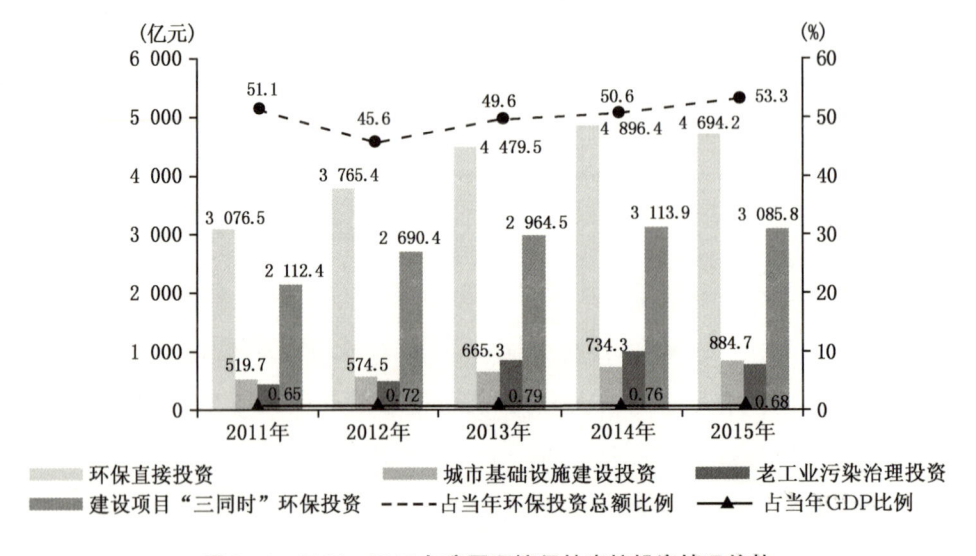

图2-2　2011—2015年我国环境保护直接投资情况趋势

(3) 我国环境保护财政支出

根据国家统计局数据,我国近年来在环保治理方面的投入逐年增加,但增加幅度并不显著,环境保护支出占财政支出的比例在2.4%上下波动。这说明我国在环境保护方面的投入并不是很多,应继续努力采取相应的措施改善环境,保护人类的大自然。

表2-3　　　　　　　　　　2006—2015年环保财政支出

年份	国家财政支出（亿元）	国家财政节能环保支出（亿元）	环境保护支出占财政支出比例(%)
2006	40 422.7		0
2007	49 781.4	995.82	2
2008	62 592.7	1 451.36	2.32
2009	76 299.9	1 934.04	2.53
2010	89 874.2	2 441.98	2.72
2011	109 248	2 640.98	2.42
2012	125 953	2 963.46	2.35
2013	140 212	3 435.15	2.45
2014	151 786	3 815.6	2.51
2015	175 878	4 802.89	2.73

数据来源:国家统计局。

(4) 我国能源消耗构成

据《2015年中国统计年鉴》数据显示,1985—2015年我国能源消费此起彼伏。其中2003—2005年能源消费迅速增加,其中电力消费占比较大,增长幅度几乎与消费总量同步。这说明我国电能消耗巨大,需要在电力方面采取相应的措施来减少能源的消耗。

表2-4　　　　　　　　　　我国能源消耗比较

年份	能源消费比上年增长(%)	电力消费比上年增长(%)	国内生产总值比上年增长(%)	能源消费弹性系数	电力消费弹性系数
1985	8.1	9	13.4	0.6	0.67
1990	1.8	6.2	3.9	0.46	1.59

续表

年份	能源消费比上年增长（%）	电力消费比上年增长（%）	国内生产总值比上年增长（%）	能源消费弹性系数	电力消费弹性系数
1991	5.1	9.2	9.3	0.55	0.99
1992	5.2	11.5	14.2	0.37	0.81
1993	6.3	11	13.9	0.45	0.79
1994	5.8	9.9	13	0.45	0.76
1995	6.9	8.2	11	0.63	0.75
1996	3.1	7.4	9.9	0.31	0.75
1997	0.5	4.8	9.2	0.05	0.52
1998	0.2	2.8	7.8	0.03	0.36
1999	3.2	6.1	7.7	0.42	0.79
2000	4.5	9.5	8.5	0.54	1.12
2001	5.8	9.3	8.3	0.7	1.12
2002	9	11.8	9.1	0.99	1.3
2003	16.2	15.6	10	1.62	1.56
2004	16.8	15.4	10.1	1.67	1.52
2005	13.5	13.5	11.4	1.18	1.18
2006	9.6	14.6	12.7	0.76	1.15
2007	8.7	14.4	14.2	0.61	1.01
2008	2.9	5.6	9.7	0.3	0.58
2009	4.8	7.2	9.4	0.51	0.77
2010	7.3	13.2	10.6	0.69	1.25
2011	7.3	12.1	9.5	0.77	1.27
2012	3.9	5.9	7.9	0.49	0.75
2013	3.7	8.9	7.8	0.47	1.14
2014	2.1	4	7.3	0.29	0.55
2015	0.9	0.5	6.9	0.13	0.07

数据来源：《2015年中国统计年鉴》。

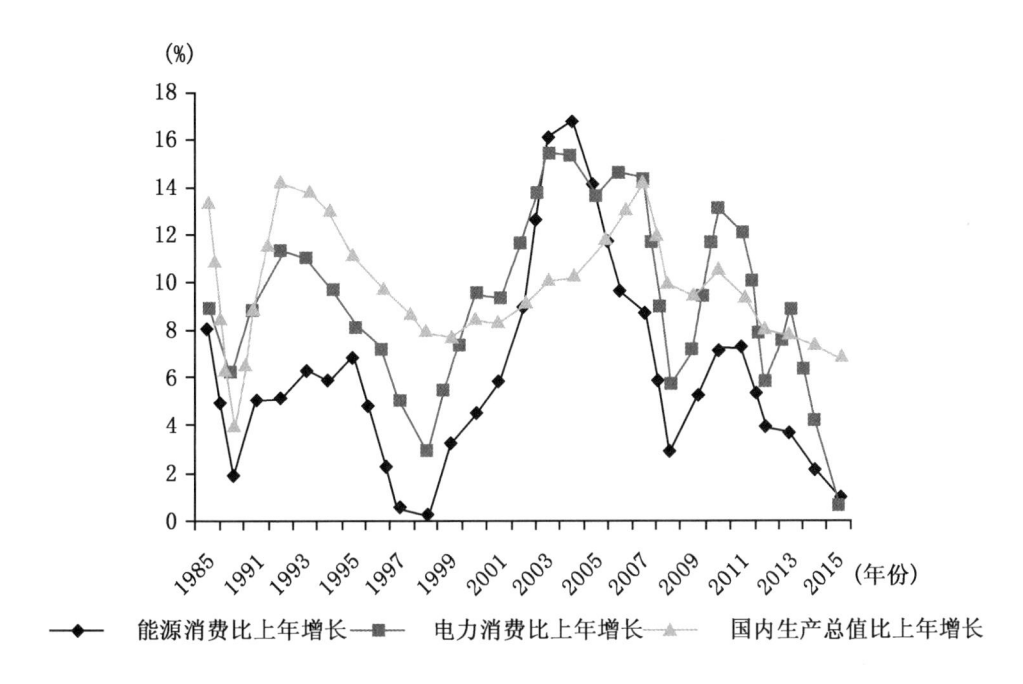

图 2-3 我国能源消耗趋势

2. 投入层次

由腾讯财经联合九次方大数据推出的我国环保产业链大数据表明,近十年我国环保企业数量持续增长。2010年以来,新注册的环保企业中环保小微企业占比92%,全国环保企业中注册资金50万元以下的占比70%,但90%的环保企业年收入不足千万元,近30%的环保企业收入增长率超过50%。这些数据表明,我国环保企业的数量虽很多,但大型企业偏少,龙头骨干企业缺乏。

3. 投入方向

目前,我国的环保产业投入有环保设备生产与经营、资源综合利用和环境服务三方面。

环保设备生产与经营是指固体废弃物处理设备、水污染治理设备、放射性与电磁波污染防护设备、大气污染治理设备等的生产与经营。资源综合利用是指将废弃回收的各种产品综合利用,如废渣、废液、废气、废旧物资等。环境服务是指为环境保护提供技术、管理与工程设计和施工的各种服务。环保产品以及"三废"综合利用是我国的环保产业主要集中之处。投入方向主要是污染治理技术,提高治理设备、产品和服务水平。同时,政策引导清洁生产、资源循环利用等行业的技术创新,加快节能环保治理服务业的发展。

环保设施运行费用是指工业、城镇生活污染(废水、废气及固体废物)治污设施运行费用,不包括农村污染治理设施。2015年,我国污染治理设施运行费用3 282.7亿元,比2014年增加8.5%。工业废气治理设施290 886套(台),运行费用1 866.0亿元,占污染治理设施总运行费用的56.8%。其中,脱硫设施和脱硝设施运行费用分别为653.3亿元、289.5亿元,占废气治理设施运行费用的35.0%、15.5%。生活垃圾处理场和危险(医疗)废物集中处理(置)场运行费用分别为159.8亿元、94.2亿元,比2014年分别增加33.4%、28.3%。

表2-5　　　　　　　　2011—2015年我国环保设施运行费用　　　　　　　　单位:亿元

年份	工业废水治理设施	工业废气治理设施	脱硫设施	脱硝设施	污水处理厂	生活垃圾处理场	危险(医疗)废物集中处理(置)场	合计	占污染治理设施直接投资比例(%)
2011	732.1	1 579.5	587.3	44.5	307.2	59.2	48.2	2 726.1	88.6
2012	667.7	1 452.3	540.4	66	348.2	98.5	53.9	2 620.6	69.6
2013	628.7	1 497.8	611.8	145.5	393.6	86.6	58.7	2 665.3	59.5
2014	660.9	1 731.0	636.9	243.6	440	119.8	73.4	3 025.1	62.4
2015	685.3	1 866.0	653.3	289.5	477.4	159.8	94.2	3 282.7	69.93
变化率	3.7%	7.8%	2.6%	18.8%	8.5%	33.4%	28.3%	8.5%	—

数据来源:《2015年环境统计年报》。

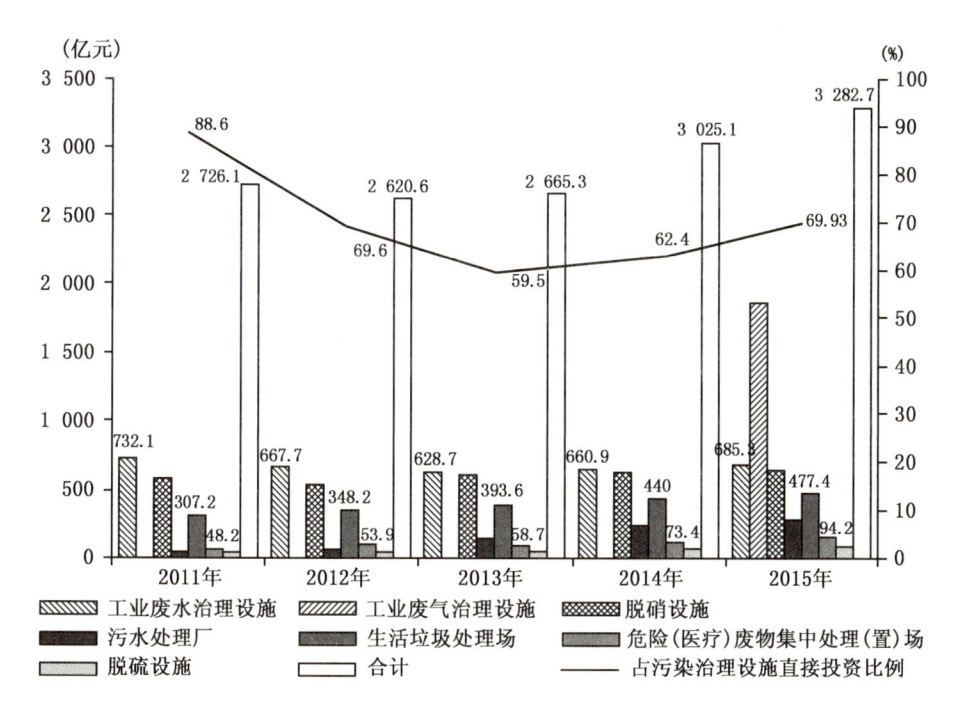

图 2-4　2011—2015 年我国环保设施运行费用

(二)投入水平

科技活动(科技研究和实验发展活动)是衡量一个国家创新能力的重要标志。因此,环保产业的投入可以用科技投入来评判。

21 世纪,主要发达国家的环保产业的发展已经逐步进入成熟时期,然而科技投入力度远远不够。目前主要发达国家环保产业的科技投入水平情况如下:

一是为了顺应全球化发展以及各服务业的需求,以科技和创新能力作为发展壮大企业的目标。

二是在提高各部门自身公共研究质量和效率的同时,适时借助适当的政策促进各企业的科研投入力度,从而进一步强化各部门的关系。

三是政府不仅持续强化科技及其管理等方面的创新,而且积极促进企业主动增加科技投入量。

四是在促进各跨国企业合作的同时,将跨国企业的投入资金引入本国进行环保研发,从而推动全球科技的发展,这不仅给企业带来了盈利,而且形成了一种科技投入良性循环的良好风尚。

1. 主要发达国家节能情况

关于节能方面的投入,目前很难找到各国在这方面的数据,但可以通过研究能源的消耗来间接地衡量国家在节能方面的投入力度。下文将从石油、天然气、煤炭、核能、水电、可再生能源和一次能源等主要能源来研究。

(1)石油

全球石油消费量近年来翻两番,2015年增长190万桶/日,上升1.9%,比2014年增长110万桶/日。经合组织国家是消费相对强劲增长的主要原因,其消费增长近1.1%,已远远超过近十年1.1%的平均跌幅。其中,美国2015年石油消费量增长29万桶/日,上升1.6%;日本2015年石油消费量减少16万桶/日,下降3.9%,成为石油消费最大降幅的国家。非经合组织国家中,我国2015年以增长77万桶/日和上升6.3%再次成为最大需求增量的来源国之一。

表2-6　　　　　2005—2015年主要发达国家石油消耗量　　　　单位:百万吨

	美国	加拿大	法国	德国	日本	中国
2005	938.4	99.9	93.1	122.4	247.2	328.6
2006	930.7	99.4	93.0	123.6	238.0	352.7
2007	928.8	102.3	91.4	112.5	230.9	370.2
2008	875.4	101.2	90.8	118.9	224.8	377.5
2009	833.2	95.0	87.5	113.9	200.4	393.2
2010	850.1	101.6	84.5	115.4	202.7	447.9
2011	834.9	105.0	83.0	112.0	203.6	464.2
2012	817.0	103.3	80.3	111.4	217.0	486.3
2013	832.1	103.5	79.3	113.4	208.2	507.2
2014	838.1	103.3	76.9	110.4	197.3	526.8
2015	851.6	100.3	76.1	110.2	189.6	559.7
2014—2015变化情况	1.6%	−2.9%	−1.0%	−0.2%	−3.9%	6.3%
2015占总量比例	19.7%	2.3%	1.8%	2.5%	4.4%	12.9%

数据来源:《BP世界能源统计年鉴》。

(2)天然气

相对于2014年天然气消耗量的缓慢增长,2015年天然气消费增加了1.7%,但仍低于其十年平均值2.3%。其中,我国以4.7%的增速成为世界最大消费增量的国家之一,但仍低于十年平均值15.1%;美国以3%的增速成为最大增幅国家。

表2-7　　　　2005—2015年主要发达国家天然气消耗量　　　单位:百万吨油当量

	美国	加拿大	法国	德国	日本	中国
2005	623.4	97.8	45.6	86.3	78.6	48.2
2006	614.4	96.9	44.0	87.9	83.7	59.3
2007	654.2	96.2	42.8	84.7	90.2	73.0
2008	659.1	96.1	44.3	85.5	93.7	84.1
2009	648.7	94.9	42.7	80.7	87.4	92.6
2010	682.1	95.0	47.3	84.1	94.5	111.2
2011	693.1	100.9	41.1	77.3	105.5	137.1
2012	723.2	100.2	42.5	77.5	116.9	150.9
2013	740.6	103.9	43.1	81.2	116.9	171.9
2014	756.0	104.2	36.2	71.1	118.0	188.4
2015	778.0	102.5	39.1	74.6	113.4	197.3
2014—2015变化情况	3.0%	-1.7%	7.8%	5.0%	-3.9%	4.7%
2015占总量比例	22.8%	2.9%	1.1%	2.1%	3.3%	5.7%

数据来源:《BP世界能源统计年鉴》。

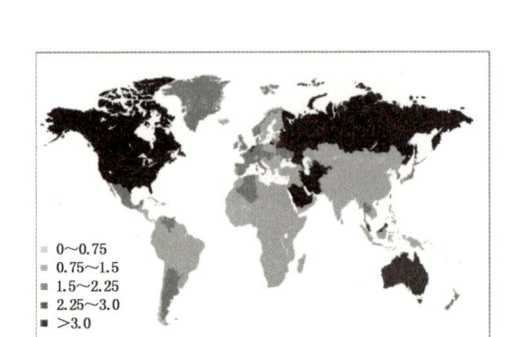

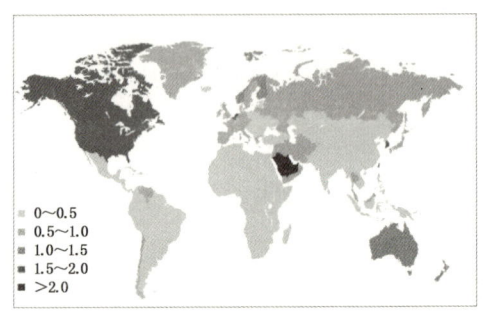

人均石油消耗量(吨)　　　　　　　　人均天然气消耗量(吨油当量)

图 2-5　2015 年世界主要能源人均消耗量

(3) 煤炭

与石油和天然气相比,煤炭消费下降 1.8%,远低于十年平均增长率 2.1%。其中,我国和美国为之做出了主要的贡献:我国降低 1.5%,美国降低 12.7%。

表 2-8　　　　　2005—2015 年主要发达国家煤炭消耗量　　　　单位:百万吨油当量

	美国	加拿大	法国	德国	日本	中国
2005	574.5	31.0	13.4	81.3	114.0	1 318.2
2006	565.7	30.1	12.4	84.5	112.3	1 448.4
2007	573.3	31.2	12.8	86.7	117.7	1 576.9
2008	564.2	30.3	12.1	80.1	120.3	1 603.1
2009	496.2	24.2	10.8	71.7	101.6	1 680.4
2010	525.0	25.2	11.5	77.1	115.7	1 743.4
2011	495.4	22.2	9.8	78.3	109.6	1 899.0
2012	437.9	21.2	11.1	80.5	115.8	1 923.0
2013	454.6	20.8	11.8	82.8	120.7	1 964.4
2014	453.8	21.4	8.7	78.8	118.7	1 949.3
2015	396.3	19.8	8.7	78.3	119.4	1 920.4
2014—2015 变化情况	−12.7%	−7.3%	—	−0.6%	0.6%	−1.5%
2015 占总量比例	10.3%	0.5%	0.2%	2.0%	3.1%	50.0%

数据来源:《BP 世界能源统计年鉴》。

二、我国节能环保投入情况

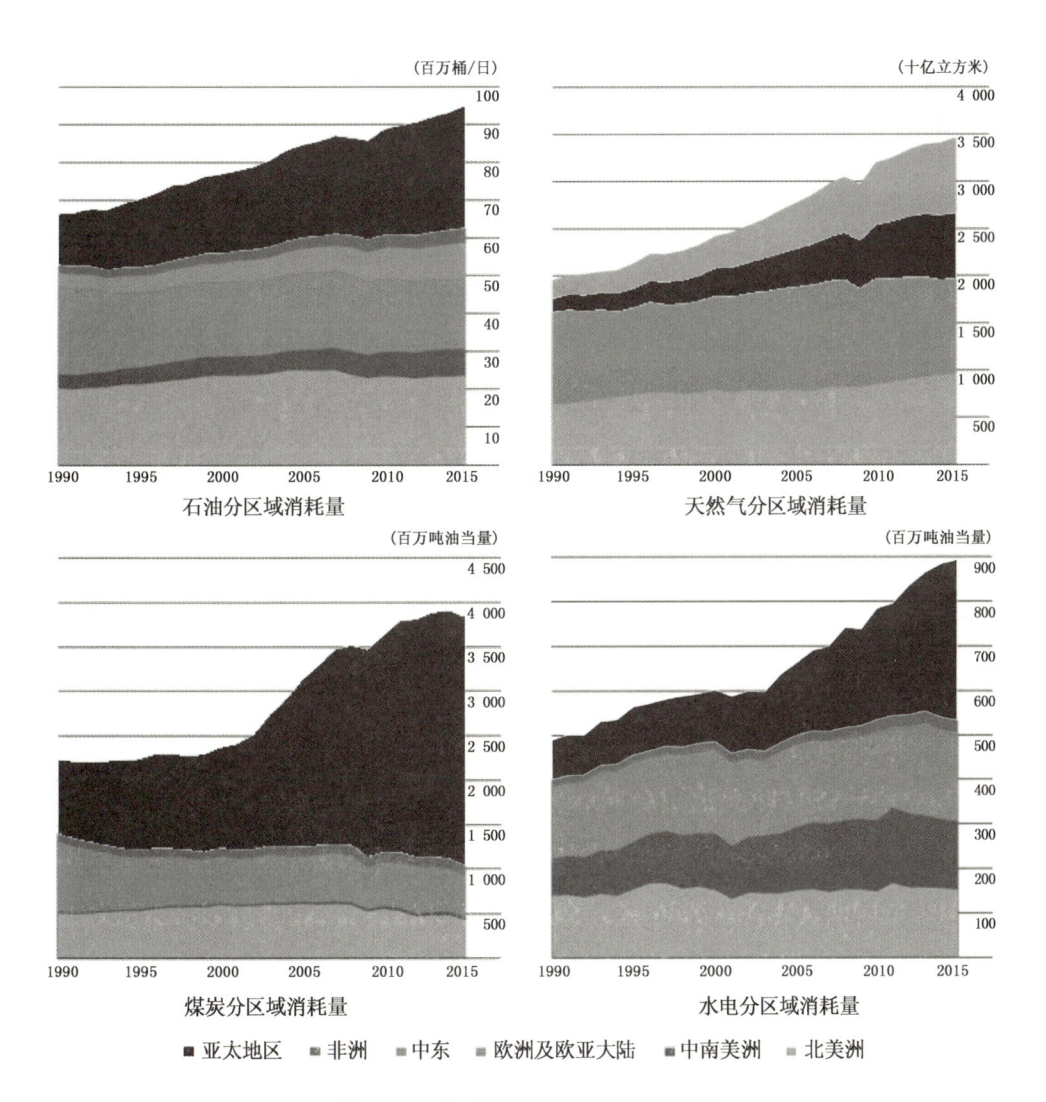

图 2-6 全球主要能源分区域消耗量

(4)核能

和石油、天然气相同,核能仍旧增长。2015年,全球核能发电量增长1.3%,其中,中国增长28.9%,几乎是全球核能净增长量的全部。中国已经远超韩国,成为第四大核能发电国家。

47

表 2-9　　　　2005—2015 年主要发达国家核能消耗量　　　单位:百万吨油当量

	美国	加拿大	法国	德国	日本	中国
2005	186.3	20.7	102.2	36.9	66.3	12.0
2006	187.5	22.0	101.9	37.9	69.0	12.4
2007	192.1	21.0	99.5	31.8	63.1	14.1
2008	192.0	21.6	99.4	33.7	57.0	15.5
2009	190.3	20.2	92.7	30.5	65.0	15.9
2010	192.2	20.4	96.9	31.8	66.2	16.7
2011	188.2	21.0	100.0	24.4	36.9	19.5
2012	183.2	21.3	96.3	22.5	4.1	22.0
2013	187.9	23.2	95.9	22.0	3.3	25.3
2014	189.9	24.2	98.8	22.0	—	30.0
2015	189.9	23.6	99.0	20.7	1.0	38.6
2014—2015 变化情况	—	-2.5%	0.2%	-5.8%	—	28.9%
2015 占总量比例	32.6%	4.0%	17.0%	3.6%	0.2%	6.6%

数据来源:《BP 世界能源统计年鉴》。

(5)水电

我国以 5% 的增速占据世界最大水力发电国的位置,尽管其增速不到历史平均增长速度的 50%。同时,与核能类似,全球水电净增长全部来自中国。

表 2-10　　　　2005—2015 年主要发达国家水电消耗量　　　单位:百万吨油当量

	美国	加拿大	法国	德国	日本	中国
2005	61.8	81.9	11.6	4.4	17.9	89.8
2006	66.1	79.9	12.8	4.5	20.4	98.6
2007	56.6	83.2	13.2	4.8	17.5	109.8
2008	58.2	85.4	14.5	4.6	17.5	144.1
2009	62.5	83.4	13.0	4.3	16.4	139.3
2010	59.5	79.5	14.3	4.7	20.6	163.4
2011	73.0	85.0	10.3	4.0	19.3	158.2

续表

	美国	加拿大	法国	德国	日本	中国
2012	63.1	86.1	13.4	5.0	18.3	197.3
2013	61.4	88.7	15.8	5.2	19.0	208.2
2014	59.3	86.6	14.0	4.4	20.0	242.8
2015	57.4	86.7	12.2	4.4	21.9	254.9
2014—2015变化情况	−3.2%	0.1%	−13.0%	1.4%	9.1%	5.0%
2015占总量比例	6.4%	9.7%	1.4%	0.5%	2.4%	28.5%

数据来源：《BP世界能源统计年鉴》。

（6）可再生能源

2015年，全球能源消费的2.8%是可再生能源发电，已经超出十年前的0.8%。中国和德国分别以20.9%和23.5%达到可再生能源发电最大增量。其中，可再生能源发电的最大来源是风能，其次是太阳能。在太阳能发电方面，我国增长69.7%，美国增长41.8%，日本增长58.6%。2015年，美国的可再生能源发电消费量达到最大，为19.7%。

表2-11　　　　2005—2015年主要发达国家可再生能源消耗量　　　单位：百万吨油当量

	美国	加拿大	法国	德国	日本	中国
2005	20.7	2.4	1.1	9.7	6.5	1.7
2006	22.8	2.5	1.4	11.7	6.6	2.5
2007	24.8	2.6	1.9	15.2	6.9	3.5
2008	29.7	2.5	2.3	16.5	6.8	6.4
2009	33.9	3.3	2.8	17.2	6.8	11.0
2010	39.3	4.1	3.4	19.0	7.2	15.9
2011	45.7	4.7	4.4	24.0	7.5	23.7
2012	51.7	4.5	5.5	27.5	8.2	30.8
2013	60.2	5.2	5.9	29.3	9.6	44.1
2014	66.8	6.3	6.5	32.3	11.6	51.9
2015	71.7	7.3	7.9	40.0	14.5	62.7

续表

	美国	加拿大	法国	德国	日本	中国
2014—2015变化情况	7.5%	17.0%	20.9%	23.5%	24.8%	20.9%
2015占总量比例	19.7%	2.0%	2.2%	10.9%	4.0%	17.2%

数据来源：《BP世界能源统计年鉴》。

(7) 一次能源

全球一次能源消费增长率2015年远低于十年平均值1.9%。我国的一次能源消费量为全球最大消费量。

表2-12　　2005—2015年主要发达国家一次能源消耗量　　单位：百万吨油当量

	美国	加拿大	法国	德国	日本	中国
2005	2 350.2	323.9	262.4	332.3	522.5	1 793.7
2006	2 333.1	321.1	261.1	341.3	521.8	1 968.0
2007	2 371.8	326.9	257.4	327.2	517.4	2 140.1
2008	2 320.3	327.4	259.1	330.7	510.8	2 222.3
2009	2 206.1	311.6	245.2	310.2	469.0	2 322.1
2010	2 285.3	316.4	253.2	323.7	497.4	2 487.4
2011	2 266.0	328.7	244.5	312.3	471.9	2 687.9
2012	2 210.4	326.6	244.7	316.7	468.5	2 795.3
2013	2 271.7	335.0	247.4	325.8	465.8	2 903.9
2014	2 300.5	335.5	237.5	311.9	453.9	2 970.3
2015	2 280.6	329.9	239.0	320.6	448.5	3 014.0
2014—2015变化情况	−0.9%	−1.7%	0.6%	2.8%	−1.2%	1.5%
2015占总量比例	17.3%	2.5%	1.8%	2.4%	3.4%	22.9%

数据来源：《BP世界能源统计年鉴》。

二、我国节能环保投入情况

根据上述能源消耗情况可以看出,各主要发达国家在石油、天然气、煤炭、核能、水电、可再生能源、一次能源等方面的消耗逐渐减少,说明各国在节能环保方面做出的努力逐渐显现出效果,节能取得较好的成果。

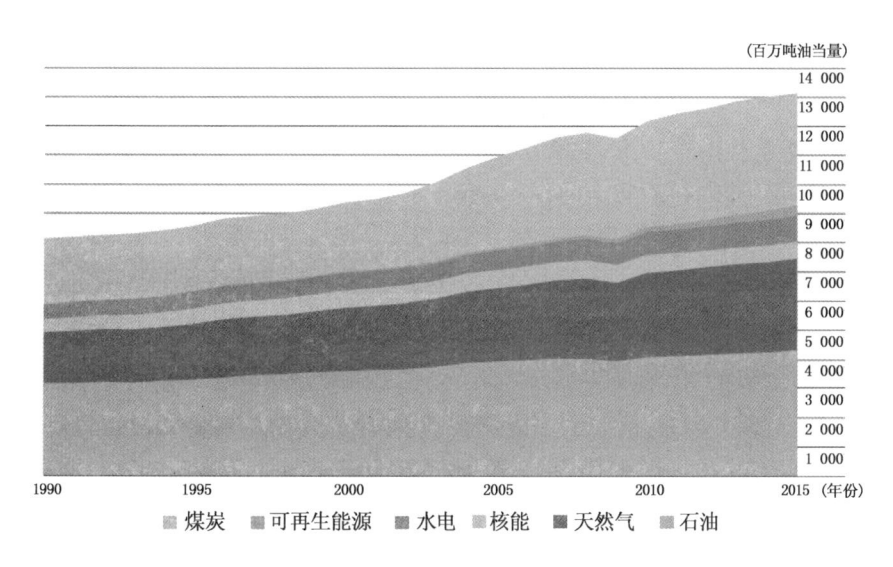

图 2-7 全球主要能源消费量趋势

2. 我国的基本情况

近几年来,我国环保投入资金不断增加。从 2000 年到 2015 年,环保投入占 GDP 的比重达 2% 左右,总额也在持续增加。但与西方发达国家在环保投入方面相比,我国的环保投入远远不足,这也是我国环境污染没有得到有效控制的根本原因。

环保投入到位是我国实现环境保护目标的关键所在。过去十年我国环保投入占 GDP 的比重为 1%～2%,从而有效地制止了环境污染进一步恶化,二氧化硫和一氧化碳等有害气体的排放量显著下降,然而其他主要有害气体及主要污染物的排放量仍没有得到有效控制,环境仍持续恶化。这也说明现有的环保投入并不能有效地解决环境恶化的难题。在今后的环保治理方面,要想实现控制环境污染、改善环境质量的重任,就必须加大环保投入量。根据相关统计数据显示,未来十年内要完成环保重任,环保投入占 GDP 的比重应该提高到 2%～3%。

为加大环保投入力度,建议从以下方面着手。首先,加大政府环保投入。我国城镇环境基础设施建设主要得益于1997年亚洲金融危机和2007年全球金融危机,随着政府公共环境服务职能不断健全,政府投资将起到举足轻重的投资拉动作用。由此,政府环保投入除了已有来源渠道外,每年还可以从新增财政收入和土地出让金中提取一定比例,用于污染治理和环境建设。其次,加大企业环保投资力度,主要是排污企业和环保型企业。针对排污企业,政府应根据"不欠新账、多还旧账"的要求,加强执法力度,保证企业投入到位。针对环保型企业,政府可以借助税收优惠、发行企业债、扶持其上市、财政贴息等措施,以扶持企业投融资。最后,加大银行绿色信贷力度。

(1)城市环境基础设施建设

2015年,城市环境基础设施建设投资总额4 946.8亿元,比2014年减少9.5%。其中,燃气工程建设投资463.1亿元,比2014年减少19.3%;集中供热工程建设投资687.8亿元,比2014年减少9.9%;排水工程建设投资1 248.5亿元,比2014年增加4.4%;园林绿化工程建设投资2 075.4亿元,比2014年减少11.3%;市容环境卫生工程建设投资472.0亿元,比2014年减少20.3%。

城市环境建设投资中,燃气、排水、集中供热、市容环境卫生和园林绿化分别占了9.4%、25.%、13.9%、9.5%和42%,园林绿化和排水是城市环境建设的重点投资对象。

表2-13　　　　2011—2015年全国城市环境基础设施建设投资构成　　　　单位:亿元

年份	投资总额	燃气	集中供热	排水	园林绿化	市容环境卫生
2011	3 469.4	331.4	437.6	770.1	1 546.2	384.1
2012	5 062.7	551.8	798.1	934.1	2 380.0	398.6
2013	5 223.0	607.9	819.5	1055	2 234.9	505.7
2014	5 463.9	574	763	1 196.1	2 338.5	592.2
2015	4 946.8	463.1	687.8	1 248.5	2 075.4	472.0
变化率	−9.5%	−19.3%	−9.9%	4.4%	−11.3%	−20.3%

数据来源:《2015年环境统计年报》。

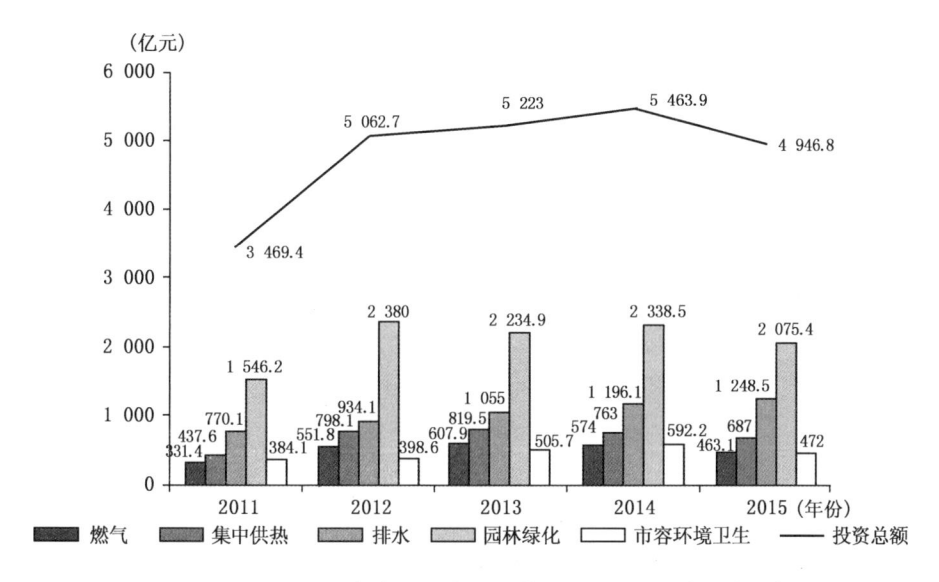

图 2‑8　2011—2015 年全国城市环境基础设施建设投资构成趋势图

(2) 老工业污染源治理投资

2015 年,老工业污染源治理投资项目有 7 197 个,其中,废水 1 704 个、废气 3 973 个、固体废物 224 个、噪声 86 个、其他 1 210 个,分别占本年施工项目数的 23.7%、55.2%、3.1%、1.2%、16.8%。

2015 年,老工业污染源治理投资总额 773.7 亿元,比 2014 年减少 22.5%。其中,废水治理投资 118.4 亿元、废气治理投资 521.8 亿元、固体废物治理投资 16.1 亿元、噪声治理投资 2.8 亿元、其他治理投资 114.5 亿元,分别占老工业污染源治理投资额的 15.3%、67.4%、2.1%、0.4%、14.8%。

表 2‑14　　　　　2011—2015 年老工业污染源治理投资构成情况　　　　　单位:亿元

年份	投资总额	废水治理	废气治理	固体废物治理	噪声治理	其他治理
2011	444.4	157.7	211.7	31.4	2.2	41.4
2012	500.5	140.3	257.7	24.7	1.2	76.5
2013	849.7	124.9	640.9	14	1.8	68.1
2014	997.7	115.2	789.4	15.1	1.1	76.9
2015	773.7	118.4	521.8	16.1	2.8	114.5
变化率	−22.5%	2.8%	−33.9%	6.9%	153.6%	48.9%

数据来源:《2015 年环境统计年报》。

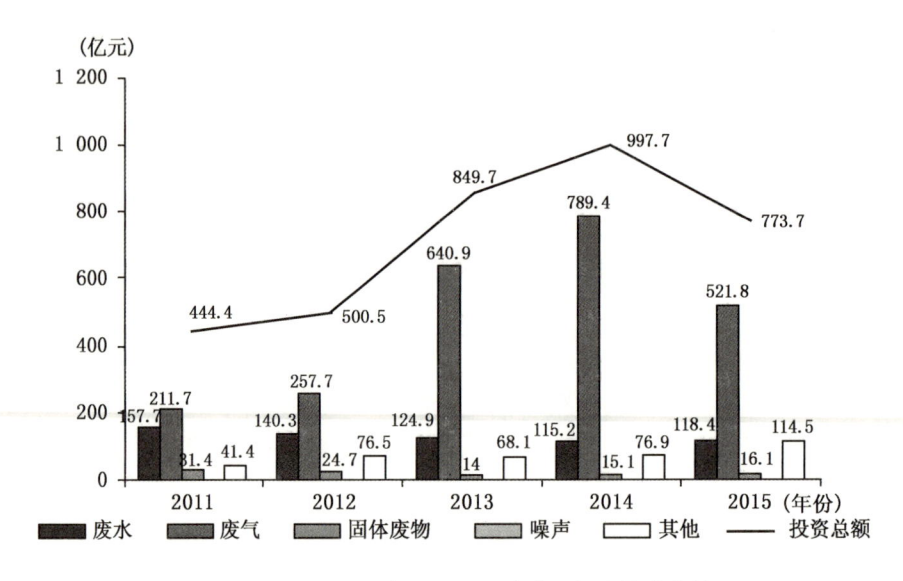

图 2‑9 2011—2015 年老工业污染治理投资构成趋势

(3)建设项目"三同时"环保投资

2015 年,建设项目"三同时"环保投资 3 085.8 亿元,比 2014 年减少 0.9%,占建设项目投资总额的 4.6%。

表 2‑15   2011—2015 年建设项目"三同时"投资情况

年份	环保投资额（亿元）	占建设项目投资总额(%)	占社会固定资产投资总额(%)	占环境治理投资总额(%)
2011	2 112.4	3.1	0.7	35.1
2012	2 690.4	2.7	0.7	31.9
2013	2 964.5	4.6	0.7	32.7
2014	3 113.9	4.8	0.6	32.6
2015	3 085.8	4.6	0.5	35.0
变化率	−0.9%	—	—	—

数据来源:《2015 年环境统计年报》。

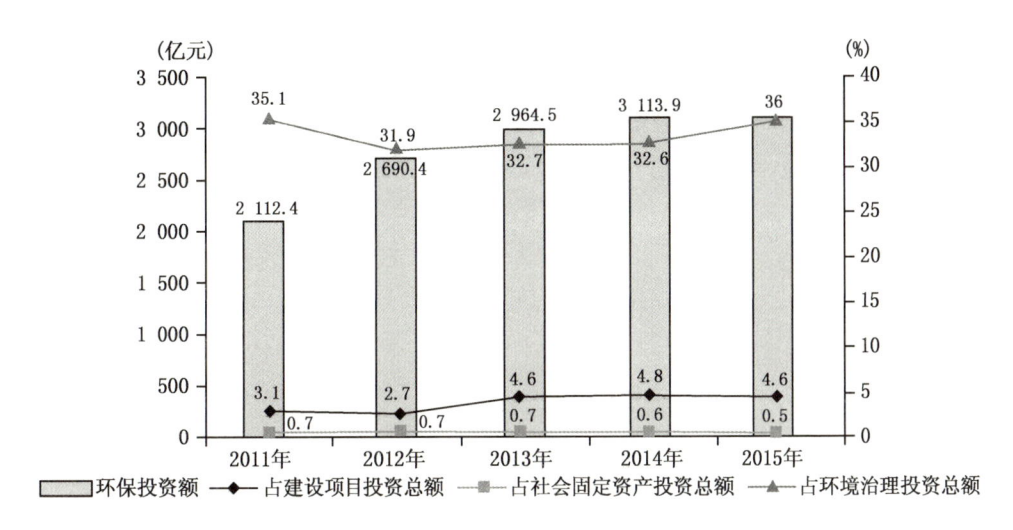

图 2-10　2011—2015 年建设项目"三同时"投资情况趋势图

(4) 我国能源消费水平

根据《2016 中国统计年鉴》统计数据显示,我国能源消耗以热力为主。2005 年前,热力消耗量逐年大幅增加;2005 年以后,由于采取节能措施,热力消耗占比基本维持在 1.8% 左右,同时其他主要能源消耗占比也基本保持在一个稳定的水平上,见表 2-16。这符合当前国内的经济发展趋势。从生活能源消耗占情况(表 2-17)可知,煤炭消耗量虽然占比依然最高,但逐年减少,到 2014 年已降至 19.60%。此外,主要生活能源消耗中,煤气一直以来是消耗最少的能源,基本都维持在 0.5% 增长率的水平。

表 2-16　　　　　1990—2014 年我国主要生活能源消费水平

能源品种	1990 年	1995 年	2000 年	2005 年	2010 年	2012 年	2013 年	2014 年
合计(万吨标准煤)	15 799	15 745	16 695	27 573	36 470	42 306	45 531	47 212
煤炭(万吨)	16 700	13 530	8 457	10 039	9 159	9 253	9 290	9 253
煤油(万吨)	105	64	72	25	21	26	28	29
液化石油气(万吨)	159	534	858	1329	1537	1635	1846	2173
天然气(亿立方米)	19	19	32	79	227	288	323	343
煤气(亿立方米)	29	57	126	145	167	137	107	97
热力(万百万千焦)	8 972	12 637	23 234	52 044	67 410	77 608	81 472	86 482
电力(亿千瓦小时)	481	1 006	1 452	2 885	5 125	6 219	6 989	7 176

数据来源:《2016 中国统计年鉴》。

表 2-17　　　　　1990—2014 年我国主要生活能源消费占比情况　　　　单位:%

年份	煤炭占比	液化石油气占比	天然气占比	煤气占比	热力占比	电力占比
1990	99.41	0.63	0.11	0.17	0.5341	0.0286
1995	85.93	0.41	0.12	0.0036	0.8026	0.0639
2000	50.66	0.43	0.19	0.0075	1.3917	0.0870
2005	36.41	0.09	0.29	0.0053	1.8875	0.1046
2010	25.11	0.06	0.62	0.0046	1.8484	0.1405
2012	21.87	0.06	0.68	0.0032	1.8344	0.1470
2013	20.40	0.06	0.71	0.0024	1.7894	0.1535
2014	19.60	0.06	0.73	0.0021	1.8318	0.1520

数据来源:《2016 中国统计年鉴》。

3. 比较与启示

通过与美国、加拿大、法国、德国、日本节能环保投入水平的比较分析,可以得出以下结论:

从技术投入方面看,发达国家很早就开始着手环保产业的科技投入,同时积极鼓励各企业将环保意识贯穿于企业整个的发展过程;我国在这方面做的比较少,并且执法力度方面也存在漏洞,这是我国环保产业发展面临的一大难题。

从环保产业结构来看,发达国家的环保产业已经从污染的终端走向环境质量提高的道路;我国仍处于解决工业废气物的处理、水污染处理设备、空气污染等问题层面,先进节能设备均需从国外引进。美国已经形成了大规模的大型环保企业,而我国 90% 以上的是中小型环保企业,很难规划统一为大型企业。

从社会责任、公众环保意识来看,发达国家(如美国、日本和德国)从小培养公民的环保意识和环保责任感,并将环保教育纳入正规教育的范畴;我国虽一直强调环保的重要性,但并未付诸行动。这是由我国的国情决定的。在以后的环保工作中,要强调实际行动,提高公民的环保意识。

从政策引导来看,美国、日本和德国有比较完善的环保法律体系;我国由于实践与理论的不足,尚未形成完整的环保法律体系,导致执法不严、多头管理、职责不明的不良管理模式。

从环保投入强度来看,与发达国家环保科技投入量相比,我国虽有落后,但投入强度在逐年增加。

环保产业发展会造福子孙后代,也有助于国家实现可持续发展,但需要投入大量的成本,并且其收效非常缓慢,因而需要发挥全社会的力量来实现环保产业健康发展。就目前的国情来说,需要政府牵动社会力量,加大资金投入,不断提高环保产业效能、环境标准和有效的规制水平。

(三)我国不同区域节能环保投入情况与比较

1. 各省份自身的环保投资弹性系数

2015年,我国环境污染治理投资总额为8 806.3亿元,除西藏、海南、青海、宁夏和吉林外,其余26个省份环境污染治理投资总额均超过100亿元。与2014年相比,湖南、广西、辽宁、福建、吉林、青海、宁夏、江苏、海南、安徽、江西、河南12个省份的环境污染治理投资总额有所增长,其他省份有所下降。

2015年,14个省份环境污染治理投资占GDP比重超过全国平均水平(1.28%),广东、海南、吉林、湖南、福建、河南、辽宁和四川的污染治理投资占GDP的比重均低于1%。

2015年,全国GDP比2014年增加6.9%,环境污染治理投资增速呈负增长,全国环境污染治理投资弹性系数[①]为-1.12,有7个省份环境污染治理投资增速超过GDP增速。

2. 东、西和中部的环保投资总额

就区域分布来看,我国环保投资的地区差异较大。从表2-18和图2-12可知,2004—2015年,东部、西部和中部的环保投资总额均呈上升趋势,但是东部和中部的差距比较大,除2015年,东部的环保投资总额比中、西部要多近1倍,据上

---

① 环境污染治理投资弹性系数=环境污染治理投资增速/GDP增速。

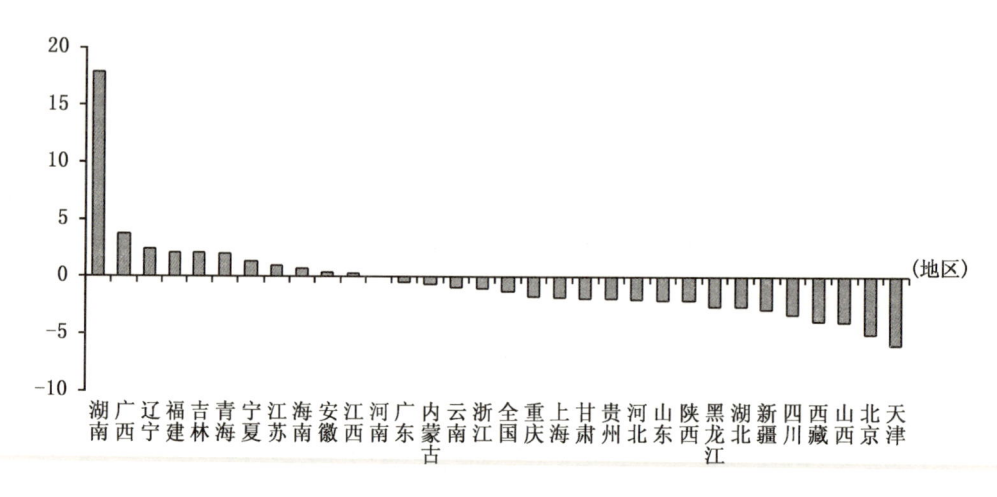

图 2-11　2015 年各地区环保投资弹性系数

述分析,环保投资与经济发展水平有显著的相关关系,经济越发达,人民的环保意识越强,环保投资相应增加,环境自然也能相应改善。2015 年开始,国家加大了对中、西部地区环保的投入,尤其是开始严控污染企业向中、西部转移,防止中、西部走"发展—污染—治理"的老路。

表 2-18　　　　　2004—2015 年东部、西部和中部的环保投资总额　　　　单位:万元

年份	东部环保投资总额	西部环保投资总额	中部环保投资总额
2004	3 679 253	1 245 994	1 236 880
2005	6 021 415	301 274	1 631 156
2006	5 512 328	2 003 361	2 163 288
2007	6 108 997	2 299 774	2 636 155
2008	5 790 485	577 902	2 501 241
2009	4 252 710	618 249	2 214 954
2010	3 746 481	501 175	1 879 209
2011	4 350 527	2 797 400	1 739 305
2012	5 178 076	2 800 573	2 030 497
2013	8 110 236	5 074 641	4 168 418
2014	10 934 843	5 701 748	3 316 431
2015	56 202 695	108 054 863	193 453 639

数据来源:国家统计局。

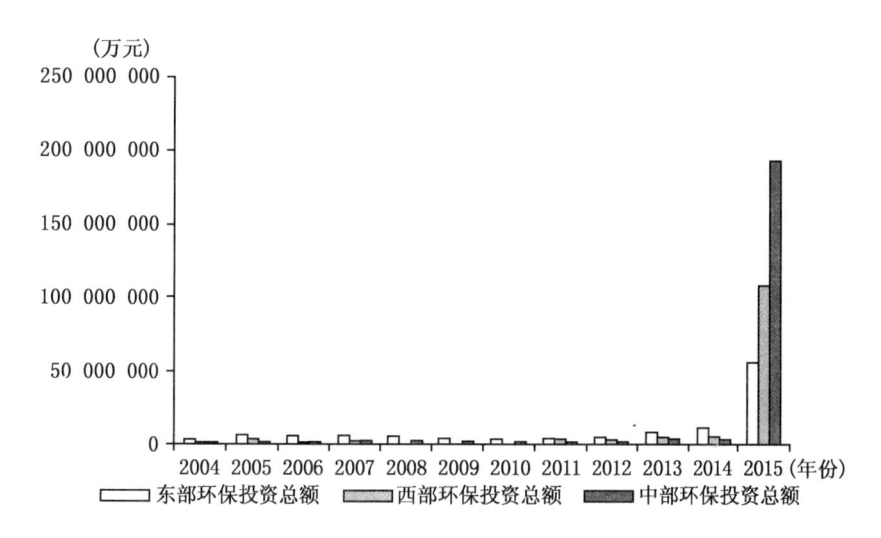

图 2‑12 2004—2015 年东部、西部和中部的环保投资总额趋势

3. 环保投资占 GDP 的比例

2004—2015 年,各地区环保投资总额占 GDP 的比例总体呈上升趋势,这说明环保产业与经济发展相辅相成,二者发展步调基本一致。

根据发达国家研究经验,一个国家的环保投资应占到国内生产总值的 1%～5%才能有效控制环境污染继续恶化,超过 3%时环境质量才有明显改善。由图 2‑13可知,除 2015 年,东部地区的环保投资占 GDP 的比值明显高于西部和中部地区,可能是由于西部开发的原因,使得自 2004 年以来,西部地区的环保投资逐渐赶上中部地区,并且在 2011 年开始超过中部地区环保投资。

4. 各省份环保投资构成

就环保投资构成来看,各省份主要将大部分环保投资投入工业污染治理方面,其次是治理废气方面,其他诸如治理废水、固体废弃物、噪音等方面也投入了相当大的资金,具体见表 2‑19 和图 2‑14。

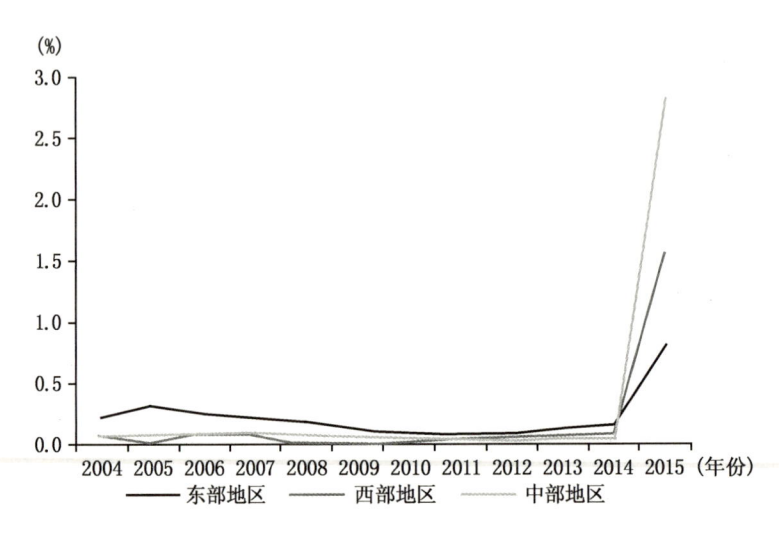

图 2-13 东部、西部和中部地区环保投资额占 GDP 比重

表 2-19 2015 年部分省份环保投资构成 单位：万元

地区	工业污染治理完成投资	治理废水项目完成投资	治理废气项目完成投资	治理固废项目完成投资	治理噪声项目完成投资	治理其他项目完成投资
北京	99 958	2 702	66 834	75	—	30 347
广东	347 103	164 863	149 437	4 178	504	28 121
河北	541 596	7 127	411 968	1 880	24	120 597
黑龙江	193 396	30 914	134 902	—	—	27 580
江苏	621 741	108 843	400 802	3 711	1 149	107 236
辽宁	189 950	22 070	143 078	19 530	617	4 656
山东	945 934	66 436	781 673	32 912	258	64 655
上海	211 726	19 673	74 012	100	4 726	113 251
天津	240 072	16 532	205 875	1 737	—	15 928
浙江	586 017	128 726	373 553	4 552	708	78 478
甘肃	40 526	5 703	23 862	40	200	10 721
广西	247 152	15 940	187 490	26 722	50	16 950
宁夏	104 318	15 719	83 045	3 433	—	2 121
青海	49 343	13 115	24 762	5 050	—	6 416

续表

地区	工业污染治理完成投资	治理废水项目完成投资	治理废气项目完成投资	治理固废项目完成投资	治理噪声项目完成投资	治理其他项目完成投资
陕西	279 915	26 875	172 682	1 690	750	77 919
四川	118 259	55 112	46 884	200	10 079	5 985
西藏	2 950	1 231	273	45	—	1 401
新疆	158 263	22 025	133 639	328	—	2 271
云南	215 878	39 474	133 478	8 464	587	33 875
重庆	59 885	11 891	44 432	2 813	120	629
海南	13 161	893	10 681	—	1 300	287
河南	330 143	44 387	234 181	7 862	53	43 660
湖北	157 976	26 099	120 301	1 360	275	9 942
湖南	261 425	35 689	126 053	2 056	277	97 350
山西	278 738	39 539	160 538	8 265	—	70 397

数据来源：国家统计局。

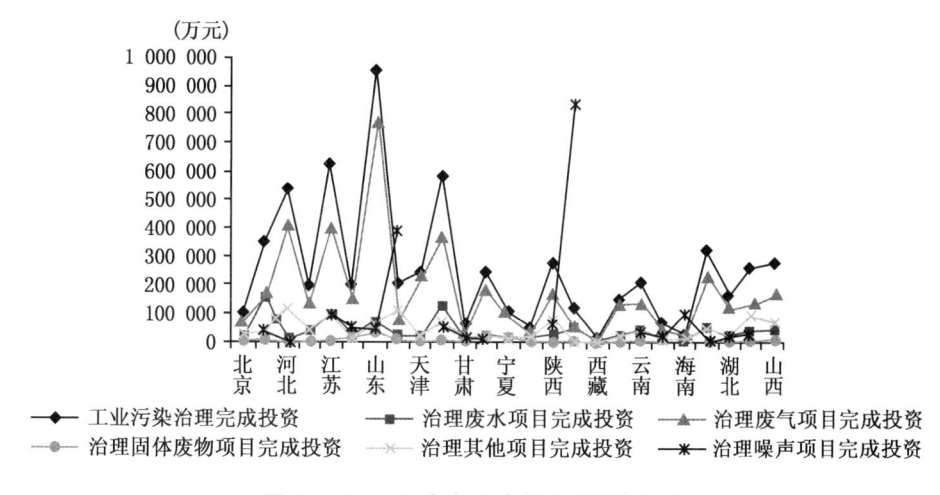

图 2-14 2015年部分省份环保投资构成

5. 各省份电力消耗

根据《2016年中国统计年鉴》统计数据，我国各地区电力消费逐年增加，2005

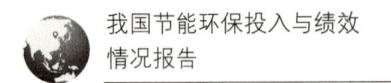

年以来增加迅速。由表 2-20 和图 2-15 可以看出,江苏和广东两省 2005 年以来电力消耗远远超出其他省份。

表 2-20　　　　　　　1995—2015 年各地区电力消费量　　　　单位:亿千瓦小时

地区	1995 年	2000 年	2005 年	2010 年	2014 年	2015 年
北京	261.74	384.43	570.54	809.9	937.05	952.72
天津	178.99	234.05	384.84	645.74	794.36	800.6
河北	602.68	809.34	1 501.92	2 691.52	3 314.11	3 175.66
山西	399.16	601.99	946.33	1 460	1 822.63	1 737.21
内蒙古	186.83	254.21	667.72	1 536.83	2 146.74	2 542.87
辽宁	622.81	748.89	1 110.56	1 715.26	2 038.73	1 984.89
吉林	267.2	291.37	378.23	576.98	667.81	651.96
黑龙江	409.38	442.28	555.85	747.84	859.42	868.97
上海	403.27	559.45	921.97	1 295.87	1 369.03	1 405.55
江苏	684.8	971.34	2 193.45	3 864.37	5 012.54	5 114.7
浙江	439.59	738.05	1 642.31	2 820.93	3 506.39	3 553.9
安徽	288.97	338.93	582.16	1 077.91	1 585.18	1 639.79
福建	261.28	401.51	756.59	1 315.09	1 855.79	1 851.86
江西	181.21	208.15	391.98	700.51	1 018.52	1 087.26
山东	741.07	1000.71	1911.61	3 298.46	4 223.49	5 117.05
河南	571.48	718.52	1352.74	2 353.96	2 919.57	2 879.62
湖北	414.99	503.02	788.91	1 330.44	1 656.54	1 665.16
湖南	374.76	406.12	674.43	1 171.91	1 430.88	1 447.63
广东	787.63	1 334.58	2 673.56	4 060.53	5 235.23	5 310.69
广西	220.77	314.44	510.15	993.24	1 307.99	1 334.32
海南	32	38.37	81.61	159.02	251.88	272.36
重庆	—	307.61	374.68	626.44	867.24	875.37
四川	828.58	521.23	942.59	1 549.03	2 014.79	1 992.4
贵州	203.7	287.78	486.97	835.38	1 173.74	1 174.21
云南	223.71	273.58	557.25	1 004.07	1 529.38	1 438.61
西藏	—	—	—	20.41	33.98	40.53
陕西	239.68	292.76	516.43	859.22	1 226.01	1 221.73
甘肃	241.06	295.33	489.48	804.84	1 095.48	1 098.72
青海	69.02	109.1	206.56	465.18	723.21	658
宁夏	92.38	136.17	302.88	546.77	848.75	878.33
新疆	119.67	182.98	310.14	661.96	1 900.24	2 160.34

数据来源:《2016 年中国统计年鉴》。

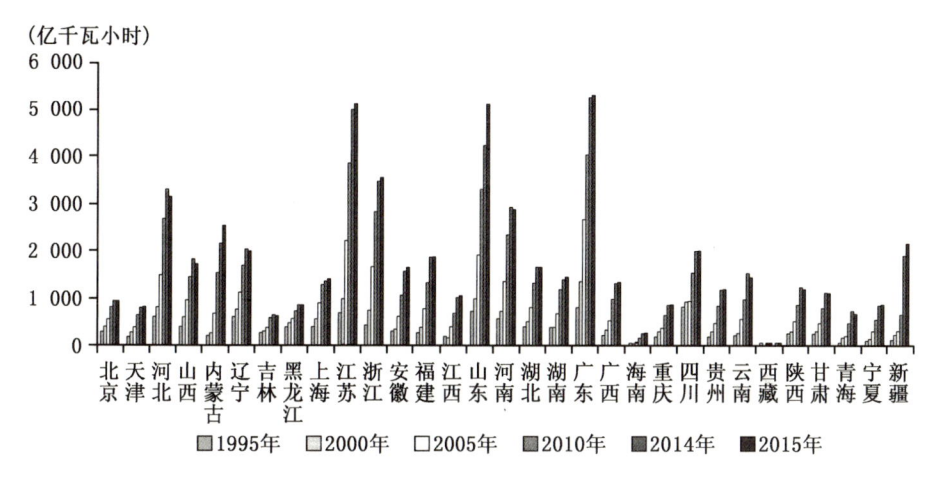

图 2-15　1995—2015 年各地区电力消费量

三、影响节能环保投入的因素分析

我国的节能环保投入一直呈上升趋势,由 2007 年的 995.82 亿元上升到 2015 年的 4 802.89 亿元,且未来仍呈现上升的趋势,见图 3-1。因此,研究节能环保投入的影响因素可以有效地预测未来节能环保投入的发展趋势,具有一定的现实意义。结合前人的研究以及我国的基本国情,本节主要从经济发展水平、人文地理、污染情况、科技水平以及能源储备与消耗情况五个方面对我国节能环保的投入影响因素进行探讨。

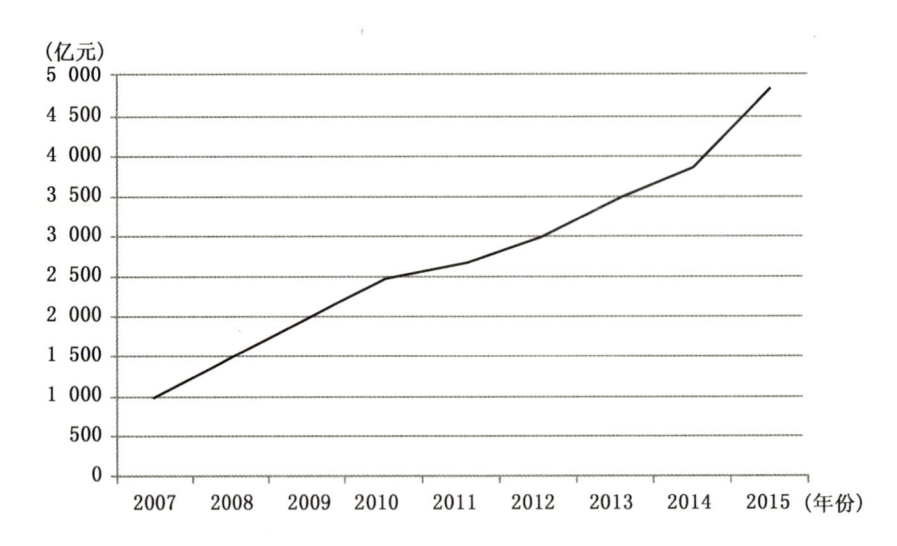

数据来源:《2016 中国统计年鉴》。

图 3-1 2007—2015 年节能环保投入

三、影响节能环保投入的因素分析

(一)经济发展水平

自改革开放以来,我国经济发展水平得到了巨大的提升。由表3-1的财政收入和国民生产总值数据可以看出,2007年我国的财政收入仅51 321.78亿元,到了2015年达到152 269.23亿元,2007年我国国内生产总值为270 232.3亿元,到了2015年达到689 052.1亿元。在经济飞速发展的背景下,节能环保投入和财政收入、国内生产总值上升趋势基本一致。初步分析,一个国家的经济发展状况对于节能环保的投入起到了基础性的作用,国家的经济状况是节能环保投入重要的资金来源,国家的经济发展水平决定着节能环保投入的未来发展趋势。一个国家的经济发展,初始期都是以牺牲环境为代价的,当经济发展到一定的水平以后,人们会逐渐意识到环境的重要性、会加大对节能环保的投资力度。经济发展水平越高,对节能环保投入的力度就越大,当对节能环保的投入达到一定的水平时,环境污染的问题就得到一定改善,政府对环境污染问题的重视程度将逐渐下降,这时随着经济的发展,对节能环保的投入可能又会有所减少。

表3-1　　　　2005—2015年经济发展状况与环保投入情况　　　　单位:亿元

年份	财政收入	国内生产总值	节能环保投入
2007	51 321.78	270 232.3	995.82
2008	61 330.35	319 515.5	1 451.36
2009	68 518.3	349 081.4	1 934.04
2010	83 101.51	413 030.3	2 441.98
2011	103 874.43	489 300.6	2 640.98
2012	117 253.52	540 367.4	2 963.46
2013	129 209.64	595 244.4	3 435.15
2014	140 370.03	643 974	3 815.64
2015	152 269.23	689 052.1	4 802.89

数据来源:《2016年中国统计年鉴》。

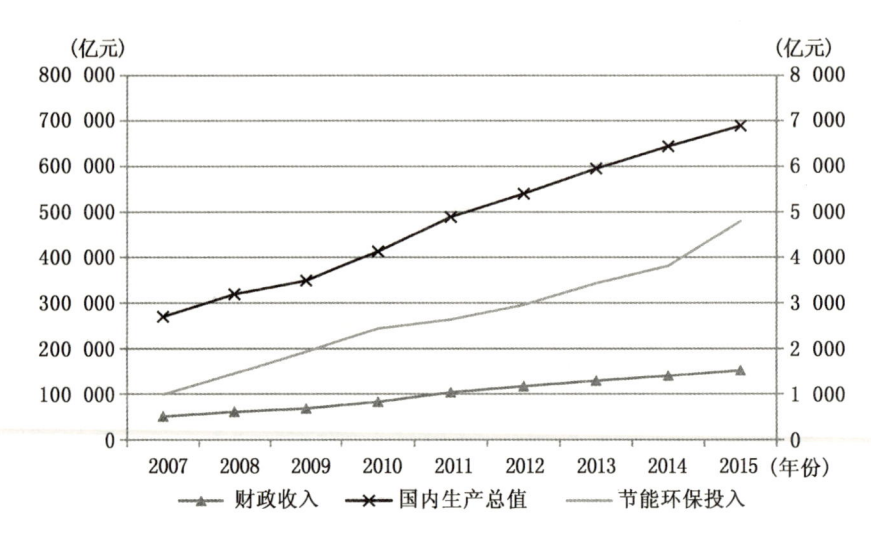

图 3-2 2007—2015 年经济发展状况与环保投入趋势对比图

数据来源:《2016 中国统计年鉴》。

在分析经济水平和环保投入关系的基础上,将不同省份分为华北地区、东北地区、华东地区、华中地区、华南地区、西南地区和西北地区进行对比分析。华北地区包括北京、天津、河北、山西和内蒙古,东北地区包括辽宁、吉林和黑龙江,华东地区包括上海、江苏、浙江、安徽、福建、山西和山东,华中地区包括河南、湖北和湖南,华南地区包括广东、广西和海南,西南地区包括重庆、四川、贵州、云南和西藏,西北地区包括陕西、甘肃、青海、宁夏和新疆。从表 3-2、图 3-3 和图 3-4 可以看出,华东地区的生产总值远高于其他地区,经济发展水平遥遥领先,华北地区其次;在环保投入方面,华东地区节能环保的投入也大于其他地区,经济发展其次的华北地区在节能环保的投入方面也位于其次。这印证了社会发展水平对节能环保的投入有基础性作用,二者具有正相关的关系。

表 3-2　　　　　　　　2007—2015 年经济发展状况与环保投入　　　　　　　单位:亿元

年份		华北	东北	华东	华中	华南	西南	西北
2007	地区生产总值	43 161.52	23 552.99	105 452.83	33 785.46	38 854.59	23 236.58	13 700.89
	节能环保投入	185.99	105.52	194.91	118.81	46.13	173.16	136.71

续表

年份		华北	东北	华东	华中	华南	西南	西北
2008	地区生产总值	51 665.58	28 409.05	124 093.53	40 902.45	45 320.77	28 043.42	16 887.15
	节能环保投入	266.77	142.30	325.97	158.48	81.87	236.68	173.08
2009	地区生产总值	56 017.92	31 078.24	136 345.28	45 501.25	48 895.93	31 205.08	18 268.99
	节能环保投入	340.11	164.26	449.38	240.76	169.23	311.74	220.65
2010	地区生产总值	66 615.16	37 493.45	162 031.4	55 097.93	57 647.41	37 444.86	22 721.78
	节能环保投入	393.47	237.99	535.85	283.50	318.04	334.51	269.14
2011	地区生产总值	79 683.4	45 377.53	190 550.31	66 232.85	67 453.81	46 238.84	27 915.37
	节能环保投入	431.96	268.89	577.72	281.97	310.49	383.97	311.78
2012	地区生产总值	87 353.7	50 477.25	208 781.22	74 003.99	72 958.56	53 145.1	31 844.02
	节能环保投入	499.71	311.98	692.16	314.52	316.68	455.14	309.63
2013	地区生产总值	94 280.52	54 714.53	230 066.44	81 604.8	80 102.25	59 910.17	35 679.61
	节能环保投入	588.73	351.18	837.75	350.31	395.18	463.45	348.29
2014	地区生产总值	99 024.59	57 469.1	248 874.78	89 354.78	86 983.46	65 801.07	38 855.64
	节能环保投入	702.73	357.97	837.11	360.77	366.32	497.65	347.91
2015	地区生产总值	101 971.89	57 815.82	265 837.88	95 454.56	93 318.43	70 918.49	39 465.8
	节能环保投入	933.79	390.01	1 105.60	472.61	452.55	597.44	450.48

数据来源：《2016 中国统计年鉴》。

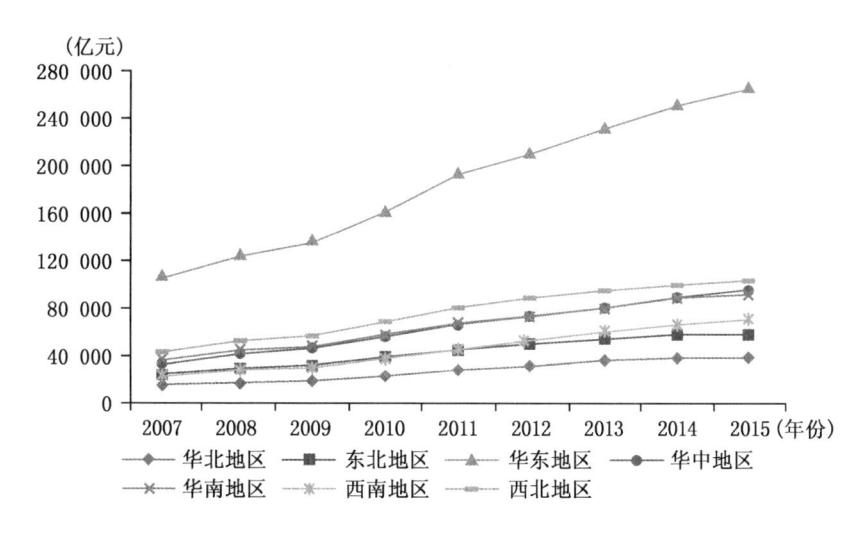

图 3-3 2007—2015 年各地区经济发展状况

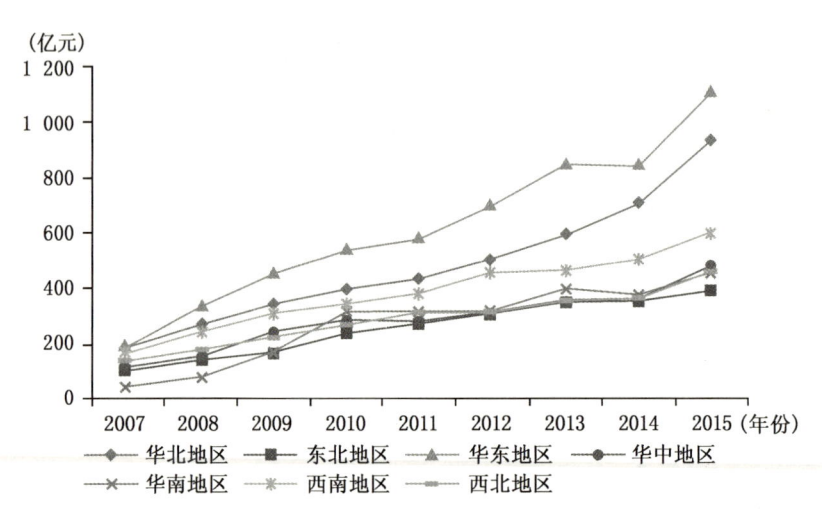

图 3-4 2007—2015 年各地区节能环保投入情况

(二)人文地理因素

人文地理因素也是影响节能环保投入的重要因素。一个地区的人口密度、生活习惯、基础设施、公众环保意识等人文因素都会对节能环保的投入产生重要的影响。公众环保意识越强,环境的破坏程度就会越小,对于治理环境污染所需的投资额就会越少。同时,水资源情况、绿地覆盖率等地理因素对于节能环保投入也有着重要的影响,绿化情况越好,就说明环境被破坏的程度越小,所需的节能环保投入也越小。

在人文因素当中,最重要的是一个地区的人口密度。人口密度的多少决定了一个地区城市建设、人们的生活环境以及生活习惯等各种人文环境。从表 3-3 可以看出,2007 年我国的城市人口密度为 2 104 人/平方千米,到了 2015 年达到 2 399人/平方千米,期间虽有小幅回落,但是稳中有升。

三、影响节能环保投入的因素分析

表3-3　　　　　　　　　2007—2015年城市人口密度　　　　　单位：人/平方千米

年　份	城市人口密度
2007	2 104
2008	2 080
2009	2 147
2010	2 209
2011	2 228
2012	2 307
2013	2 362
2014	2 419
2015	2 399

数据来源：历年《中国统计年鉴》。

从图3-5可看出，节能环保投入随着城市人口密度的提升呈上升趋势，在城市人口密度小幅回落时，环境污染投资总额也有小幅下降。

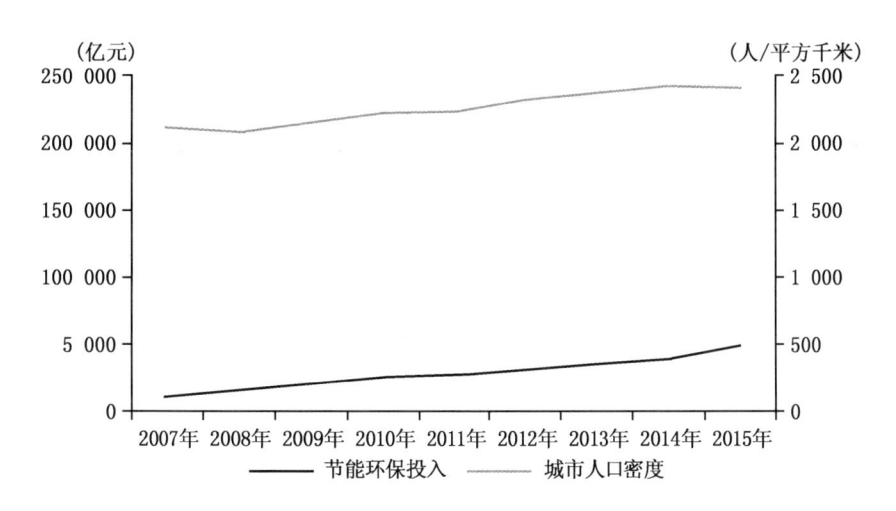

图3-5　2007—2015年城市人口密度和环保投入趋势

水资源情况和绿化情况在一定程度上反映了我国的地理环境情况。表3-4中的水资源总量和城市公园绿地面积的数据，很好地体现了我国目前的水资源以及绿化的情况。从表3-4可以看出，我国的水资源总量从2007年的25 255.16亿

69

立方米增长到 2015 年的 27 962.6 亿立方米,我国的城市公园绿地面积由 2007 年的 33.27 万公顷增长到 2015 年的 61.41 万公顷。这说明我国的绿化情况从 2007 年开始得到了很大的改善,公园绿地面积处于不断增长的趋势中,而我国的水资源情况处于基本稳定的状态。从图 3-6 可以看出,我国水资源虽有波动,但总体基本稳定,而节能环保投入一直呈上升趋势。从图 3-7 可以看出,城市公园绿地面积和环境污染治理投资都呈上升趋势。

表 3-4　　　　　　2007—2015 年水资源总量及城市公园绿地面积

年份	水资源总量(亿立方米)	城市公园绿地面积(万公顷)
2007	25 255.16	33.27
2008	27 434.3	35.95
2009	24 180.2	40.16
2010	30 906.41	44.13
2011	23 256.7	48.26
2012	29 526.88	51.78
2013	27 957.86	54.74
2014	27 266.9	57.68
2015	27 962.60	61.41

数据来源:《2016 中国统计年鉴》。

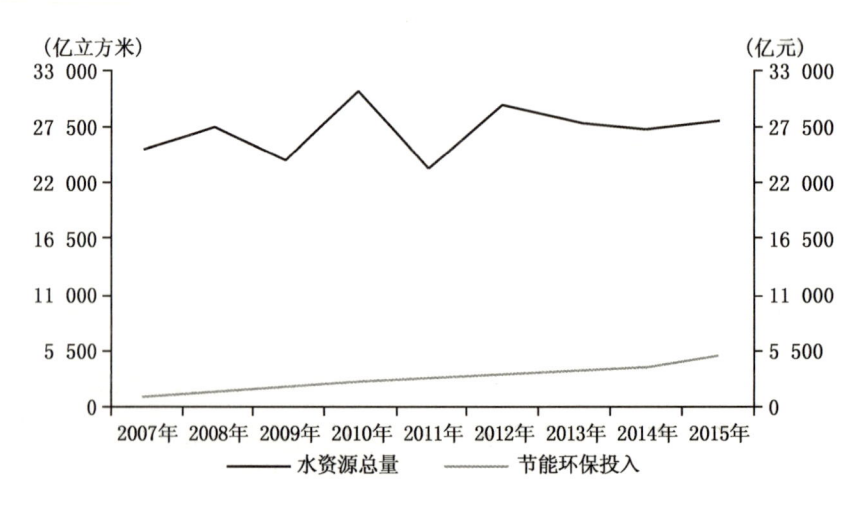

图 3-6　2007—2015 年水资源和节能环保投入趋势

三、影响节能环保投入的因素分析

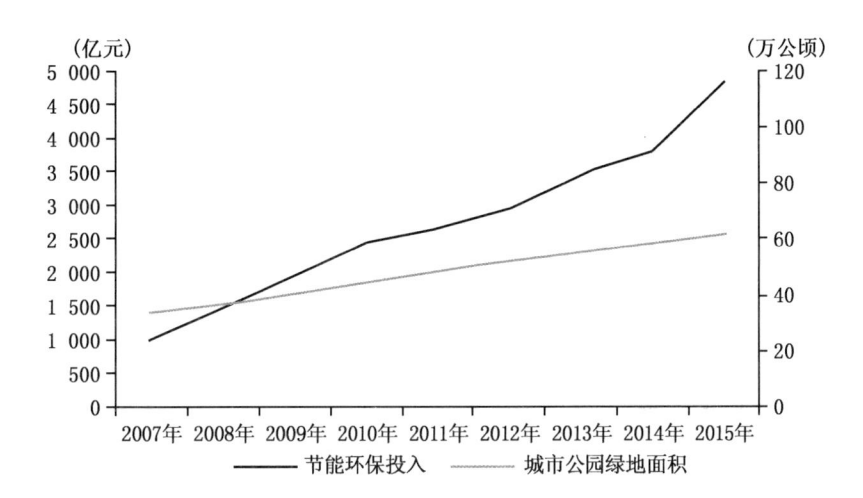

图3-7 2007—2015年城市公园绿地面积和节能环保投入趋势

(三)污染情况

一个地区的污染情况是节能环保投入的直接决定因素。节能环保投入的主要目的就是为了解决一个地区的环境污染问题,因此环境状况直接决定该地区所需的节能环保投资力度,环境问题越严重就越需要更多的资金投入来改善。

我国的环境污染问题主要是废气污染和废水污染,表3-5中的二氧化硫排放量和废水排放总量,体现了我国目前废水和废气污染的状况。从图3-8可以看出,我国的二氧化硫排放量逐年下降,而节能环保投入波动式上升,这说明近几年我国的空气污染问题得到了一定的改善。从图3-9可以看出,废水排放总量和节能环保投入呈相反方向变动,可以理解为废水排放总量越低环保投入越高。

表3-5 2007—2014年二氧化硫、废水排放量

年份	二氧化硫排放量(吨)	废水排放总量(万吨)
2007	24 680 000	5 568 494.16
2008	23 210 000	5 716 801
2009	22 140 000	5 890 877.25
2010	21 850 000	6 172 562
2011	22 179 081.69	6 591 922.44
2012	21 180 000	6 847 612.14

续表

年份	二氧化硫排放量（吨）	废水排放总量（万吨）
2013	20 439 000	6 954 432.7
2014	19 740 000	7 161 750.53
2015	18 591 000	7 353 226.83

数据来源：《2016 中国统计年鉴》。

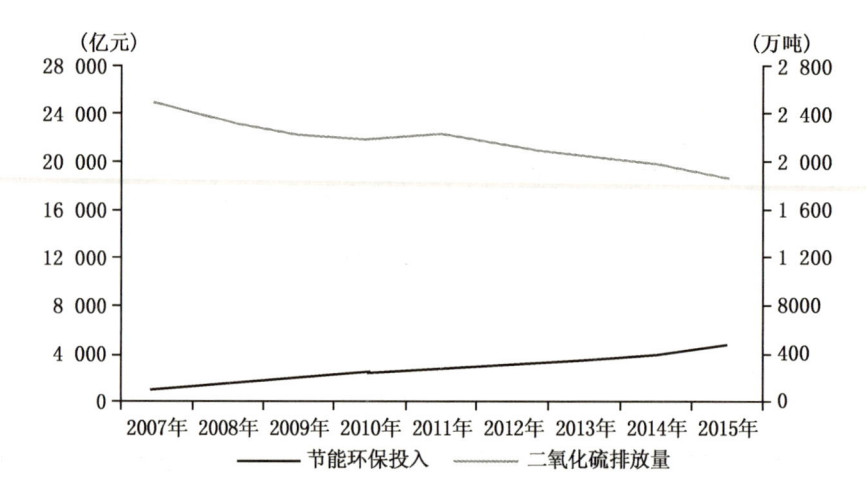

图 3-8　2007—2015 年二氧化硫排放量和节能环保投入情况

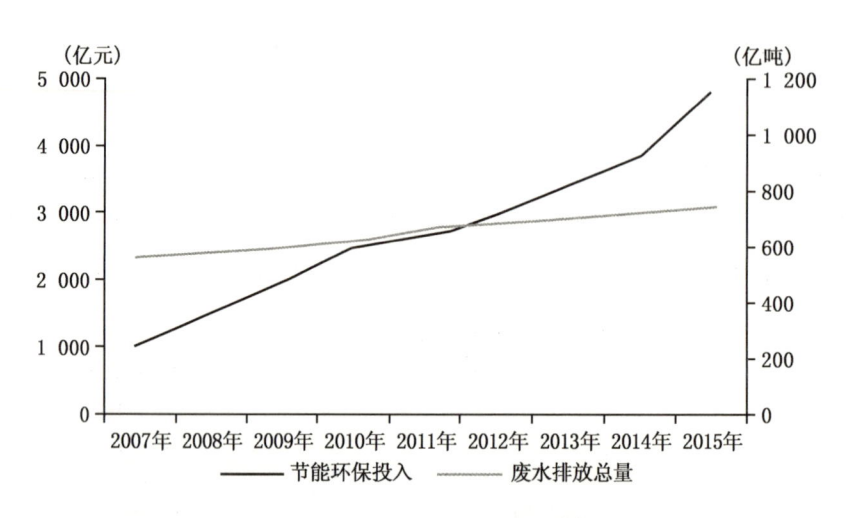

图 3-9　2007—2015 年废水排放总量和节能环保投入情况

(四)科技水平

随着对科技的重视程度越来越高,我国的科技水平也有了显著的提高。

通过科技的不断创新,我国企业的组织结构不断得到优化,生产效率得以提升,同时产业也不断得到升级,一些高污染的企业逐渐向环保型企业过渡。因此,科技水平的不同也是决定一个地区节能环保投入的重要因素。一个地区的科技水平越低,该地区的产业结构越低级,高污染企业的比例就越高,污染问题就越严峻,所需要的节能环保投入也就越大。

表3-6和图3-10是我国2007—2015年研究与试验发展(科技)经费支出(R&D经费支出)的情况,科技的经费支出在一定程度上能够反映我国目前的科技水平以及政府对科技的重视程度和投资力度。2007年我国的科技经费支出为3 710.2亿元,到了2015年为14 169.88亿元。从图3-10中也可以看出,投入研究与试验发展(科技)的经费支出越多,说明需要升级的企业就越多,产业结构急需提升,因此所需的节能环保投入就越多。

表3-6　　　　2007—2015年研究与试验发展(科技)经费支出　　　　单位:亿元

年份	研究与试验发展(科技)经费支出
2007	3 710.2
2008	4 616
2009	5 802.1
2010	7 062.6
2011	8 687
2012	10 298.4
2013	11 846.6
2014	12 548.6
2015	14 169.9

数据来源:《中国统计年鉴》。

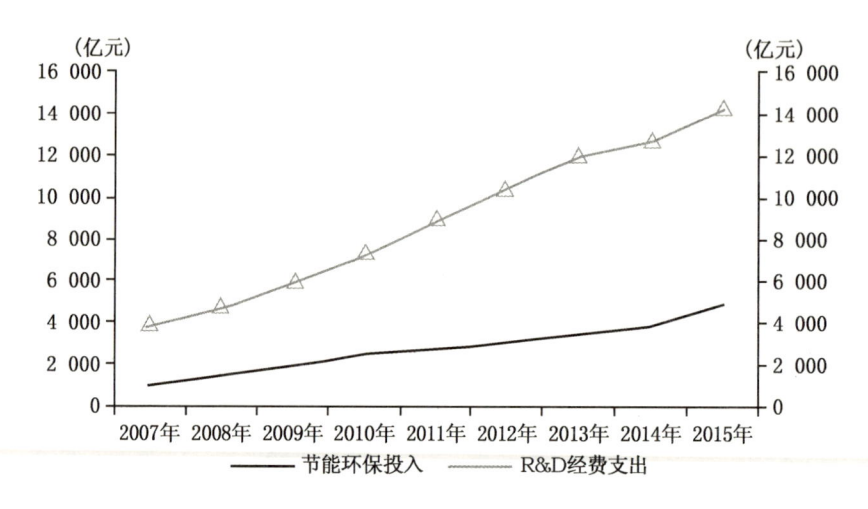

图 3-10 2007—2015 年科技经费支出与节能环保投入情况

(五)能源消耗水平

任何一种能源的开发与利用都会对环境造成不同程度的影响,煤炭、石油、天然气等大量能源的消耗所引起的环境污染问题开始显现出来。为解决能源消耗带来的环境污染问题,势必要加大节能环保的投入。结合表 3-7 和图 3-11 可以发现,2007—2015 年,能源消耗总量不断上升,节能环保的投入也是呈上升趋势。

表 3-7　　　　　　　　　2007—2015 年能源消费总量　　　　　单位:万吨标准煤

年份	能源消费总量
2007	280 508
2008	291 448
2009	306 647
2010	324 939
2011	348 002
2012	361 732
2013	375 000
2014	425 806
2015	430 000

数据来源:《中国统计年鉴》。

三、影响节能环保投入的因素分析

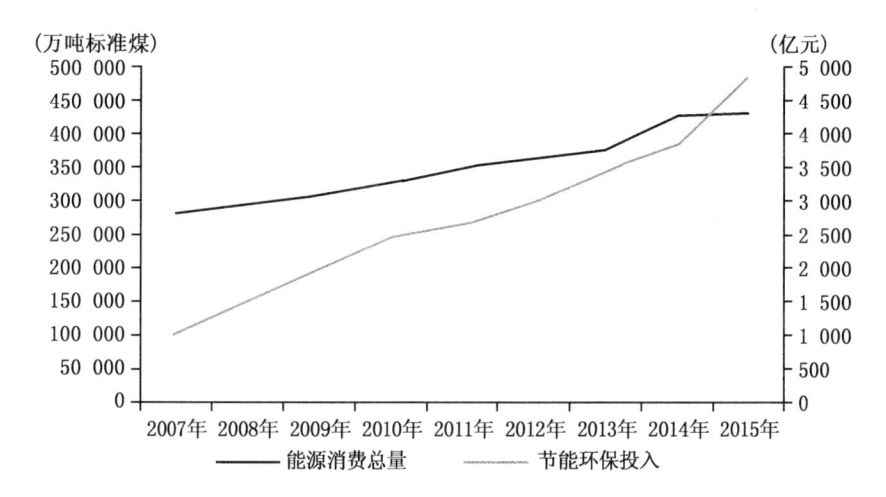

图 3-11 2007—2015 年能源消费总量与节能环保投入趋势

结合表 3-8 和图 3-12 分析不同地区的电力消耗水平与节能环保情况也可看出,电力消耗量大的地区节能环保投入也大,如华东地区的电力消耗大于华北地区,其节能环保的投入也大于华北地区。在分析地区能源消耗情况时,由于数据获取的限制,用地区电力消耗量来代替地区能源消耗总量。

表 3-8　　　　　　　　2007—2015 年地区电力消耗与环保投入　　　　单位:万吨标准煤、亿元

年份		华北	东北	华东	华中	华南	西南	西北
2007	电力消耗	7 691.62	2 451.09	11 090.34	3 687.81	4 188.44	3 056.34	2 406.96
	节能环保投入	185.99	105.52	194.91	118.81	46.13	173.16	136.71
2008	电力消耗	7 843.53	2 578.39	11 784.68	3 934.25	4 379.93	3 219.16	2 618.00
	节能环保投入	266.77	142.30	325.97	158.48	81.87	236.68	173.08
2009	电力消耗	8 197.61	2 692.09	12 576.32	4 227.07	4 599.76	3 517.60	2 793.70
	节能环保投入	340.11	164.26	449.38	240.76	169.23	311.74	220.65
2010	电力消耗	9 153.99	3 040.08	14 373.14	4 856.31	5 212.39	4 035.33	3 337.56
	节能环保投入	393.47	237.99	535.85	283.50	318.04	334.51	269.14
2011	电力消耗	10 027.24	3 293.56	15 945.56	5 403.34	5 696.50	4 640.44	4 030.24
	节能环保投入	431.96	268.89	577.72	281.97	310.49	383.97	311.78
2012	电力消耗	10 469.04	3 364.79	16 747.73	5 600.82	5 980.91	4 944.06	4 496.11
	节能环保投入	499.71	311.98	692.16	314.52	316.68	455.14	309.63
2013	电力消耗	10 966.05	3 507.50	18 079.31	5 952.03	6 299.90	5 378.94	5 252.69
	节能环保投入	588.73	351.18	837.75	350.31	395.18	463.45	348.29

续表

年份		华北	东北	华东	华中	华南	西南	西北
2014	电力消耗	11 298.89	3 565.96	18 570.94	6 006.99	6 795.10	5 619.13	5 793.69
	节能环保投入	702.73	357.97	837.11	360.77	366.32	497.65	347.91
2015	电力消耗	11 224.06	3 505.82	19 770.11	5 992.41	6 917.37	5 521.12	6 017.12
	节能环保投入	933.79	390.01	1105.60	472.61	452.55	597.44	450.48

数据来源:《2016年中国统计年鉴》。

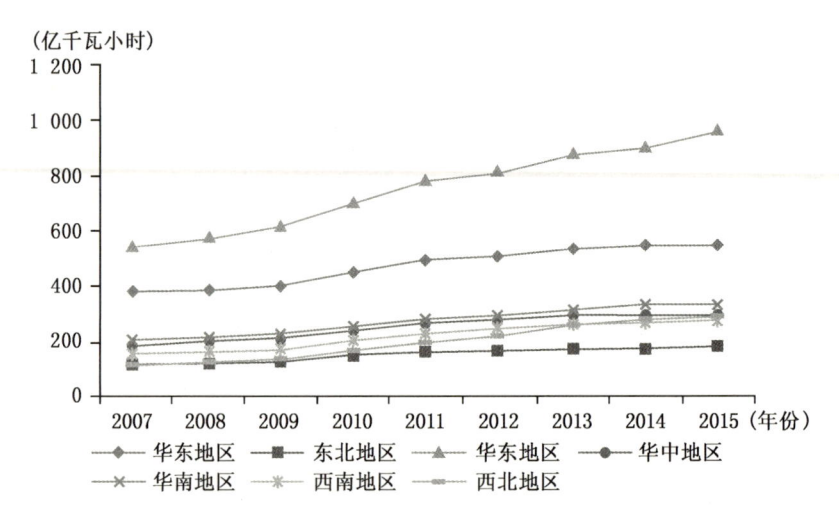

图3‑12 2007—2015年各地区电力消费总量趋势

(六)节能环保投入影响因素的实证分析

1. 数据选取及指标体系的建立

本模型选取了北京、天津、河北、山西、内蒙古、辽宁、吉林、黑龙江、上海、江苏、浙江、安徽、福建、江西、山东、河南、湖北、湖南、广东、广西、海南、重庆、四川、贵州、广州、云南、陕西、甘肃、青海、宁夏、新疆31个省份2007—2015年的数据,来建立有关节能环保投入影响因素的面板数据模型。节能环保投入(y)用这31个省份的节能环保投入来代替。而影响我国节能环保投入的因素指标如表3‑9所示。同时,为了避免不同变量间的数据的波动性太大,对所有的数据进行了对数处理。所有数据均来自国家统计局和《中国科技统计年鉴》。

表 3-9　　　　　　　　　　　节能环保投入的影响因素

一级指标	二级指标	三级指标
经济发展水平	经济状况	地区人均 GDP($x1$)
人文地理因素	人文因素	城市人口密度($x2$)
		供水生产能力($x3$)
	地理因素	水资源总量($x4$)
		公园绿地面积($x5$)
污染情况	废水污染	废水排放总量($x6$)
	废气污染	二氧化硫排放量($x7$)
科技水平	研发费用	科技经费支出($x8$)
能源消耗	电力消耗量	地区电力消耗量($x9$)

2. 单位根检验

为了避免出现伪回归的情况,需要对变量进行平稳性检验。单位根的检验分相同单位根情况下的单位根检验方法和不同单位根情况下的单位根检验方法。对解释变量和被解释变量进行单位根检验,包括 LLC 检验、Fisher PP 检验等方法。结果表明,lny、$lnx1$、$lnx4$、$lnx8$、$lnx9$ 是零阶平稳的,$lnx2$、$lnx3$、$lnx5$、$lnx6$、$lnx7$ 是一阶平稳的,因此对 $lnx2$、$lnx3$、$lnx5$、$lnx6$、$lnx7$ 取差分处理,记各变量差分为 lny、$lnx1$、$d(lnx2)$、$d(lnx3)$、$lnx4$、$d(lnx5)$、$d(lnx6)$、$d(lnx7)$、$lnx8$、$lnx9$ 是同阶平稳的,可以进行协整检验。Eviews9.0 软件中平稳性检验结果如表 3-10 所示。

表 3-10　　　　　　　　　面板数据的单位根检验表

检验方法	LLC	Fisher PP
lny	−11.45***	108.682***
$lnx1$	−12.999***	110.018***
$d(lnx2)$	−8.763***	126.232***
$d(lnx3)$	−13.211***	144.637***

续表

检验方法	LLC	Fisher PP
$\ln x4$	−10.873***	148.056***
$d(\ln x5)$	−8.89**	115.945***
$d(\ln x6)$	−14.518***	149.308***
$d(\ln x7)$	−12.126***	124.062***
$\ln x8$	−28.6**	211.966***
$\ln x9$	−12.1***	81.377**

注：***、** 分别代表在1%、5%水平下显著。

3. 面板数据的协整检验

由于面板数据的各个变量都是零阶单整的，同时为了确定变量之间是否存在长期的关系，因此对面板数据进行协整检验。由于 Pedroni 检验方法适用于小样本的检验，因此用 kao 检验的方法对面板数据进行了协整检验，检验结果如表 3-11 所示。

表 3-11　　　　　　　　面板数据的协整检验表

检验方法	t-Statistic	P 值
Kao		
ADF	−5.445 955	0.066 8

Kao 检验的 ADF 的统计值为 −5.445 955，P 值为 0.066 8，在 1% 的显著性水平上拒绝原假设，从而可知变量之间存在协整关系，节能环保投入与其影响因素之间存在着长期的协整关系。

4. 相似性检验

通过单位根检验和协整检验，模型并不存在伪回归的情形，可以直接进行回归分析。为了确定模型是随机效应模型还是固定效应模型，需要对模型进行相似性检验，检验结果如表 3-12 所示。由相似性检验结果表明，该模型应该采用固定效应模型。

表 3－12	面板数据的相似性检验	
检验方法	Chi-Sq. Statistic	P 值
相似性检验	124.838 982	0

5. 面板数据的回归

对面板数据进行回归，首先要对面板数据的形式进行确定，对面板数据分别用变系数模型、变截距模型、不变参数模型进行回归，分别得出它们的残差平方和 S1、S2、S3，运用公式

$$F2=\frac{\frac{S3-S1}{(N-1)(K+1)}}{\frac{S1}{NT-N(K+1)}}$$

和

$$F1=\frac{\frac{S2-S1}{(N-1)K}}{\frac{S1}{NT-N(K+1)}}$$

可以得出 $F2$ 的值为 2.733 8，$F1$ 的值为 0.781 47，$F2$ 的值大于临界点 1.67，$F1$ 的值小于临界点，因此采用变截距模型。根据表 3－13，2007 年的模型建立如下，其余年份的截距项见表 3－14。

$\ln y=4.7-0.37\ln x1+0.5\mathrm{d}(\ln x2)+0.14\mathrm{d}(\ln x3)+0.05\ln x4$

(5.458 602) (−4.880 123) (3.221 9)　(0.844 764)　(3.108 282)

$+0.34\mathrm{d}(\ln x5)+0.56\mathrm{d}(\ln x6)+0.36\mathrm{d}(\ln x7)+0.23\ln x8+0.29\ln x9$

　(1.087 716)　　(1.766 174)　　　(1.36)　　　(7.608 074) (7.633 053)

(3－1)

表 3-13　　　　　　　　　　　面板数据不变参数模型变量

变量	系数	t-Statistic	P 值
C	4.703 964	5.458 602	0
$\ln x1$	−0.371 149	−4.880 123	0
$d(\ln x2)$	0.503 348	3.221 9	0.001 5
$d(\ln x3)$	0.143 933	0.844 764	0.399 1
$\ln x4$	0.051 741	3.108 282	0.002 1
$d(\ln x5)$	0.337 571	1.087 716	0.277 9
$d(\ln x6)$	0.555 826	1.766 174	0.078 7
$d(\ln x7)$	0.363 582	1.36	0.175 2
$\ln x8$	0.225 093	7.608 074	0
$\ln x9$	0.287 185	7.633 053	0

表 3-14　　　　　　　　　　　2008—2015 年截距项

年份	2008	2009	2010	2011	2012	2013	2014	2015
C	−0.58	−0.30	−0.12	−0.04	0.07	0.21	0.24	0.52

由表 3-13 可以看出 $\ln x1$、$d(\ln x2)$、$\ln x4$、$\ln x8$、$\ln x9$ 在 1% 的显著性水平上拒绝原假设，$d(\ln x6)$ 在 10% 的显著性水平下拒绝原假设，$d(\ln x3)$、$d(\ln x5)$ 和 $d(\ln x7)$ 接受原假设，因此从模型可以得出 $\ln x1$、$d(\ln x2)$、$\ln x4$、$d(\ln x6)$、$\ln x8$、$\ln x9$ 与 $\ln y$ 相关。

6. 模型结果评价

由面板数据模型的结果可以看出，除了供水生产能力、公园绿地面积、二氧化硫排放量和节能环保投入无关以外，人均 GDP、城市人口密度、水资源总量、废水排放总量、科技经费支出以及地区能源消耗量均与节能环保投入均具有一定的相关性。

(1)由模型中可以看出人均 GDP 的增长与节能环保投入呈现负相关关系。我们认为经济增长与节能环保投入之所以呈现负相关是由于我国近十年对节能环保投入的力度较大，2015 年的节能环保投入额达到 4 802.89 亿元，已经是一个相对的高位,并且使我国的环境污染问题得到一定的改善,进而导致政府对环保问题有所松懈,随着经济的进一步发展,对于环保的投入相对会有所减少。我们建议政府不应对环保问题有所懈怠,毕竟我国的环境污染问题依然严峻。

(2)由模型中可以看出,我国的城市人口密度与节能环保投入呈现正相关关系。我们认为这主要是由于我国城市人口密度较密集的地区能源消耗量巨大,造成的污染问题突出,随之无论是地区政府还是公众对环保问题都比较重视,因而节能环保的投入也呈正相关关系。

(3)水资源总量与节能环保正相关并有显著影响,供水生产能力虽与节能环保也是正相关,但却无显著关系,主要是因为水资源总量是能源储备的一种体现,与节能环保息息相关,供水生产能力更多影响的是生产制造再投入。水资源的总量直接反映了一个地区的生态环境的优劣,一个地区的水资源越丰富说明这个地区的环境越好,维持现状或优化环境需要的节能环保投入也就越大。

(4)由模型可以看出,废水排放总量与节能环保投入是正相关的,这主要源于废水排放总量是衡量水污染情况的一个重要指标,一个地区的环境污染情况越严重就越需要资金投入去治理这些污染问题。二氧化硫排放量虽与节能环保无显著影响,但也呈正相关关系,呈正相关是因其指标衡量了空气污染的情况,空气污染越严重则需要的投入就越多,但其不显著的原因是治理二氧化硫排放的问题更多涉及环保方面。而废水排放总量的治理不仅需要环保,更需要节能再利用。

(5)由模型可以看出,科技经费支出与节能环保正相关。科技经费支出从一定程度上体现了一个地区的科研水平,一个地区的科研水平越高,该地区的科技水平就越高,产业结构也就越高级,但是其造成的污染可能较低产业结构更难治理,同时节能问题也更为突出,因此节能环保的投入一直正相关。

(6)能源消耗对节能环保投入有显著正影响,原因不言而喻。能源消耗带来的污染问题需要环保的投入,能源的不可再生性也使得节能的问题日益突出,因此,呈显著正相关。

四、能源利用效率与环境保护机理

(一)能源利用效率理论

能源利用从自然科学技术起步,经过几十年进步与发展,融合经济社会发展、管理决策运筹等多个方面。能源利用效率定义涉及多角度学科的交叉理论,分析能源利用效率,必须以综合不同学科的全面视角,不断升华与演变,才能得到适用于当今社会发展的能源利用效率理论。

1. 物理学

"能量"一词最早来源于物理科学。在物理学中,能量被定义为一切物质运动、变化和相互作用的度量。能量的利用,其实就是能量的变化,从自然界的某一形态变化形成另一种形态的产生。依据物质的运动形式,能量的形式大体分为机械能、核能、热能、电能、辐射能、化学能六种。这六种能量形式都可通过一定的方式进行相互转换,其中机械能对化学能与核能的转换还在研究中。能源资源的利用,是根据人类生活的各种需要,将能量进行指定转换的过程。

能量的使用是劳动的最早形式,而劳动是创造世界的根本。在物理学中,有两大能量定律,即能量守恒定律(又称第一定律)和能量贬值定律(又称第二定律)。根据能量守恒定律,自然界的一切物质都具有能量,能量无法被创造也无法被消灭,但可以从一种形式转变为另一种形式,当然,在转换的过程中能量的总量是恒定不变的。能量的转换需要在一定条件下,即在特定的环境、系统与设备基础上。能量贬值定律从转变过程的角度,以做功能耗进行分析。在能量转换的过程中必然存在不可逆因素，导致能量的质量与品级下降，即能量损失，也就是能量贬值。因此，能量在总体上是不变的，但是在转换的过程中，必然将损失部分质量优势。

在此前提下，将能量以能量转换过程中的损失度为衡量，分为 Exergie 和 Anergie 两类。Exergie 是可用能量与有效能量，在给定条件下可以以较高的转换率成为另一种形式的能量；Anergie 则是无用能量或无效能量，在转换过程中不可逆转，将会成为损失。一切形式的能量，都可以表示为：

Energy＝Exergie＋Anergie

在物理学中，能源利用效率表现为能量系统效率，是能源部门对能源的使用。能源利用是一个系统的完整工程，包括从原始能源的开采、储存，到能源的运输、加工，再到能源利用转换与最终进行消费等多个环节。除了有对整体能源系统效率的评测，对于每个环节，都有相应的能源利用效率定义。

能源开采环节：

采收率＝采出量/地质储量

能源储运、加工、转换等中间环节：

中间环节效率＝能源产出量/能源投入量

＝1－加工转换储运的损耗量/投入量

能源的消费是一次能源消费量扣除所用能源以及中间环节的损失后，给予消费者使用的能量总量：

能源效率＝中间环节效率×终端利用效率

整体能源系统效率则表示多个环节的综合利用率：

能源系统效率＝能源开采效率×中间环节效率×终端利用效率

在物理学背景下，能源系统效率是将能源放入整个运作系统，包括生产加工、储运与消费全过程。这样的利用效率评价完成从技术角度分析，考虑因素主要是能源消费过程中的做功效率，不考虑能耗带来的环境成本、经济成本与社会效益，是一个属于理性思维的无量纲效率评价研究。

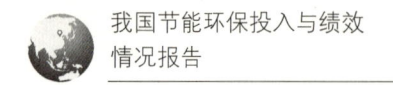

2. 管理学

在管理学领域中,针对效率更多考虑的是投入后相应的回报,即单位投入的产出。例如,投入资金所获得的相应利润称为资本效率,单位劳动时间内完成的工作产出称为劳动效率。对于能源利用效率,在宏观层面可以使用管理学的方式进行定义,即能源消耗总量所产生的国民经济总产值;在微观层面可对某个企业或行业的能源利用效率进行分析,即该企业的能源消耗所带来的产出与收益。

国民经济能源利用效率＝GDP/能源消费总量

企业(行业)能源利用效率＝该企业(行业)的增加值/该企业(行业)的能源消耗量

在管理学中,能源利用效率不仅关注能源的投入,同时考虑投入消耗所带来的经济收益,因此是一个可度量的值。在现实中,更多考虑与分析的是能源消耗强度(即能源利用效率的倒数),能源消耗强度越大,表明能源的利用效率较低,产出收益不如耗费的能源量价值。

3. 经济学

从经济学角度主要考虑资源在配置方面的最优化,著名的帕累托最优效率即是指在社会总资源存量一定时,对于所有人的效用水平这个产出达到最大,这项经济活动在不使他人情况变差的提前下,已经不可能再有经济福利的增进。

帕累托最优效率＝max{社会福利函数/资源总存量}

在同样的生产条件下,如果某一个企业的产出低于或成本高于其他企业,那么这个行业或者社会的资源配置与运用没有达到最优化,资源没有得到充分的利用。如果企业的实际产出为9,而此能源最大利用效率为10,那么能源利用效率只有0.9,未达到帕累托最优。因此,经济学中的利用效率可以表示为:

利用效率＝企业实际产出/最大可能产出

组成经济学中利用效率的因素有很多,学者们大致将其分为企业决定因素(技术效率与分配效率)和政府决定因素(结构效率)。前者指企业在给定的资源投入与消耗时获得的产出,或在给定市场价格的情况下成本要素的投入;后者是政府对于市场的配置把控。

可以看出,在经济学中,能源利用效率取决于多种因素的综合评价,属于无量纲。与物理学不同,经济学考虑经济与社会因素;与管理学也不同,经济学研究资源的整体配置效率而不是直接使用成效。

(二)环境保护效益

1. 环境保护效益定义

世界企业永续发展委员会(WBCSD)对环境保护效益的定义是:在能满足人们基本需求以及生活品质提高的条件下,所提供的具有竞争力的商品或者服务,要将其在整个生命周期内可能会对环境造成污染与能源耗用的程度,逐渐减少至达到地球可以负荷的效应程度。

依据上述定义,世界企业永续发展委员会提出了认定环境保护效益的七个要素:减少能源密集度、减少原料密集度、减少有毒物的扩散、提高可回收性、提高服务强度、延长产品的耐久性、使再生能源达到最大限度的使用。

经济合作与发展组织(OECD)对环境保护效益的定义是:可视为是投入与产出的比值,其中投入指的是公司、产业或者经济体的环境压力总和,产出可以看作是它们所生产的产品与提供的服务的价值总和。综合来看,环境保护效益即生态资源的使用效率。

2. 环境保护效益指标体系

综合世界企业永续发展委员会和经济合作与发展组织的定义,环境保护效益的度量如表4-1所示。若从投入产出的角度建立指标体系,则以下列通式表示:

环境保护效益比值=产品或服务的价值/对环境的冲击

表 4-1　　　　　　　　　　　环境保护效益比值体系

一级指标	二级指标	三级指标
所产生价值	产能	……
	产量	……
	总营业额	……
	获利率	……
对环境冲击	总能耗	……
	总耗原料量	……
	总耗水	……
	温室效应气体排放总量	……

（三）能源利用效率与环境保护的关系

1. 能源利用效率与环境保护关联

进入 21 世纪，经济的高速增长以重工业化为特点，同时消费结构也进入人均收入超过 1 000 美元的鸿沟，因此我国的资源环境压力日益增剧。在此背景下，资源能源的长期供需矛盾不断上升，要解决这一问题必须抓住国内资源比较优势、走节约型道路，尽可能以最少的资源消耗与环境污染来支撑快速的经济增长现状，以实现全面建成小康社会与现代化发展。能源的节约与环境保护相辅相成，互相动态关联，建设节约型社会终将是我国发展过程中的重要任务与未来既定方向。

借鉴所有发达国家的现代化道路建设，基本都依赖于传统的以不可再生资源为损耗代价的工业化发展模式。这样的模式以能源与生活资料的高消费为基础，并不利于长期发展。随着可持续观念的不断发展，传统的工业化方式已经不具有竞争力，在全球科技革新与资源配置进化前提下，现代化道路发展呈现出全新的可持续模式。我国的特色现代化发展正面临严峻的资源约束与环境保护挑战，必须以建设节约型社会为目标，把握发展机遇，充分认识资源节约与环境保护的重要性。我国所探索的新型工业化道路是史无前例的,在信息化的大背景下发展绿色工业化,要充分发挥社会、人力与自然的结合效应,利用供给侧改革与全球科创中心建设等契机,建立可持续发展的生产与消费体系。

2. 能源与环保协调发展的措施

改革开放以来,我国不断地采取一系列行动来推动环境保护与能源的协调发展,并且已经取得了不错的成效。

第一,重视能源的节约利用。20世纪末,我国就提出了开发与节约并重的能源政策,90年代更是将节能环保置于制定能源政策的优先地位,建立三级节能体系,即中央—地方—行业与企业,同时公布了有关节能环保的一系列经济与技术政策。1997年,《节约能源法》在人大通过,进一步夯实节能管理和措施的法律地位。据统计,从20世纪80年代初到90年代末,我国节约相关能源67.05亿吨,减排二氧化碳13.35亿吨。到21世纪,科技发展迅速,又制定了相应的节能政策。2007年《我国的能源状况与政策》白皮书发布,鼓励推广高效节能产品,对节能重点与示范项目给予最大力度的建设支持。2012年新一轮的白皮书再次重申节能支持政策,对于能源消费进行强度与总量的双重控制,给予相应产业以税收支持力度,并提倡构建节能型生产消费体系。2015年发布《关于节约能源实用新能源车船税优惠政策的通知》,正式公开使用新能源车船进行节能政策的相关税收优惠。

第二,推动农村能源建设。农村能源建设一直是我国政府工作的重点,从20世纪80年代以来,就开展并大力推广以小水电为主的初级电气化县、沼气重点县、省柴灶试点县、薪炭林重点县等多种大面积示范工程。截至目前,我国已有七成以上的农户用上省柴节能灶,同时太阳能、沼气、小水电等能源资源也被大规模地使用。从"八五"开始,我国提出"百县农村能源综合建设",300多个县响应该政策。我国是农业大国,有丰富的生物能源资源,却很难被较好地利用,主要是因为我国生物能源资源分布分散且密度太低,以至于生物能源都被广泛地浪费,产业化与规模化困难重重。

第三，推行洁净生产技术。近几年，我国的能源政策新目标转向了煤炭等矿物能源的能源结构改进与高效清洁利用。1994年，我国成立了洁净煤技术推广规划小组，1997年国务院批准了《我国洁净煤技术"九五"计划和2010年发展纲要》，随后又加快了天然气与水能的进一步开发逐渐代替煤炭的使用。近期，我国更是重视清洁技术，国务院办公厅于2014年印发《能源发展战略行动计划（2014—2020）》，首次将推动煤炭清洁高效开发利用置于五大战略任务之首；随后，又颁布了《促进煤炭安全绿色开发和清洁高效利用的意见》，对煤炭的利用质量提升、环境污染减排，以及能源的科学开发规划与煤炭绿色开采提出了进一步要求；针对煤炭发电的排放污染、供电煤耗以及规划做出限制，发布《煤电节能减排升级与改造行动计划（2014—2020年）》；再次发布《煤炭清洁高效利用行动计划（2015—2020年）》，提出要提高产煤的质量、提升能源的装备水准、推动高效的煤炭利用模式、发挥出区域优势创新利用煤炭等资源，将战略分布于产业的生产加工、装备制造与终端消费的整个产业链中。

第四，鼓励新能源与可再生能源的开发。在新能源与可再生能源方面，我国起步较晚，最初只是对能源工程示范与科技开发进行推广，并给予一定的财政补贴。随后，实施了对风力发电与小水电的开发，给予企业贴息贷款优惠、税收优惠与保护性价格等政策。在政策支持下，我国的新能源发展初有成效，20世纪80年代以来，在风力发电、太阳能热水器、地热发电等多方面，增加了900多万吨的能源供应。近年来，为了继续促进新能源与可再生能源的发展，我国发布《国家中长期科学技术发展规划纲要（2006—2020年）》《可再生能源法》《可再生能源中长期发展规划》等一系列政策，为行业发展提供了优质的政策制度与发展环境。

3. 能源与环境问题

我国在经济发展过程中，虽在能源结构问题上已经进行了不少的改进，但同发达国家相比，我国总体能源效率仍存在不合理的部分。在全球视角下，能源的消费结构已然形成重大变革，煤炭等环境污染严重的能源退出市场主导位置，取而代之的是天然气、石油等清洁能源。21世纪以来，新型能源的比重不断增大。

如今,尽管我国已经大力压缩煤炭使用量,达到70%以上的能源利用率,但是直接燃煤的煤炭源效率只有30%,与发达国家相比落后10%。在此能源结构下,我国的大气环境污染比较严重,能源的消耗不断给予环境保护新的压力。为此,我国必须实施有力的环境保护政策与能源资源利用改革,努力完成资源的合理运用,建立真正可持续的能源利用系统,实现经济发展与环境发展的同步提升。

在如此严峻的能源环境大背景下,能源革命需要更多的政策举措,如加强企业的绿色管理、使用节能环保技术、开发利用新型能源等。我国虽然已经有非常严格的前置能效准入机制,但是由于后续的管理与监督还不够,导致实际的节能效果并不明显,采用节能约束的市场驱动还不够。我国的新能源企业目前仍属于依靠国家财政与税收优惠支持的运营阶段,新能源的开发与利用虽可造就优质的资源效益与发展环境,但成本太高,效益与消耗并不对等,与替代产品的比价关系偏离市场,因此并不能自主发展。2016年我国发布《国家能源局2016年体制改革工作要点》,对于弃光、弃水、弃风等问题重点给出解决方针,提出新能源供给侧的结构性改革,发展地热能、光伏、风电等能源时采取就近消纳。新能源与可再生能源的技术突破与市场的成熟竞争,都需要依靠创新变革来改变其运用模式,最终建立能使新能源与传统能源相互竞争的市场机制。

(四)提高能源利用效率的途径与措施

能源是现代环境背景下国家经济与社会发展的重要物质基础。在新时代下,不仅要加快推进能源的生产方式变革,还要在能源利用形式上推动革新,平衡好能源安全供应、能源消费控制、能源供给约束与经济发展促进的多方关系,合理控制能源消费的总量,坚持向低碳城镇化与新型工业化的发展道路转变,最终实现经济社会与能源发展的协调可持续共进。

第一,推进重点行业与重点污染区域的淘汰制度。对于高污染、高能耗、低效益的产品与企业要加快淘汰步伐,从污染源防治、人口规模控制、产业结构深度调整、生态环境的综合治理等多角度统筹调整。分析梳理环保能源相关方面的标准规范、法律法规以及配套政策,组成对产业结构大调整的统筹政策。在价格与收费方面,从排放超标的企业到每一个单位能耗超标的产品与限制类的装置,都要实施差别化的排污收费与特点能源的价格,帮助落后产能的加速调整与淘汰。

第二,进一步优化调整产业结构。产业是能源利用效率提高的最重要途径,我国以前的产业结构为"二三一"的模式,即能源消费主要都集中于第二产业。其实,第三产业虽然整体上能源消耗较低,却对环境与能源互相制约的缓解有很大作用。"十三五"时期,我国产业转型发展推进加速,在经济发展的大势中要大力改进传统制造业,推进绿色改造升级与循环经济的发展,提高能源消费的效率。

第三,发展合理的城镇化模式。近年来,我国的城市人口不断增加,在带来城镇化迅猛发展的同时,也引发了严重的能源浪费、能源缺乏、能源的非合理消费结构等一系列问题。城市能源消费效率改进的重点是居民生活中的节能效率。城镇化的发展并非是规模的庞大,而是需要在城市资源是环境承载力的背景下,找到合理的适合发展的特色化城镇道路,控制能源的消费总量,提高能源的消费质量,开发更适合人口与经济发展的区域,加快城市功能区的建设,这样才能有效地解决城镇化发展的瓶颈。

第四,重视区域经济的协调发展。区域经济的协调发展是提高能源利用效率的另一重点。不同区域有着不同的承载能力和能源资源,我国需要统筹各区域的能源资源配置,推进区域经济社会的协调发展,这样才能实现能源的公平消费与能源的真正可持续利用。

第五,大力发展低碳经济。面对环境与能源不断变化的挑战,我国提出了以低排放、低污染、低能耗为基础的低碳经济模式,区域间除了协调发展外还要充分利用自身的能源资源禀赋,通过提高效率、节约资源、研发可再生能源等手段发展低碳经济,以此提高技术进步与能源的利用效率。

第六,鼓励自主创新与科技发展。我国的制造业不断壮大,却长期处于世界价值链的低端水平,技术水平的落后导致我国的制造业发展模式的提高基本是以不可再生的能源消耗为代价。根据发达国家的经验,节能减排与能源利用效率提高的重要前提就是技术的进步,实现的渠道是自主创新。生产过程的改进、新产品的发明、行业结构的调整、能源消费模式的改变、能源消费质量的提升、循环经济的发展等都是自主创新的模式。我国要走新型工业化道路,真正解决环境污染的严重局面,开展技术创新与体制改革,就必须实行更有效的措施。例如,加大科研投入,鼓励节能环保技术的研发,可再生能源的开发;又如,通过税收优惠与政策支持来鼓励节能设备、新能源设备的利用率;再如,多发展高新技术产业,尽快缩减我国与世界水平的差距,等等。

同时,我国还需要营造良好的社会氛围,健全更适应的政策环境,进一步完善产品价格、税费与能源资源价值的政策,合理运用市场机制(如节能资源协议、配额市场交易、合同能源管理等条款)促进社会能源利用模式的革新与多元化,形成长效能源消费机制。对于社会节能环保的消费意识需要加强宣传与教育,实行差异性能源使用政策,用不同方式引导各群体形成自发的节能低碳生活模式,将能源利用效率逐步提高。

有了合理的配套政策,更重要的是建立事中、事后的监管模式。对于私营行业的创新需求,要提供更开放的研发支持,当然也要有更清晰的政策与严格的监管。决策者要与行业有更直接的对话,建立符合能源系统弹性需求的监管体系。以项目试点部署的模式将更多的行业纳入能源市场,建立有变革性、突破性的监管体系来支持智能电网、电动汽车、可再生能源开发等提高能源效率的行业,共同推进和发展我国的能源革命。

总之,想要提高我国的环保发展与能源利用效率有许多困难,还要继续推进的工作也有很多,必须建设合理的、科学的、可持续的资源利用体系。在今后的很长一段时期内,我国都需要不断落实重污染产业与产品的淘汰机制,优化产业结构调整,发展低碳循环经济,加快经济发展方式的转变,提高科学技术的发展。通过完善产业与政策的互相协同,打造良好的节能氛围与能源利用监管措施,共同促进经济社会与能源利用的协调性可持续发展。

五、节能环保投入绩效分析

(一)国外主要发达国家经验借鉴

1. 美国

环境保护在20世纪60年代末成为美国公众和政府关注的焦点。依靠成熟的市场机制、发达的资本市场、强大的经济基础和完善的环境管理法规,美国建立了相对完善的环保投入机制。除了财政资金外,美国在环境保护领域的社会投资主要包括两个方面:一是工业行业治理污染的投入;二是公民为环境保护所支出的费用。从历史来看,在美国工业化发展进程中,相伴而生一系列的环境污染事件,美国的环保工作便以每阶段集中爆发的环境问题作为阶段性目标,环保投融资的重心便数度建立,然后又数度转移。美国环保投融资的政策体系就是随着一系列环保运动与环境事件而建立的,具体政策如表5-1所示。

表 5-1 美国环保投融资相关政策

政策名称	发布时间	主要内容
联邦水污染控制法	1972年	城市污水处理厂如采用联邦环保局认定的"最佳实用处理技术",就可向环保局申请补助
环境税收政策	20世纪70年代	环境税方面按照"谁污染,谁付费"的原则征收大气污染税、水污染税、固体废弃物税、农业污染税、噪声税、能源税等
排污交易政策	20世纪80年代	建立以"补偿""泡泡""银行"和"容量结余"政策为核心的排污交易政策体系
超级基金法案	1980年	为解决危险物质泄漏的治理及其费用负担而制定的法律

续表

政策名称	发布时间	主要内容
清洁空气法修正案	1990年	建立空气污染权交易
清洁水州立滚动基金	1991年	1987—2001年,该基金共向10 900个清洁水项目提供了343亿美元的低息贷款
国家安全饮用水周转基金	1996年	美国环保署向各州的饮用水计划提供补助金,并帮助各州建立专门的基金来资助公共供水系统的改善费用
能源政策法案	2005年	向电动汽车生产、清洁煤技术提供了约140亿美元的税收减免
美国清洁能源安全法案	2009年	法案颁布后,每年为燃煤发电的碳捕捉科研、设备改建等提供10亿美元的资金
甲烷减排战略	2014年	美国能源部拨款3 000万美元用以资助甲烷探测和测量突破性技术的研发

美国作为一个耗能大国,其在节能环保领域并非一直走在世界前列。进入21世纪以后,为了缓解对进口石油的高度依赖,美国政府开始加强节能立法,并制定相关政策。同时,联邦与州政府会对中小企业提供少量的补助和优惠贷款,建立污染治理资金的援助机制。

美国各州现在越来越多通过绿色环境税收、环境保险等环境经济政策筹集环保专项基金,保障企业正常运行。近几年,美国把能源政策的重心转向开发全新能源,在关注节能问题的同时注重减少能源污染,使节能环保成为其新能源战略中的一大亮点。自政府推动新能源战略以来,美国的能源结构已经发生重大变化,美国进口石油比例降至50%以下,并成为石油产品净出口国,在清洁能源投资领域跃居世界领先地位。

美国政府在2009年宣布,十年内投资1 500亿美元用于清洁能源产业,包括发展下一代生物燃料和燃料基础设施建设,扩大可再生能源项目的商业规模,向智能电网过渡,并为相关公司提供税收优惠。与此同时,大幅增加太阳能、风能和地热能等可再生能源的产量,大力建造能源前沿研究中心,重点投资于清洁能源。2011年,美国对清洁能源的投资为480亿美元,占全球清洁能源总投资额的

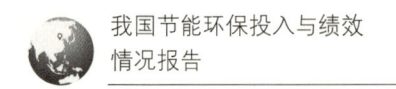

18.5%。基于此,2012年美国10%的电力源自清洁的可再生能源,到2025年这一额度预计将增至25%。

在控制环境污染方面,美国政府提出以2005年为基点,到2012年减少3%的温室气体排放总量,到2020年削减20%,到2030年削减42%,到2050年削减80%。为了推动碳交易市场的建设,美国政府决定建立一个以市场为基础的"上限交易"机制,即规定总量上限,引进市场交易机制,对所有污染额度进行拍卖,所有企业都必须通过竞标获得对其生产所致的二氧化碳的排放权。污染额度拍卖所得补贴的一部分用于支持清洁能源的发展,以及投资改善能源效率并帮助发展下一代生物燃料和清洁能源运输工具。美国还提高燃油经济性标准,全面发展插入式混合动力汽车、混合动力汽车和电动汽车。

有报告显示,如果采取多种节能手段,美国在2030年可能实现减少耗电50%。美国能源节约经济理事会的研究报告称,全面落实节能政策能够使美国在2020年之前节约1.2万亿美元。围绕新能源战略,美国的节能环保产业将获得前所未有的发展契机,对拉动经济增长、带动就业、提高竞争力意义重大。

2. 日本

日本目前定义的环境产业所包括的范围广泛,相当于我国的节能环保及新能源产业,具体包括环境污染防治、气候变化对策、废弃物处理与资源利用、自然生态保护四大领域。日本由于环境基础设施建设投资来自政府投入,虽然国内没有大型环境基础设施投资建设与运营公司,但环保装备制造业非常发达。

日本的环保产业起步很早,20世纪80年代中后期,日本的工业污染问题就得到初步遏制。1993年日本制定的《环境基本法》代替了《公害对策基本法》,将环境保护的范围由"公害"拓展到降低环境负荷、保护全球环境等更大的领域范畴,日本的环保工作逐步向环境质量的综合改善延伸。到后来,日本完成了"废弃物处理设施整备"第7个和第8个"五年计划"(1991—1995年、1996—2000年),以垃圾的减量化及有效能源回收利用为核心的先进垃圾焚烧设施得到全面普及。在这一阶段,随着日本国内污染治理市场需求的持续释放,日本环保产业得到了长足发展。在环保装备制造领域,尽管工业废气处理、工业污水处理、工业废弃物处理领域较20世纪70年代峰值已有所回落,但生活污水处理、生活垃圾处理、污泥处置、噪声对策等领域的产值迅速增长,使2000年前后的日本环保装备的年产值较20世纪70年代再度翻番,至2001年达到的峰值约1.69万亿日元。21世纪初期,随着生活污水处理率、垃圾处理率等主要指标的大幅提升,日本的污染集中治理基本告一段落。

自2000年后,随着日本的污染治理整体市场需求呈不断下降趋势,政府公共环境基础设施建设投资力度逐步减弱,以污水处理、大气污染治理、固体废弃物处理处置、噪声污染对策四大领域的设备与工程市场规模为例,至2013年市场规模从2000年峰值时的6.2万亿日元下降至不足3.2万亿日元。

在新形势下,日本的环保产业已经发生转型升级,适应全球化的环保节能大方向。首先,日本环保产业的发展重点已开始从新设施建设逐步转向现有设施的运营管理、设备的更新换代、新技术的开发等领域。新技术、新材料、新装备的市场规模逆势上升。如近年来得以推广的水处理膜相关技术设备的市场规模迅速扩大,产业规模已从2000年时的不足80亿日元,发展到2012年的超过1 600亿日元。其次,环保产业结构发生重大转变。随着市场需求的变化,环保企业,尤其是装备制造领域的企业数量及整个产业结构也在随之发生调整。在资本、技术、人才、市场等各方面具有竞争优势的行业龙头企业得以健康持续发展,同时中小企业则面临优胜劣汰的激烈市场竞争。与装备制造业产值不断下降相对照,日本的环保服务产业保持了良好的发展势头,在污水处理、固体废弃物处理处置、土壤水质净化等主要领域均实现了稳步增长。再次,将再生资源的利用与研发放在首位。在日本环境产业总规模中,资源再生利用领域的产业规模占有较大的比例。2000年以来,日本政府相继出台了以《循环型社会形成推进基本法》为核心的多项围绕资源回收利用的相关法律法规,全面构建资源回收利用政策体系。再生资源回收利用相关产业规模持续扩大,至2012年产业规模已超过了8.5万亿日元,成为日本环保产业中重要的支柱产业之一。

3. 欧洲各国

欧洲在节能环保领域处于世界领先地位,特别是德国、瑞典等国该产业发展成熟,可为我国节能环保产业发展提供值得借鉴的经验。不过,近期的英国退欧、意大利公投失败,还有旷日持久的欧债危机等都对欧洲节能环保产业的发展和能源政策带来较大冲击。

(1) 欧洲整体节能环保的发展

在节能产业方面,目前欧洲各国都在加大对节能产业的投入。其中,欧盟计划在2013年前投入32亿欧元用于环保汽车及智能化交通系统等的研发,英国专门成立了国家低碳技术投资公司,发展低碳工业、汽车等节能产业。截至2011年底,在全球环保市场份额中,美国占据36%,位居第一;欧洲排名第二;日本排名第三。其中,资源循环利用产业已成为欧洲发展最快的产业之一,全球再生资源回收总值以每年15%~20%的速度增长,在今后30年内,产业规模将超3万亿美元,而欧洲在此领域处于世界领先水平,很早就建立起较成熟的废旧物资回收网络和交易市场。再制造产业主要涉及的领域包括汽车、工程机械、机械制造、家用电器、办公设备等,在欧洲已形成巨大产业规模。

(2) 欧洲节能环保范例国家

在欧洲各国中,德国与瑞典在节能环保产业方面处于世界领先地位。如今,节能环保产业已成为德国一大支柱产业。在德国工商会注册的环保企业达1.1万多家,从业人数近200万人,约占总就业人数的4%。全球市场近五分之一的环保产品来自德国,其环保技术贸易额占世界总贸易额的六分之一。2012年1月31日,德国环境部发布的《德国环保产业报告》显示,德国环保产业已成长为年产值760亿欧元、占世界环保产业贸易额的15.4%、近80%的环保产业生产领域为研究和知识密集型产业。例如,德国光伏产业和光伏技术独具竞争优势,几乎囊括全球三分之一的太阳能设备市场;德国SMA太阳能公司是全球最大的太阳能逆变器生产商,逆变器全球市场份额达40%,年销售收入约12亿美元;德国Q-Cell公司是全球首屈一指的太阳能电池生产商,电池产量居全球首位。

另外,瑞典的清洁能源技术也比较成熟,使用量在该国能源结构中所占比例越来越大。目前,瑞典电力生产基本实现无油、无煤,电力来源中水电和核电各占一半。除水电外,瑞典的风力发电、太阳能、垃圾焚烧发电、生物能源等也发展迅速。瑞典拥有一大批具有专有技术的环保企业,数量超4 000家,就业人口约9万人。其中,环保设备生产商阿法拉伐拥有13 800名雇员,普拉克公司在全球55个国家建成了3 000多个污染处理厂。瑞典环保产业出口强劲,约占环保产业总产值的38%,并以年均8%的速度递增。

欧盟委员会于2008年制定的应对气候问题的目标是,到2020年温室气体排放量相对于1990年减少20%,同时使最终能源消费的20%为可再生能源。到2020年,欧洲为达到20%的电力来自可再生能源的目标,对该产业的投资需至少达9 000亿欧元。这意味着,未来8年内欧盟平均每年需增加1 125亿欧元投资。

4. 发达国家的经验总结

美国、日本以及欧洲各国在环保领域是全球的领先地区,而从20世纪七八十年代的初期环保治理,到如今的环保节能发展转型,各国都有自身的经验,总体来看,有以下几点共性。

一是政府起到至关重要的作用。进入转型期后,政府在政策制定、培育新产业、推进技术研发、拓展海外市场等方面不断助力环保产业发展。这一点对我国有借鉴意义。现阶段,我国仍处于污染集中治理的攻坚阶段,政府在机制设置、政策及标准制定、资金保障等方面的全面推动作用,将成为环保产业发展的重要动力。

二是充分利用市场机制作用。当市场需求出现调整时,具备技术储备等综合竞争力优势、符合市场需求的优秀企业可立于不败之地。在发达国家中,环保产业的龙头企业可以带动行业推进,提高研发效率,增加产业集中度。而我国2014年公布的第四次全国环保产业调查结果显示,我国目前环保产业相关企业超过2.3万家,但却没有真正的具有国际竞争力的企业,且还存在产能相对过剩的问题。因此,我国必须积极推动企业技术研发与创新,培育真正具有市场竞争力的

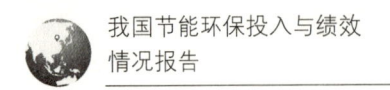

龙头企业,充分利用市场机制推进产业结构的调整与优化,加速中小企业的优胜劣汰。

三是紧跟发展需求的新增长点。每一个历史阶段都有不同的经济发展情况与社会治理需求,会产生不同的环保节能需求。在21世纪,环保服务业的兴起、可再生资源的利用与研发等都是全球共性的需求,必须要牢牢抓住。同时,还要推动绿色消费,倡导全社会积极购买绿色产品,带动各行各业绿色产品的开发,培育环保产业新的增长点。要了解其他国家的发展进程,扶持国内环保企业"走出去",特别是,要针对发展中国家环境治理市场的需求,对接我国的环境治理经验及环保技术与装备供给,开展多种模式的技术合作,互惠互利,形成可持续发展的环保技能产业。

(二)节能环保投入绩效评价体系

1. 经济指标

(1)投入指标

环保投资总额:政府、公共资金、企业、个人对于环保的总投资。

工业污染治理投资:政府对于整治工业污染和防治工业污染的投资。

能源工业固定投资:对于各类能源固定投资总额。

环保基础设施投资额:环保方面基础设施建设的投资。

环境检测经费:用于环境检测的系列费用,包含检测费、人工业务费等。

(2)产出指标

"三废"综合利用总产值:利用"三废"作为主要原料生产的产品价值。

能源消费量:各类能源合计消费总量。

(3)绩效指标

环保企业利润:环保相关企业的净利润。

2. 社会指标

(1)投入指标

环保从业人员:从事环保行业的人员数量。

企业专职环保人员:在企业中负责环保方面的人员数量。

环保科研课题经费、课题数:环保相关的科研课题总数与总经费。

科技从业人员:从事科技发展与研究的人员数量。

(2)产出指标

专利数:环保企业、环保相关的专利申请数量。

人均公共绿地面积:城市公共绿地面积与城市非农业人口的比值。

生活污水处理:排入城镇污水系统的生活污水处理量。

3. 环境指标

(1)投入指标

废水与废气治理设施:用来处理废水与废气的设施投入量。

环境检测仪器数:用于检测环境指标的大型仪器数量。

年度环保施工项目:大型环保项目的数量与项目费用。

垃圾处理厂:垃圾处理厂的数量与规模。

(2)产出指标

废物综合利用量:工业固体废物综合提取与转化为能源的废物量。

COD 排放总量:工业废水中与生活污水中 COD 排放量之和。

自然保护区面积和森林覆盖率:自然保护区与森林占土地面积的百分比。

(3)绩效指标

三同时执行率:建设项目"三同时"(同时设计、同时施工、同时投入生产和管理)执行率。

"三废"产生量和处理率:"三废"的处理量占产生量的比例。

工业排放达标率:工业氮氧化物、二氧化硫等排放达标率。

工业用水循环利用率:工业企业循环冷却水的循环利用量与外补新鲜水量和循环水利用量之和的比值。

(三)我国节能环保投入绩效实证分析

1. 样本选定

本报告使用我国 2015 年各省份的节能环保投入产出指标作为研究样本,使用 DEA 分析方法进行绩效分析,数据来源于《中国环境统计年鉴》《中国能源统计年鉴》《中国统计年鉴》以及政府各部门官方网站。

2. 变量设计

本报告立足能源管理与环境保护,分别在经济、社会与环境指标三个纬度选取 5 个投入指标、7 个产出指标,共 13 个变量进行绩效研究,具体选取如表 5-2 所示。

表 5-2 节能环保投入产出指标体系

投入指标	Inp1	环境污染治理投资总额(亿元)
	Inp2	能源工业投资(亿元)
	Inp3	城镇环境基础设施建设投资(亿元)
	Inp4	工业废水治理设施套数(套)
	Inp5	工业废气治理设施套数(套)
产出指标	Out$p$1	能源消费量(万吨标煤)
	Out$p$2	二氧化硫排放总量(吨)
	Out$p$3	氮氧化物排放总量(吨)
	Out$p$4	废水排放总量(万吨)
	Out$p$5	一般工业固体废物综合利用量(万吨)
	Out$p$6	自然保护区面积(万公顷)
	Out$p$7	森林覆盖率(%)

3. 实证过程

本报告基于投入产出指标体系,进行描述性统计检验,得到结果见表 5-3。2015 年我国各省份的节能环保产出体量都较大,但投入力度还不够。同时,各省份之间的节能环保投入与产出有着巨大的差距,有着明显的东西部分化趋势,可以预测,各省份节能环保的投入产出绩效也很可能有显著的差距。

表 5-3　　　　　　　　　节能环保相关指标描述性统计

	有效值	均值	中值	标准差	极小值	极大值
$Outp1$	31	14 502.35	12 126.00	8 832.45	1 938.00	37 945.00
$Outp2$	31	599 715.87	551 358.00	373 852.23	5 373.00	1 525 670.00
$Outp3$	31	597 104.55	501 664.00	371 636.81	52 727.00	1 423 884.00
$Outp4$	31	237 200.84	173 333.00	195 601.80	5 883.00	911 523.00
$Outp5$	31	6 413.19	4 683.00	5 222.60	12.00	19 900.00
$Outp6$	31	474.28	113.10	872.50	9.10	4 136.90
$Outp7$	31	32.38	35.84	18.14	4.24	65.95
$Inp1$	31	276.49	240.40	203.53	8.40	952.50
$Inp2$	31	1 033.06	785.00	725.42	127.00	2 998.00
$Inp3$	31	159.58	139.40	118.00	7.70	452.12
$Inp4$	31	2 684.74	2 248.00	2 388.68	42.00	9 733.00
$Inp5$	31	9 383.42	7 048.00	6 934.14	288.00	25 673.00

使用 DEAP2.1 软件对 2015 年我国 31 个省份的环保投入产出绩效进行评价,得到结果见表 5-4。

表 5-4　　　　　　　　　2015 年节能环保投入产出绩效结果

地区	综合效率	纯技术效率	规模效率	规模报酬	地区	综合效率	纯技术效率	规模效率	规模报酬
北京	1.000	1.000	1.000	—	湖北	1.000	1.000	1.000	—
天津	0.809	0.815	0.992	递增	湖南	1.000	1.000	1.000	—
河北	0.970	1.000	0.970	递减	广东	1.000	1.000	1.000	—
山西	0.953	1.000	0.953	递减	广西	0.854	1.000	0.854	递减
内蒙古	1.000	1.000	1.000	—	海南	1.000	1.000	1.000	—
辽宁	1.000	1.000	1.000	—	重庆	0.893	0.896	0.997	递增
吉林	1.000	1.000	1.000	—	四川	1.000	1.000	1.000	—
黑龙江	1.000	1.000	1.000	—	贵州	1.000	1.000	1.000	—
上海	1.000	1.000	1.000	—	云南	1.000	1.000	1.000	—

续表

地区	综合效率	纯技术效率	规模效率	规模报酬	地区	综合效率	纯技术效率	规模效率	规模报酬
江苏	0.751	0.994	0.755	递减	西藏	1.000	1.000	1.000	—
浙江	0.683	1.000	0.683	递减	陕西	1.000	1.000	1.000	—
安徽	1.000	1.000	1.000	—	甘肃	1.000	1.000	1.000	—
福建	0.760	1.000	0.760	递减	青海	1.000	1.000	1.000	—
江西	1.000	1.000	1.000	—	宁夏	1.000	1.000	1.000	—
山东	0.844	1.000	0.844	递减	新疆	1.000	1.000	1.000	—
河南	1.000	1.000	1.000	—	平均	0.952	0.990	0.962	

总体来看，我国各省份的效率较高，半数地区都达到了1的综合效率，全国平均值综合效率达到0.952，纯技术效率高达0.990，规模效率为0.962。但根据冗余情况分析，天津、江苏、重庆等地的投入产出都有不少的冗余值，所以，我国各省份的投入产出规模还需要进行一定的调整，以达到更高的节能环保效率。

4. 结果分析

基于以上结果，我国的节能环保投入绩效水平较高，但仍有进步的空间。

一方面，我国现在对于环境保护的重视程度很高，但是对于节能方面的投入还较少。我国环境保护更注重污染的预防与处理，在废水、废气与固废的处理中投入大量资金与人力，已经逐渐获得较好的效果。而节能更多在于循环利用与新能源的开发，从根源上解决环境问题。在此方面，我国的综合利用量与新能源的开发还比较欠缺，需要更规模性的投入。

另一方面，从地区角度看，我国中部地区与东部地区的效率较低，西部地区较高。中部与东部地区中有较多的省份低于全国平均值，说明其投入与产出效率较低，且大多属于规模效率递减。说明这些地区的投入产出规模需要减小，并且需要更注重投入的针对性，才能获得更高效的节能环保投入绩效。

(四)我国不同区域节能环保投入绩效差异分析

1. 节能环保绩效地域聚集程度指标及空间相关性

节能环保绩效地域聚集程度公式如下:

$$EN_{it} = \frac{EI_i/EI_n}{EC_i/EC_n} \qquad (5-1)$$

式中,EN_{it}为i地区在t年的节能环保绩效聚集指标,表示该区域的环保投资集聚效应,取值为0~1。EI_i为i地区该年的能源工业投资总额,EI_n为当年全国能源工业投资总额,EC_i为i地区该年的能源消费总额,EC_n为当年全国能源消费总额。本报告以地区的节能投入与能源消费之比所占全国层面比例作为节能环保绩效地域集聚效应的观测指标。

以2011—2015年我国31个省级行政区为研究对象,节能投入与能源消费数据来源于各年《中国能源统计年鉴》与《中国统计年鉴》。数据处理与实证研究使用MATLAB以及SPSS软件。

空间相关性指标采用Moran's I指数,计算2011—2015年我国31个省域的节能环保绩效地域集聚效应。以传统地理邻接矩阵为权重矩阵,测算不同地域间由于地理上的邻接性而产生的相互影响作用。Moran's I指数结果见表5-5所示。

表5-5　节能投资集聚效应Moran's I指数

年份	2011	2012	2013	2014	2015
Moran's I	0.397 4***	0.435 6***	0.472 8***	0.519 4***	0.347 8***

注:*** 表示显著性水平为1%。

结果表明,我国省域节能环保投资绩效地域集聚在2011—2015年的空间集聚效应显著,相邻地区节能环保绩效显著相关,且随时间发展呈正向关联,在2015年仍然呈现强显著相关,但相关性有所减弱。

Moran's I 指数从整体上反映了我国省域节能环保绩效地域集聚的空间自相关性。使用局域 Moran's I 散点图观察其地域集聚情况,如图 5-1 所示。2015 年我国局域 Moran's I 指数散点图中,一、三象限的散点所占的比例约为 77%,表明绩效指标集中于高—高或低—低两种类型,其中低—低地区约占 52%、高—高地区大约占了 25%。

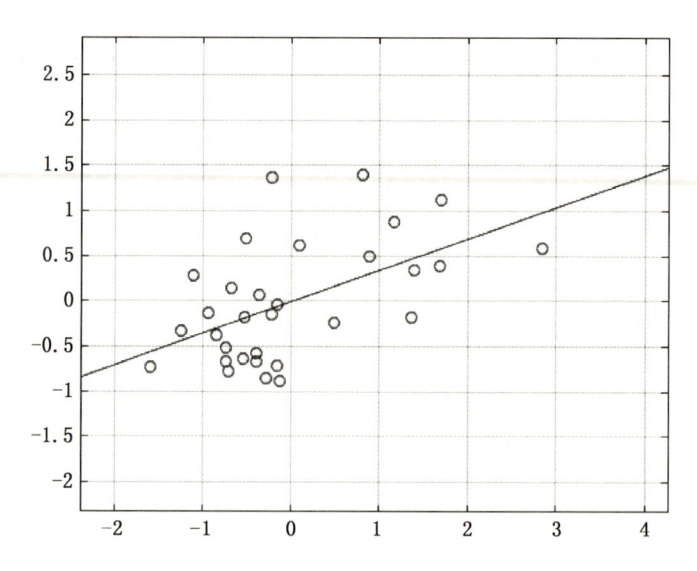

图 5-1 2015 年节能环保绩效指标散点图

2. 空间面板模型分析

宏观经济与国家总体发展状况影响每个行业,地区对于环境保护的重视程度也将影响节能投入绩效,科技与工业化的水平对于节能环保更是有特殊的创新作用,因此将影响区域节能环保投入绩效的集聚效应的因素归纳,见表 5-6。

表 5-6　　　　　　　　　　　模型解释变量

变量含义	变量名称	变量简码	变量定义
社会与经济发展	人口数(万人)	PN	地区年末人口总数
	生产总值(亿元)	GDP	地区当年生产总值
	消费水平(元)	CON	地区当年全体居民消费水平

续表

变量含义	变量名称	变量简码	变量定义
环境问题关注度	节能环保(亿元)	ENE	地区公共财政对节能环保支出
	环境污染治理(亿元)	ENV	地区对于环保污染治理投资
科研与工业发展	工业企业个数(个)	IND	地区年末规模以上工业企业数
	企业科技经费(万元)	R&D	地区当年工业企业科技经费

基于节能环保投入的滞后效应,报告实证选取空间面板滞后模型,具体模型建立公式如下:

$$EN_{it} = \rho \sum \omega_{ij} EN_{it} + \beta_1 \ln PN_{it} + \beta_2 \ln GDP_{it} + \beta_3 \ln CON_{it} \\ + \beta_4 \ln ENE_{it} + \beta_5 \ln ENV_{it} + \beta_6 \ln IND_{it} + \beta_7 \ln R\&D_{it} + \varepsilon_{it} \quad (5-2)$$

式中,ρ 为空间自相关系数,ω_{ij} 为地理权重矩阵,ε_{it} 为随机扰动项。使用固定效应还是随机效应是面板数据估计的前提,报告研究对象个体效应不一定是服从某一分布的随机变量,结合 Baltagi(2005)的研究,因此固定效应更加符合实际需要。

选取 2011—2015 年我国 31 个省份以上解释变量的数据,进行统计性描述研究的结果见表 5-7。每一个变量都存在极大的差距,无论是从经济方面还是企业与人口数量等方面,我国地域间的差距都较为显著,尤其是对于环境的重视程度上,节能环保投入与环境污染投资都有较大的差距,东部地区与中部发展较好地区的各项数据都较为靠前,西部地区(如西藏等地)则相对落后。描述性统计直观反映了各省域经济与环境、科技发展存在的差距。

表 5-7　　　　　　　　　　　解释变量统计下描述

	EN	PN	GDP	CON	ENE	ENV	IND	R&D
有效值	155	155	155	155	155	155	155	155
均值	6.97	4 372.14	20 254.55	15 976.30	107.58	266.35	11 502.97	2 631 035.01
中值	6.15	3 793.00	16 205.45	13 537.00	98.68	231.20	5 413.00	1 474 968.00
标准差	3.77	2 753.60	15 762.34	7 652.17	61.13	193.13	12 607.48	3 366 124.42

续表

	EN	PN	GDP	CON	ENE	ENV	IND	R&D
极小值	1.26	303.00	605.83	4 730.20	16.05	4.00	56.00	1 637.00
极大值	19.16	10 849.00	72 812.55	45 815.70	322.33	952.50	48 708.00	15 205 497.00

基于描述性统计分析，对数据进行传统固定效应模型、空间固定效应模型、时间固定效应模型以及时间、空间固定效应模型的各项估计，得出的估计值见表5-8。根据结果可知，传统固定效应在拟合度上表现较差，而在空间面板滞后模型当中，空间固定与时空固定模型都显示出非常良好的模型拟合与空间自相关性，时间固定效应模型的拟合度也并不出色，表明在以空间为载体的空间面板固定模型下，被解释变量与解释变量能呈现出显著的空间关联。

表 5-8　　　　2011—2015 年我国 31 个省份固定效应模型估计结果

解释变量	传统固定效应模型	空间面板滞后模型		
		空间固定	时间固定	时空固定
PN	0.935 9	33.504 8***	−0.274 8	33.731 4***
GDP	−1.876 3	−1.496 1	−1.035 5	−3.769 4
CON	−1.576 1	2.837 1*	−4.237 6	2.147 9
ENE	0.105 8	−1.663 2***	−0.477 0	−1.601 1
ENV	1.825 8***	0.598 7*	1.857 0***	0.448 6
IND	−2.699 8***	2.944 9***	−2.801 0***	3.824 2***
R&D	1.717 1**	0.621 1	2.292 3***	0.271 2
R^2	0.48	0.94	0.52	0.94

注：***、**、*分别表示在 1%、5%、10%的水平下显著。

3. 结果分析

基于以上结果，我国的节能环保投入绩效存在显著的空间聚集效应，并呈现每年扩大趋势，但在 2015 年有所缓和，其可能由于国家制定的系列区域环保发展政策起到了作用。从地区方面来看，东部地区与中部部分发展较好的省份，尤其是发达城市存在更严重的节能环保投入绩效问题，仍有较大的能源消费，而西部地区与中部地区较落后的省份情况较好,能源的投资更有效地转化为消费量的减少。

在变量影响方面,地区人口数、居民消费水平、节能环保支出、环境污染投资在空间固定效应和时空固定效应中都表现出显著的相关性,是影响节能环保绩效空间差异性的重要因素;另一方面,工业发展与科技发展在时间固定效应中有较强的显著性,说明从长久的空间发展上来看,工业发展与社会科研投入也将影响区域差异性的改变。

六、我国区域节能环保科技投入分析

(一)投入现状

近年来,经济发展带来的环境负担日益加重,各种环境污染问题陆续出现,不容忽视。随着经济水平的提升,人民对于生活质量水平的追求日益提高,对环境质量水平的需求日益提高,各地区政府对环境污染治理方面的投入也日益加大。各种污染问题的高频出现使得人们认识到当今世界经济发展对环境的压迫,人们对环境质量需求的不断提升使得各国、各地区政府不断提高对节能环保的重视程度。我国经济发展面临改革期、产业结构逐渐向第三产业转型和广大人民群众对环境的需求都注定了我国对节能环保的重视逐渐提高。而发展节能环保首先需要提升科技水平和自身的研发能力,这样才能从根源上支撑起我国节能环保的发展。从图6-1可知,近年来我国节能环保科技投入资金正在逐年增加,说明我国政府高度重视发展节能环保和提升环境质量水平。

为了对我国区域节能环保科技投入水平有一个更加直观和深入的了解,本报告选取我国30个省份(西藏除外)的相关数据来描述和反映我国区域节能环保科技投入水平,数据来源于2015年《中国科技统计年鉴》《中国环境统计年鉴》等。由于各省份的节能环保科技投入相关数据部分缺失,无法保证数据正确有效,故选择各省份的科技投入相关数据与节能环保投入相关数据相结合来描述我国区域节能环保科技投入现状。指标为科技投入强度和环境污染治理投资强度。各区域的划分结果如表6-1所示。

六、我国区域节能环保科技投入分析

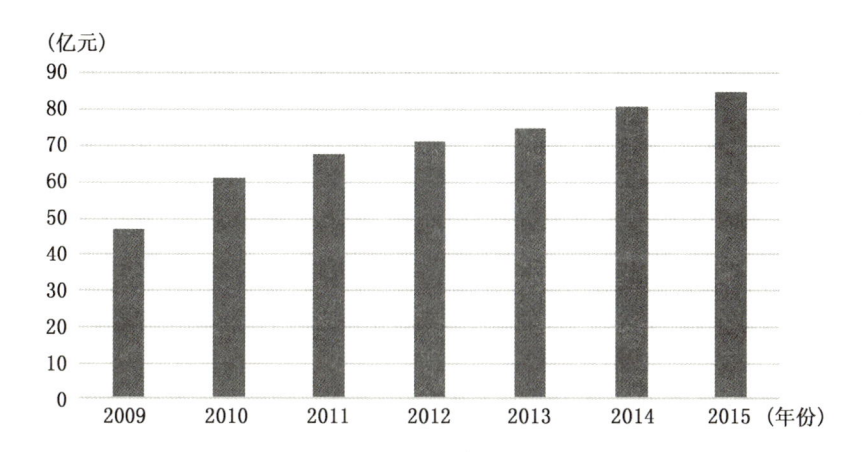

图 6-1 2009—2015 年我国节能环保科技投入变化

表 6-1 区域分类划分

区域	地区
东部	北京、天津、河北、辽宁、上海、江苏、浙江、福建、山东、广东、海南
中部	山西、吉林、黑龙江、安徽、江西、河南、湖北、河南
西部	内蒙古、广西、重庆、四川、贵州、云南、陕西、甘肃、青海、宁夏、新疆

1. 科技投入强度

本报告通过计算我国各区域的研发投入强度,来观察和比较区域间的差异性,以及各区域的投入情况,同时,也从研发投入强度来考察地区政府对科研方面的重视程度。一般来说,一个地区科研方面投入力度大,其科技创新效果一般也会比较好,产生的效果和得到的成果也会比较多。研发投入与经济发展水平密切相关。通常,区域经济发展水平较高,研发投入将更多,研发投入力度也会越大。

表 6-2 2015 年我国区域研发强度比较

地区	研发投入强度(%)	排名	地区	研发投入强度(%)	排名
东部	2.45		山东	2.27	7
中部	1.33		河南	1.18	18
西部	0.97		湖北	1.90	10

续表

地区	研发投入强度(%)	排名	地区	研发投入强度(%)	排名
北京	6.01	1	湖南	1.43	14
天津	3.08	3	广东	2.47	5
河北	1.18	17	广西	0.63	26
山西	1.04	20	海南	0.46	30
内蒙古	0.76	25	重庆	1.57	12
辽宁	1.27	15	四川	1.67	11
吉林	1.01	22	贵州	0.59	27
黑龙江	1.05	19	云南	0.80	24
上海	3.73	2	西藏	0.30	31
江苏	2.57	4	陕西	2.18	8
浙江	2.36	6	甘肃	1.22	16
安徽	1.96	9	青海	0.48	29
福建	1.51	13	宁夏	0.88	23
江西	1.04	21	新疆	0.56	28

数据来源:《中国科技统计年鉴》。

2015年我国的研发投入强度为2.07%。从表6-2可以看出,东部地区的研发投入强度高于全国,中部和西部均低于全国平均水平,有8个省份的研发投入强度达到或超过全国平均水平。在全国平均水平以上的省份中,不仅有经济发达地区(如北京、上海),也有一些经济较发达的地区(如天津),令人惊讶的是还有经济欠发达的陕西地区。2015年,陕西以2.18的研发投入强度排名第八,不仅超过全国水平,更超过了大部分省份,这是2015年研发投入强度排名名单中的"黑马",其如何取得这么漂亮的成绩值得研究。从表6-2中也可以看到,大部分省份的研发投入强度高于1,而这些研发投入强度高于1的省份中大部分地区的经济发展水平处于中高等水平,这些结果进一步直观验证了经济发展水平与研发投入强度之间的正相关关系,经济发展对研发投入有一个正向的促进作用,经济发展水平高的地区对研发的投入意愿会相对强烈一些。

通过对研发投入强度的分析,对我国区域研发投入的重视程度有了一个大体的了解,这对进行后续的分析有一定的参考价值,可以参考这个来推测各地区的节能环保科技投入,不过这与现实中的节能环保科技投入情况可能会存在一定的差异,因此仅仅作为参考。具体的各地区对节能环保科技的投入情况和重视程度还是要分地区而议,基于实际数据情况对具体情况进行分析。

2. 环境污染治理投资强度

2015年,我国环境污染治理投资继续增加,全年全国的投资达到8 806.3亿元,除了西部部分省份以外,我国有26个省份在环境污染治理方面的投资额超过100亿元,这说明我国大部分省份对节能环保还是比较重视的。其中,有12个省份在环境污染治理方面的投资与2014年相比有所增长,而其他省份在环境污染治理上的投资力度有所下降,投资额有所降低。

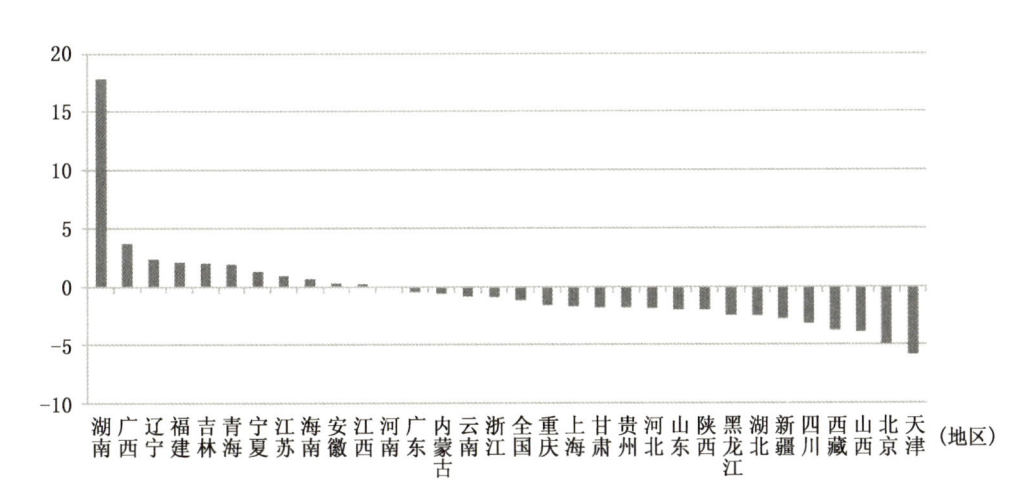

图6-2 2015年各省份环境污染治理投资弹性系数

2015年我国的GDP水平同比增加了6.9%,而环境污染治理投资额的增速却出现了负向增加,这说明2015年我国对环境污染治理的投资速度有放缓的迹象。将环境污染治理投资的增速除以GDP的增速可以计算全国环境污染治理投资弹性系数。经计算,2015年我国环境污染治理投资弹性系数为-1.12。图6-2显示了2015年我国各省份环境污染治理投资弹性系数。其中,有7个省份的环境污染治理投资增速均高于GDP增速,说明这7个省份的投资弹性系数比较大。这7个省份大多处于中西部地区。

环境污染治理投资强度反映区域环境保护投入,也可以反映地区对节能环保的重视程度以及环境污染的现状。通过对比国际通用的标准,可以判断我国各省份的环境污染治理成效以及环境污染程度。当污染治理投资占GDP的比率为1%～1.5%时,环境污染的治理基本取得成效,若采取一定的措施有机会控制并减低环境的恶化程度,使得环境水平在可接受的范围之内并且有望得到改进;环境污染治理投资额与GDP的比值达2%～3%时,说明可以采取进一步的措施使得环境的质量得到进一步的改善。

2015年,全国环境污染治理投资额占GDP比重的平均水平为1.28%,其中有15个省份的投资强度超过全国平均水平(具体风表6-3)。从表6-3可知,东、中、西部区域的污染治理投资占GDP的比值为1%～2%,这说明环境污染得到基本控制,各地的节能环保相关投入政策取得成效,环境不再继续恶化,环境状况能保持在一般水平,能为人们所接受。

表6-3　　　　　　　2015年我国各地区环境污染治理投资强度

地区	投资强度	排名	地区	投资强度	排名
东部	1.07%		山东	1.17%	16
中部	1.39%		河南	0.85%	26
西部	1.74%		湖北	0.90%	25
北京	1.93%	7	湖南	1.99%	6
天津	0.80%	27	广东	0.43%	31
河北	1.35%	15	广西	1.67%	9
山西	2.00%	5	海南	0.63%	30
内蒙古	3.02%	3	重庆	0.97%	21
辽宁	1.02%	20	四川	0.76%	29
吉林	0.71%	29	贵州	1.48%	12
黑龙江	1.04%	19	云南	1.10%	17
上海	0.93%	23	西藏	0.91%	24
江苏	1.46%	13	陕西	1.36%	14

续表

地区	投资强度	排名	地区	投资强度	排名
浙江	1.09%	18	甘肃	1.79%	8
安徽	2.11%	4	青海	1.52%	10
福建	0.95%	22	宁夏	3.16%	1
江西	1.50%	11	新疆	3.11%	2

数据来源:《中国环境统计年鉴》。

综合分析可知,随着人们对节能环保的重视,我国在环境污染治理方面的投资额度整体上有了一个大幅增长,但是总额与GDP的比值依然较小,因此国家与各地政府均应该增加污染治理投资额,区域的环境污染治理投资额的增加对改善区域环境质量有着正向促进作用。环境污染治理投资额的增加肯定会对污染的控制和治理起到一定的效果,各地区可以根据自身发展情况考虑增加这方面的投资,以改善环境质量,保证环境向一个好的方向发展。

(二)理论分析与假设的提出

有研究表明,我国节能环保科技投入受地区经济发展程度影响。在这样的背景下,东部地区节能环保科技投入较多,其相应的节能环保科技投入绩效也较高;中、西部地区由于经济发展水平等因素限制,对节能环保科技投入不太多,其节能环保科技投入绩效相对较低。我国的发展存在一个普遍现象,即越发达的地区各项工作开展得就会越好,而经济稍显落后的地区各项工作的开展就会稍落后。这是一个客观现实。发达地区的机会和资源比较丰富,人才和企业投资等相应地会对这些地区产生一定的偏倚,会带动发达地区进一步发展。因此,在这种前提下,我国的节能环保科技投入绩效会跟随这样的发展趋势而产生区域间的差异性,从而影响整体节能环保工作的效果。

从节能产业发展的区域分布可知我国各地区节能产业发展的程度差异。我国的产业发展有个普遍趋势,即无论何种行业,其发展情况与地区的经济发展水平联系很大,而且发展趋势跟经济水平的发展趋势基本一致,上海、北京、天津、广

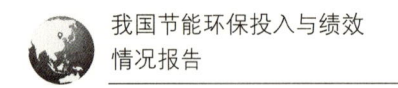

东等地区是我国节能服务业发展比较好的省份。

同时，区域间的节能环保科技投入绩效存在空间溢出性。我国各地区间地理位置紧密相连，经济发展水平存在溢出效应，也就是说，各地区的经济发展相互之间紧密相连，各地节能环保相关政策决议都存在关联性，节能环保产业发展得好的地区，邻近的省份就会学习其发展模式，这使得地区之间的发展模式会有一定相似，即产生空间溢出效应。

对比各国家、地区的经济水平与研发水平发现，经济水平与研发水平总是存在正向相关关系。经济发展水平高的地区对研发的投入也较多，相应地，研发水平就较高，实现了良性的循环；而经济水平较低地区的研发水平总是略差于经济水平较高地区，这是整体的发展规律。地区间节能环保科技投入和节能环保科技产出水平的差异会对地区技术水平有所影响。

人才就业时首先考虑的是工资水平，工资水平高的地区对人才的吸引力较大，而发达地区的薪资水平通常比欠发达地区的薪资水平高，对人才的吸引力也就更大。薪资水平、发展前景等因素是人才就业时的主要考虑因素。人才的市场流动会相应地导致技术等流动，也就是会产生一定程度的技术溢出。人才就业时会更多地选择经济发展水平较高的区域，因此在这些地区从事科技研发活动的人才相对于经济落后的区域也就更多。而各地区经济发展水平的差异导致各地区的人才流动，由此带来地区间的技术溢出，各地区的技术溢出效应存在着各种牵连关系。因此，区域间人才流动带来的技术溢出对节能环保科技投入绩效会产生一定的空间溢出性。

节能环保科技投入绩效存在着地区差异性，各地区由于各种因素的影响会产生不同的效果，而相邻的地区之间也可能产生互相影响作用。在这种情况下，各区域的节能环保科技投入绩效其实是紧密相关的，可以综合考虑并对各地区之间的影响方式与影响结果进行分析并提出相应的建议，使得绩效水平较低的地区能够提高自身的节能环保科技投入绩效，而绩效水平较高的地区可以沿着这种良好的趋势继续发展并尝试带动相邻地区的发展，从而取得协同发展和一起进步的效果。随着经济水平的提升,人民对于生活质量水平的追求日益提高,对环境质量水平的需求也日益提高,各地区政府对环境污染治理方面的投入等也日益加大。各种污染问题的高频出现使得人们认识到当今世界经济发展对环境的压迫,人们对环境质量的需求不断提升。我国经济发展面临改革期、产业结构逐渐向第三产业转型和广大人民群众对环境的要求都注定了我国对节能环保的重视度要逐渐提高。而发展节能环保首先需要提升科技水平和自身的研发能力,这样才能从根源上支撑起我国节能环保的发展。

综合节能产业与环保产业发展的区域分布,我国区域节能环保科技投入绩效的空间差异性显现出由东部到中、西部逐渐减少的情况,但也可能存在个别地区例外。出现这些空间差异的原因与地区经济发展水平等因素有关系,同时也与各地政府对节能环保产业的支持度有关,而政府的资金投入、人才的流动等因素也有可能会影响区域节能环保科技投入绩效。

为了从理论上对我国区域节能环保科技投入绩效空间差异性进行分析,现提出以下假设,以待后文进行实证分析和验证理论结果的正确性。

假设1:我国区域节能环保科技投入绩效存在空间相关性。

假设2:我国区域节能环保科技投入绩效存在空间溢出性。

假设3:我国区域节能环保科技投入绩效显现由东部到中、西部逐渐减少的情况。

(三)绩效评价设计

在进行区域节能环保科技投入绩效评价之前,首先要建立评价指标体系。一个合适的评价指标体系对评价结果的影响是显著的,因此,要选择合适、有效的指标来评价区域节能环保科技投入绩效。区域节能环保科技投入绩效评估是一项重大而烦琐的工作,评估主体十分复杂,与之牵连的因素也很多,在这样的前提下,想要得到合理、准确的评价结果就必须保证建立的指标体系有效、全面、合理。本报告基于文献研究法选取初始指标,并运用聚类分析和相关分析对2015年全

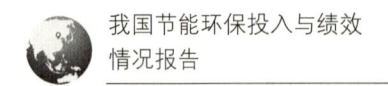

国 30 个地区的节能环保科技投入和产出数据进行相关性分析,同时运用标准系数法来辅助分析(标准系数法能够判断指标的鉴别能力,这样选出的指标能够较为合适),在此基础上建立最终的评价指标。

1. 影响因素

根据对各种相关文献的节能环保科技投入绩效的评价指标体系设计方法的总结发现,节能环保科技投入绩效评价体系设计时所涉及的指标主要有如图6-3所示的几个方面,因此应选择从这些角度入手选择节能方面的相关指标和环保方面的相关指标,同时,还应将对经济方面产生的一些间接的影响也应纳入设计范围,在综合考虑这些方面之后,再根据数据的可获得性,设计评价指标体系。

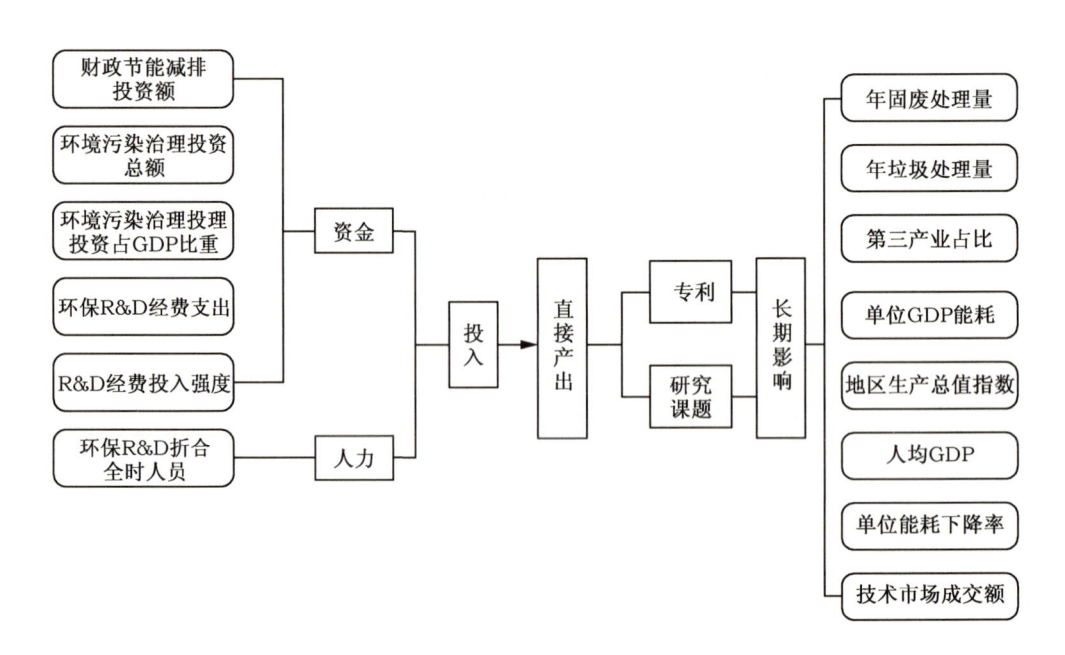

图 6-3 区域节能环保科技投入与绩效衡量因素

(1)节能环保科技经费投入总量及强度

2006—2015年我国环保科技经费投入一直在增加,随着我国全球经济地位的提升,国家对创新能力和环境质量水平也越来越重视,因此对节能环保科技经费的投入也越来越多。国家期望通过节能环保科技的投入来改进技术水平,从而降低能源的消耗,保证环境不继续恶化,并通过技术水平的改进使得环境得到一定程度的改善。节能环保科技经费投入能对污染治理和能源消耗的控制起到一定的作用,因此应该选择这些指标数据加入我国区域节能环保科技投入绩效的评价体系中。

(2)节能环保科技人力资源投入

在考虑节能环保科技投入时,应该综合资金投入、人次投入与高校的研究投入等因素。有专家研究认为,高校数量和高级科技研究人才数量是考量一个国家节能环保科技投入规模与技术效益的一个主要的衡量指标。很多研究结果都显示,对于科技活动来说,高校在其中起到很重要的作用,是研发工作的基础与核心,能够引导科研活动的方向。所以,在选择节能环保科技绩效评价的投入指标时,不可以轻视人才的分布状态。

(3)专利数量和研究课题数

专利数量与科研课题数是节能环保科技的直接产出指标,且数据容易获得。可以考虑采用这些指标数据来设计节能环保科技绩效评价体系。专利和科研课题都反映技术水平,都是技术成果,是技术创新的表现。

(4)技术市场成交额

节能环保科技活动在技术市场上获得的成果有高新技术的产出,这些技术产出带来的市场交易成交额是反映技术产品社会作用的有利指标。这个指标是技术带来的经济效益,技术成果流入市场进行交易并成功的话,会产生经济收入。

(5)反映社会经济效益的其他指标

在对区域节能环保科技投入绩效进行分析时,需要考虑直接产出与间接产出两方面的因素。直接产出有专利和新技术、新产品等,而这些技术创新为社会经济发展带来了长足影响,技术的提高对生产效率的提高也有直接影响,这些影响都会对节能环保科技投入绩效产生一定的影响,对环境改善有积极作用。在节能环保科技活动方面的投入增多,对节能环保技术的提高、人均能耗水平的降低均带来正向作用效果。

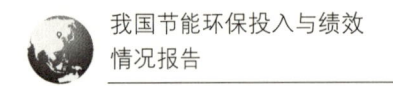

综合以上方面,我们设计一个初期的、较为全面的节能环保科技投入绩效评价体系,在这个基础上再考虑一些数据的可得性和数据来源的可信度,从而来确定具体的指标数据,用于后续分析工作。

2. 指标体系的构建

(1)基本指标初选

由于各种条件的限制,目前国际上并没有一套既有的、具有普适性的节能环保科技投入绩效评价体系,因此结合各类文献资料的研究成果、研究方法,根据指标选择的一些基本的条件,从投入—产出角度选择一些初选指标,再经过一些科学的方法对初选指标进行筛选,这样就能得到一些科学的指标。

从投入—产出角度选择的一些指标,即节能环保科技投入(Input)和节能环保科技产出。在此基础上设定评价体系如图6-3所示。以3个区域作为区域节能环保科技绩效评估的对象,时间跨度为2007—2015年,因节能环保科技没有专门的统计数据,因此选择科技投入中的环保相关投入数据代替节能环保科技相关数据,所用的数据主要来源于各种相关的统计年鉴。选择数据时还要考虑数据的可获得性、有效性等因素,因此应综合考虑各种因素再选取数据。

(2)投入指标的相关性分析

由于选择的指标数据比较多,各种指标可能存在一些重合,之间的相关性比较高,在这样的情况下,为了有效避免重复性使得选取的指标更具代表性,对所选取的评价体系采用统计方法进行简化。初选指标选用2015年的指标数据进行分析。

①系统聚类分析

系统聚类是一种常用的聚类方法,可以对观察的指标进行聚类,并绘制成树状图将分类结果直观地展示出来。本节采用系统聚类法来筛选所选择的指标。用这个方法可以将初选的指标进行分类,把相似度高的聚在一起,然后筛选出有效的指标来进行分析。

使用R型聚类分析方法对6个节能环保科技投入指标进行分类,结果如表

6-4所示。

表6-4 聚类表

阶	群集组合 群集1	群集2	系数	首次出现阶群集 群集1	群集2	下一阶
1	5	6	8.30	0	0	4
2	2	4	18.65	0	0	3
3	1	2	19.64	0	2	4
4	1	5	39.04	3	1	5
5	1	3	64.31	4	0	0

输出的树状图,如图6-4所示。

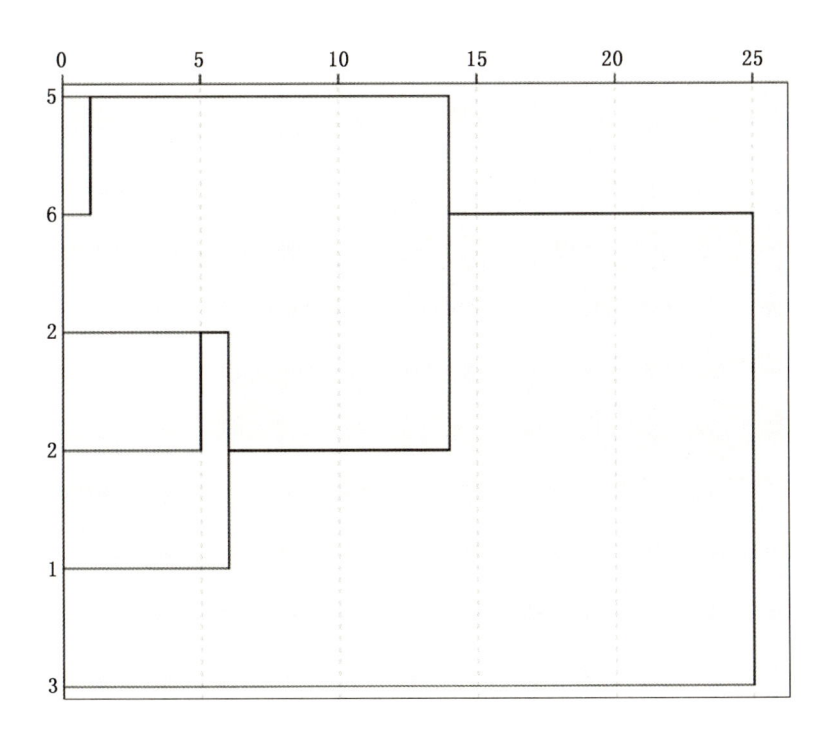

图6-4 树状图

从图6-4可见,6个指标经多次聚类后归为一类。在本研究中,为了保持研究结果的一致性,需要将6个初选指标分成3类,聚合为3类变量,即:

第一类:科技经费投入强度、节能环保科技经费支出;

第二类:财政节能减排投资额、环境污染治理投资额、科技折合全时人员;

第三类:环境污染治理投资占 GDP 比重。

聚合结果中的第一类和第二类具有一定程度的重复性,为避免相似性过高导致信息重复影响结果,需要在每一类中选择一个典型的指标,能够在一定程度概括这一类所包含的信息。由于是研究节能环保科技投入绩效方面的内容,故选择节能环保科技经费支出作为第一类指标。

鉴于此,下面对第二类指标做相关分析。

② 典型指标的选择

本节在对每一类指标进行典型指标选择时,采取 Pearson 相关分析方法,它可以测度变量间的积差相关。

用 SPSS 统计分析软件对第二类指标进行 Pearson 相关分析,得到各指标之间的相关系数,按与其他相关指标平方的平均数得到均值,再将均值排第一的指标挑出来作为这一类的代表,即选择其为这一类的典型指标,结果见表 6-5。

表 6-5 第二类指标中各指标与其他指标的相关指数平方的平均数

第二类指标中的各指标	与其他指标的相关指数平方的平均数
$x1$(环境污染治理投资总额)	0.45
$x4$(科技折合全时人员)	0.44
$x2$(财政节能减排投资额)	0.44

从表 6-5 可知,第二类指标中的 $x1$(环境污染治理投资总额)的均值最大。$x1$ 可以反映我国用于环保污染治理活动的投资力度。结合分析结果,将选择 $x1$ 作为这一类指标的代表。这个指标是经过以上科学方法计算得到的,因此有一定的效力,可以很好地反映这一类指标所代表的含义。

③ 初选投入指标的相关性分析结果

在以上两轮方法的分类筛选后,充分考虑相关性、重复率等影响因素,采用科学的方法,最终选择了 3 个指标作为投入指标:$x5$(节能环保科技经费支出)、$x1$

(环境污染治理投资总额)、$x3$(环境污染治理投资占 GDP 比重)。

(3)产出指标的相关性分析

与投入指标的选择相同,在选择产出指标时需要删除高度相关的指标,选择具有代表性的指标进行后续分析。依然采用系统聚类法与相关分析相结合进行筛选工作。

①系统聚类分析

在选择 2015 年我国各区域的产出指标数据时,由于这些指标数量很多,而在这样的情况下,又不可能采用所有的指标来进行后续的分析,因此需要采用一些统计方法对指标进行处理,得到一些有用的指标。因此,本报告采用 SPSS 软件进行系统聚类分析,将初选的众多指标进行分类得到几个类别,输出结果见表 6-6 所示。

表 6-6　　　　　　　　　　　　聚类表

阶	群集组合		系数	首次出现阶群集		下一阶
	群集 1	群集 2		群集 1	群集 2	
1	7	11	2.86	0	0	2
2	3	7	9.34	0	1	7
3	1	12	14.23	0	0	4
4	1	8	23.03	3	0	7
5	2	6	36.11	0	0	9
6	5	9	38.98	0	0	8
7	1	3	41.64	4	2	10
8	5	10	49.46	6	0	10
9	2	4	51.94	5	0	11
10	1	5	62.58	7	8	11
11	1	2	68.91	10	9	0

输出树状图,如图 6-5 所示。

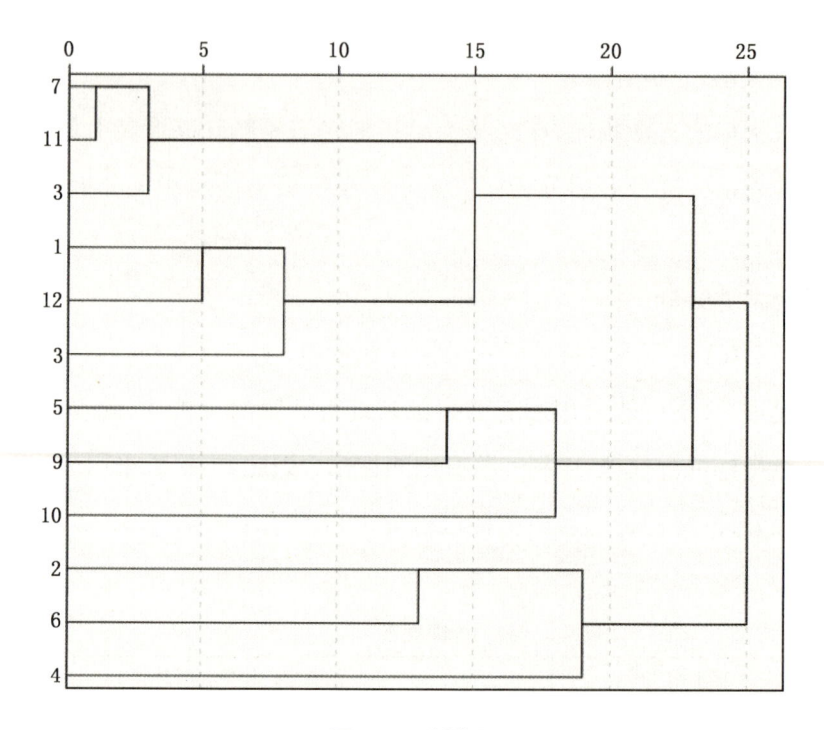

图 6-5 树状图

出于保持一致性的考虑,本报告将 12 个绩效指标分为 3 类,聚合为 3 类变量:

第一类:第三产业占比、国内专利申请受理数、建成投产项目"三同时"项目数、年垃圾处理量、人均 GDP、技术市场成交额;

第二类:年蓝天数、地区生产总值指数、单位 GDP 能耗;

第三类:单位 GDP 能耗下降率、年固废处理量、自然保护区数。

对于每一类指标,需要考虑各指标间的相似性。多个指标之间相似会导致信息的过度利用,进而使得结果不准确。为了保持结果的正确性,采用 Pearson 相关分析等方法对每一类指标进行比较分析,得到一个典型指标足以代表这一类。

②典型指标的选择

在对每一类指标进行典型指标选择时,采取 Pearson 相关分析方法,计算各指标之间的相关系数。这样就可以利用相关系数得到需要的有代表性的指标来描述各类别的大概信息。

用 SPSS 统计分析软件对第一类指标进行 Pearson 相关分析得到各指标之间的相关系数,得到相关系数后再按与其他指标相关指数的平均数得到均值,将均值排第一的指标挑出来作为这一类代表,即选择其为这一类的典型指标,结果见表 6-7。

表 6-7   第一类指标中各指标与其他指标的相关指数平方的平均数

第一类指标中的各指标	与其他指标的相关指数的平均数
y1(第三产业占比)	0.41
年垃圾处理量	0.33
国内专利申请受理数	0.21
人均 GDP	0.27
建成投产项目"三同时"项目数	0.36
技术市场成交额	0.22

结合表 6-7 可知,应选择 y1(第三产业占比)作为第一类的典型指标,y1 可描述地区的产业结构。

同样,对第二类指标进行选择,可得到指标 y10(单位 GDP 能耗)与其他指标的相关指数的平均数最大,故第二类指标的典型指标为 y10(单位 GDP 能耗)。

对第三类指标进行选择,可得到指标 y4(年固废处理量)与其他指标的相关指数的平均数最大,故第三类指标的典型指标为 y4(年固废处理量)。

至此,典型的产出评价指标为 y1(第三产业占比)、y4(年固废处理量)、y12(单位 GDP 能耗)。

(4)指标鉴别能力分析

经过前面的筛选得到了 6 个指标,这 6 个指标的鉴别能力还需要进一步分析,因此,本节采用标准差系数法比较各指标的特征差异。

运用 SPSS 19.0 统计分析软件,对筛选后得到的区域节能环保科技投入绩效评价指标进行基本的统计分析,计算其均值、标准差等指数,如表 6-8 所示。综合考虑选定投入指标为:节能环保科技经费支出、环境污染治理投资额;最终的产出指标为:第三产业占比、年固废处理量、单位 GDP 能耗。

表6-8　　　　　　　节能环保科技投入产出指标的标准差系数

类型	名称	极小值	极大值	均值	标准差	变异系数
投入	环境污染治理投资额	22.2	952.5	285.43	200.72	1.42
	环境污染治理投资占GDP比重	0.61	2.76	1.44	1.64	0.88
	节能环保科技经费支出	240.5	107 482.1	10 884.83	20 618.02	0.53
产出	第三产业占比	0.3	0.76	0.4	0.91	0.44
	年固废处理量	4	14 729	2 433.1	3 534.46	0.69
	单位GDP能耗	0.46	2.28	1.04	0.46	2.26

(5)最终评价指标的建立

经过前几轮分析筛选,删除高相关性、鉴别能力较差的指标后,得到最终评价指标(见表6-9),并用于之后的实证分析。

表6-9　　　　　　　区域节能环保科技投入绩效的评价指标

类型	编号	名称
投入	IN1	节能环保科技经费支出
	IN2	环境污染治理投资额
产出	OUT1	第三产业占比
	OUT2	年固废处理量
	OUT3	单位GDP能耗

(四)绩效差异的空间实证分析

1. 研究设计

节能环保科技投入绩效的空间差异研究是一项有着实际意义的工作。在进行节能环保科技投入绩效的空间差异研究时必须保证每一步结果的真实可靠。每次进行实证分析之前,第一个要求肯定是要找到数据,并且要保证数据来源可靠。在这样的前提下,我们选择2007—2015年我国30个省份(除西藏外)的数据为样本,经由指标筛选后,得到最终的区域节能环保科技投入绩效评价指标。最终选择的指标有:节能环保科技支出、环境污染治理投资额、第三产业占比、年固废处理量、单位 GDP 能耗。

选择好数据后,就要开始建模,按照空间面板建模的流程进行相关的检验,得到相应的实证结果,并对结果进行科学分析。如果结果存在不合理的地方,要考虑对模型进行相应的改进,或提出为何会出现不合理的情况,并详细地对实证分析结果进行说明。最后,通过建立空间面板模型的输出结果来解释其他控制变量对区域节能环保科技投入绩效的影响。在说明的时候,一定要保证逻辑完整且能够符合常理,不能出现常识性错误。

2. 数据选取与处理

根据数据的可获得性,本报告选取了 2007—2015 年我国 30 个省份(除西藏外)的数据作为样本数据来进行实证分析。在指标选取方面,节能环保科技投入绩效水平选取单位 GDP 能耗($legdp$),节能环保科技投入水平选取节能环保科技内部支出($\ln$科技)、环境污染治理投资额($lnenv$);节能环保科技产出水平选取第三产业占比($lngdp$)、年固废处理量($lnswa$)指标。在进行实证分析之前要对各指标数据进行预处理,对各指标数据均取对数,保证数据的不同单位、不同意义不会对实证分析结果产生影响。进行相应的处理后,数据就可以进行建模,并且确定不会因为数据的标示不同而对结果产生影响。所选取的数据均来源于相关的统计年鉴。

3. 模型构建

(1)空间相关性检验和模型选择检验

首先,要进行空间自相关性检验来检验区域间存在的关系并对其进行分析。在进行检验之前会涉及权重矩阵的问题,在参考各类文献后选择了地理权重矩阵来作为实证分析涉及的矩阵,根据我国 31 个省份地理相邻信息,按照地理位置的邻近关系设计了地理位置权重矩阵,表达式如下:

$$W_{ij}=\begin{cases} 1 & \text{当 } i \text{ 与 } j \text{ 有共同边界时} \\ 0 & \text{其他} \end{cases} \tag{6-1}$$

表 6-10　　　　　　　　　　我国 31 个省份地理相邻信息

序号	地区	相邻信息	序号	地区	相邻信息
1	北京	2、3	17	湖北	12、14、16、18、22、27
2	天津	1、3、15	18	湖南	14、17、19、20、22、24
3	河北	1、2、4、5、6、15、16	19	广东	13、14、18、20、21
4	山西	3、5、16、27	20	广西	18、19、24、25
5	内蒙古	3、4、6、7、8、27、28、30	21	海南	19
6	辽宁	3、5、7	22	重庆	17、18、23、24、27
7	吉林	5、6、8	23	四川	22、24、25、26、27、28、29
8	黑龙江	5、7	24	贵州	18、20、22、23、25
9	上海	10、11	25	云南	20、23、24、26
10	江苏	9、11、12、15	26	西藏	23、25、29、31
11	浙江	9、10、12、13、14	27	陕西	4、5、16、17、22、23、28
12	安徽	10、11、14、15、16、17	28	甘肃	5、23、27、29、30、31
13	福建	11、14、19	29	青海	23、26、28、31
14	江西	11、12、13、17、18、19	30	宁夏	5、27、28
15	山东	2、3、10、12、16	31	新疆	26、28、29
16	河南	3、4、12、15、17、27			

利用 Matlab 软件,计算 2007—2015 年 Moran's I 统计量的值,见表 6-11。表中的 P 值都比较小,根据墨兰检验的定义可知,检验结果表明相邻省域的节能环保科技投入绩效在总体上有着显著的空间正相关性,即空间依赖性。因此,可以使用空间计量模型进行相应的实证研究。

表 6-11　　　　　2007—2015 年各省单位 GDP 能耗的 Moran's I 指数

年份	2007	2008	2009	2010	2011	2012	2013	2014	2015
Moran's I	0.372 4	0.386 5	0.400 3	0.321 4	0.428 4	0.445 8	0.432 9	0.445 9	0.444 1
P	0.004 0	0.002 0	0.001 0	0.004 0	0.001 0	0.001 0	0.001 0	0.001 0	0.001 0

然而,全域 Moran's I 并不一定准确,它会受到区域的影响,若溢出效应与聚集效应产生抵消效果会使得结果出现偏差,如果不理想会让研究者错认为不存

在空间相关性继而影响实证分析结果。在这种前提下,需要采用局部与全局结合的检验方法对空间相关性进行检验,保证检验结果尽可能准确,出现的偏差尽可能小。建模使用的是2007—2015年的数据,涉及的时间跨度较大,输出的图表较多,不利于说明,因而节选2011年的数据进行空间相关性检验后得到的图表来进行说明。

根据莫兰散点图所展示的意义来对检验结果进行分析,得到区域节能环保科技投入绩效在空间上的关系。节能环保科技投入绩效在各地区之间是怎样分布的,存在什么样的关系,各地区之间是否有相互影响,这些问题都要利用模型说明,科学的建模方法可以得到科学有效的方法,得出的结果更可信。由于研究的是节能环保科技投入绩效水平,其中因变量选择了单位GDP能耗,单位GDP能耗越低说明环境水平越好,即节能环保科技投入绩效水平越高。这样,结合研究的内容与墨兰散点图表达含义,可以知道图6-6中第一象限的Moran's I指数为正,代表节能环保科技投入绩效水平低的省份周围聚集的也是节能环保科技投入绩效水平低的省份;第三象限的Moran's I指数为正,代表着节能环保科技投入绩效水平高的省份周围聚集的也是节能环保科技投入绩效水平高的省份;第二象限与第四象限的Moran's I指数为负表明这两个象限的不同省份的空间联系异常。各省份的单位GDP能耗存在着空间自相关性,且大部分地区都在直线附近,直线经过第一和第三两个象限,而点分布也较为集中在第一、第三两个象限中。通过对数据进行空间自相关性检验后,可以得到存在空间自相关性的结论,在此前提下可以进行后续研究来研究区域节能环保科技投入绩效的空间效应。

结合Moran散点图与LISA集聚图能更好地说明全局与局域的空间相关关系与空间集聚情况。因此,利用Geoda软件输出我国区域节能环保科技投入绩效的LISA集聚图用以展示各地区之间的集聚现象。图6-7为2011年我国单位GDP能耗LISA集聚。

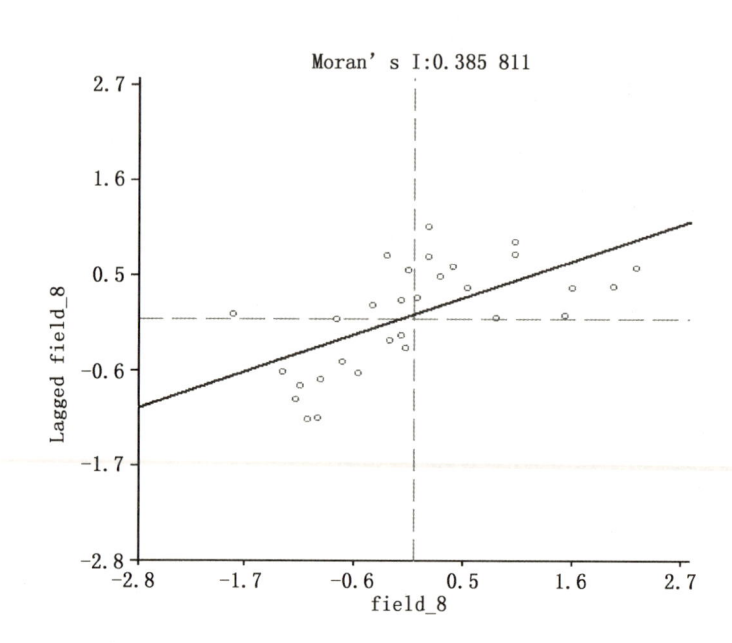

图 6-6　单位 GDP 能耗的局部墨兰散点图(2011 年)

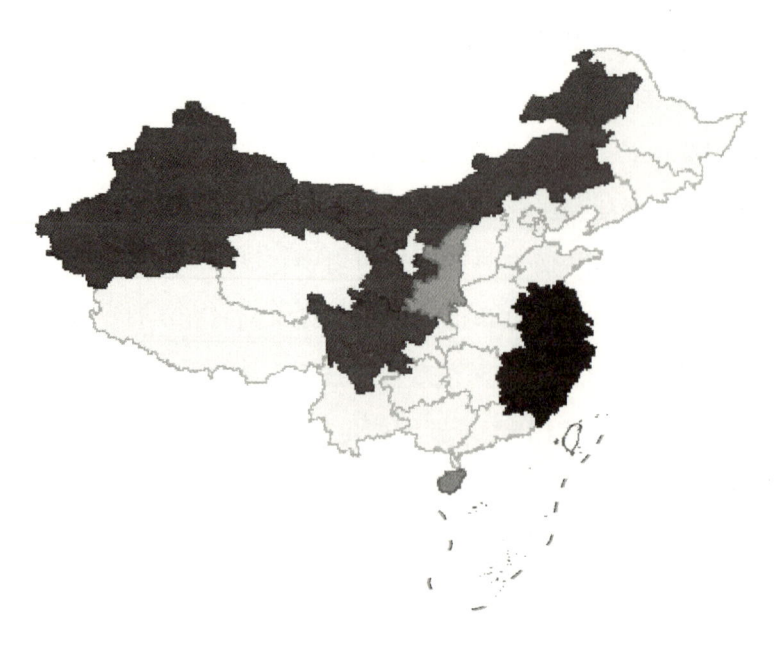

图 6-7　2011 年单位 GDP 能耗 LISA 集聚

六、我国区域节能环保科技投入分析

图 6-6 中四个象限的省份均通过了 5% 的显著性水平检验,用 HH 表示低绩效水平地区周围也是低绩效水平地区,有内蒙古、甘肃、四川、新疆等;LH 表示高绩效水平地区周围是低绩效水平地区,有陕西地区;LL 表示高绩效水平地区周围也是高绩效水平地区,有江苏、安徽、浙江、江西、福建。

综合以上的分析结果验证了提出的假设 1,区域间确实是存在着空间相关性。这样,就可以对区域之间的相关影响关系进一步探索,选择科学的模型对区域节能环保科技投入绩效进行分析,得到有效且合理的结果并对结果进行详细的说明。利用分析结果对政府或企业提出相关的建议,以进一步提高区域节能环保科技投入绩效,促进节能环保产业的发展,保证节能环保工作的顺利开展取得成效。

(2)地理空间面板模型形式选择

进行了上述检验分析之后,需确定模型,这要对数据意义以及模型选择方法有一定了解,选择出正确的模型来建模说明实际问题。根据数据的形式,由于是各省份的年度数据,因而直接选择采用固定效应模型进行建模。此外,应判断选用 SLM 还是 SEM 来进行建模效果会更好和更合理。为了选择更加适合本研究的模型方法,选用 LM 检验方法对 SLM 和 SEM 两种模型进行选择。LM 检验进行模型选择的结果如表 6-12 所示,结果显示检验所得到的 P 值都很小,在显著性水平下都是显著的,也就是说两种模型都能通过、都可以使用。因此我们选择这两种模型进行分别建模,比较两种模型的效果。

表 6-12　　　　　　　　LM 检验和 Robust LM 检验结果

检验方法	统计量	P 值
LM Lag	167.15	0.0000
robust LM Lag	116.44	0.0000
LM ERR	65.75	0.0000
robust LM ERR	15.03	0.0001

(3)地理空间面板模型估计

固定效应模型可以从时间和空间两个角度来进行区分建模,分别建立空间滞后模型和空间误差模型,并对结果进行分析,对提出的假设 2、假设 3 分别进行验证,检验理论与实际是否相符合和假设是否正确。检验结果见表 6-13。

表 6-13　　　　2007—2015 年空间滞后模型与空间误差模型的估计结果

变量	无固定效应 SLM	无固定效应 SEM	空间固定效应 SLM	空间固定效应 SEM	时间固定效应 SLM	时间固定效应 SEM	时空固定效应 SLM	时空固定效应 SEM
C	0.90***	1.01***						
$\ln R\&D$	−0.16***	−0.19***	−0.06***	−0.07***	−0.16***	−0.19***	0.07	0.07**
$\ln env$	−0.03	−0.06***	−0.08***	−0.06***	−0.03	−0.03	−0.00	−0.00
$\ln swa$	0.05***	0.06***	−0.02**	−0.02*	0.05***	0.07***	0.00	0.00
$\ln gdp$	−0.20**	0.10	−0.23**	0.04	−0.15	0.00	0.52***	0.53***
ρ	0.61***		0.68***		0.54***		0.08	
λ		0.89***		0.84**		0.71***		0.01
R^2	0.76	0.35	0.97	0.80	0.76	0.63	0.98	0.98
σ^2	0.06	0.04	0.01	0.01	0.06	0.05	0.01	0.01
$\log L$	−20.64	3.80	242.83	223.10	−13.30	−1.60	322.58	322.56

注:***、**、* 分别表示通过显著性水平为 1%、5%、10% 的检验。

结果显示,在无固定效应的情况下建立空间自回归模型与空间误差模型的效果均不理想,空间自回归模型的 $\log L$ 甚至为负数,空间误差模型的 $\log L$ 与 R^2 均不大,各变量的系数表现也不理想,有部分变量的系数符号都不符合常理,因此不考虑无固定效应模型。同理,时间固定效应与时空固定效应的模型表现均不理想,系数的符号表现有部分与常理不符合,也不能选择这两种效应下的模型。只有空间固定效应下的建模结果,显示空间自回归模型的表现较好,各变量的系数表现与符号表现均与一般常识相符合,而且均通过显著性检验,显著度水平也较高,均处于 5% 以下水平显著,R^2 达到 97%,同时 σ^2 较小,仅为 0.01,而且空间滞后性也通过检验表明存在空间溢出性。综合各参数表现,应该选择空间固定效应下的空间自回归模型来建模。

观察模型参数结果,可以看到我国各区域节能环保科技投入绩效存在溢出效应,处于优势地位的区域(各省份)可以有效地影响处于劣势地位的区域;落后地区若充分学习先进地区的节能环保科技投入模式,其节能环保科技投入绩效也会不断提高。

综合以上实证结果,从各参数的结果比较选择空间固定效应模式的空间自回归模型,模型估计式如下:

$$\text{leg}dp_{it} = -0.057\ln R\&D_{it} - 0.080\ln env_{it} - 0.019\ln swa_{ij} - 0.229\ln gdp_{it}$$
$$+ 0.680\sum_{j=1}^{30} w_{ij}\text{leg}dp_{jt} + \eta_i \qquad (6-2)$$

其中,η_i 为各地区固定影响值,w_{ij} 为权重值。式(6-2)表示各节能环保科技投入产出指标均能影响节能减排,且第三产业占比的影响相对最大,达到0.229,这说明产业结构的改变对我国区域节能环保科技投入绩效影响最大;其次是节能环保科技支出、环境污染投资额占比;年固废处理量占比较小。这与实际基本符合。要提高节能环保科技投入绩效,国家和各地区政府可以考虑在这几个方面加大投入以提高绩效水平。

表6-14　　　　　　　　　　地区空间固定影响值估计结果

地区	固定效应值	地区	固定效应值	地区	固定效应值	地区	固定效应值
北京	-0.5038	上海	-0.0562	湖北	0.1268	云南	-0.0226
天津	-0.1926	江苏	-0.0443	湖南	-0.0227	陕西	-0.1295
河北	0.5179	浙江	-0.1287	广东	-0.2404	甘肃	0.0009
山西	0.6499	安徽	0.0230	广西	-0.2118	青海	0.1298
内蒙古	0.2545	福建	-0.1642	海南	-0.6542	宁夏	0.5176
辽宁	0.1378	江西	-0.2083	重庆	-0.1729	新疆	0.1689
吉林	-0.2376	山东	0.0767	四川	-0.0327		
黑龙江	-0.0659	河南	-0.1057	贵州	0.4782		

表6-14是对假设3进行的有效验证。分析各区域的固定效应值分布,以及取值正负的占比情况,来说明各区域之间的节能环保科技投入绩效水平的发展趋势。东部地区的北京、天津等地对单位GDP能耗($\text{leg}dp$)有负向固定影响,即东部地区73%的省份有较高的节能环保科技投入绩效。这些省份中北京地区的固定效应值引起关注,普遍认为北京地区虽然是发达地区但其环境污染水平一直居

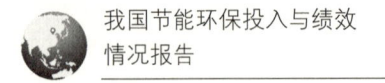

高不下、常年经受雾霾困扰,因此北京的固定效应值达到 0.5 并不十分合理,这与指标的选择可能存在一定关系,因为节能环保科技投入绩效的评价是一个涉及面十分广泛的工作,选择的五个代表指标并不能全面地描述各地区的节能环保科技投入绩效,可能存在一些误差;另外也说明北京受周围区域的空间影响比较大,仅依靠北京的数据不能做出结论。中部地区的吉林、黑龙江、江西、河南、湖南等地对单位 GDP 能耗($legdp$)有负向固定影响,即中部地区的 60% 的省份有较高的节能环保科技投入绩效。西部地区中的广西、重庆、四川、云南、陕西等地对单位 GDP 能耗($legdp$)有负向固定影响,即西部地区有 42% 的省份的节能环保科技投入绩效较好。对单位 GDP 能耗($legdp$)有正向作用的地区中有 75% 为中西部地区。我国各地区经济发展显著不均衡,相对于东部发达地区,欠发达地区可能会出现对环保的重视起步较晚、环保政策的制定及执行不能及时到位等情况,这为我国节能环保政策的制定要基于不同区域的实际发展情况提供了现实依据。

总体的实证分析结果与实际情况大体相符,但也存在个别省份的环境污染严重与模型输出结果存在一定的误差,存在这些误差的原因与指标选取有一定的关联,毕竟选择的指标有限,而节能环保科技投入绩效的评价工作任重而道远,不可能仅仅凭借几个指标就能完全说明所有区域节能环保科技投入绩效的空间差异,因此实证结果存在一定的误差可以理解,后续工作将选择多一点指标进行区域节能环保科技投入绩效的空间差异研究,进一步丰富空间计量模型,以便对研究内容进行深入研究。

七、区域金融发展对环保产业绩效的影响

(一)现状分析

　　金融体系作为现代经济核心,驱动着现代经济的迅速扩张。从宏观层面来看,具有一定规模的环保产业仍未将可持续发展落在实处。我国环保产业的特点主要是产业体量巨大但是缺乏具有龙头性企业的模范带头作用,企业大多规模较小且分散。如何驱动和推进环保产业发展期综合效益,主要从综合效益的三个维度去考量。环保产业发展的核心竞争力是环保技术水平。要重点进行产业技术革新,还需要加强产业发展模式创新,从而保证环保产业发展的核心竞争力和整体格局,进而构建环保产业的全产业链综合发展。环保产业发展初期需要借助外界金融的资本支持,要结合当前正流行的PPP项目、政府绿色发展政策倾斜、与金融产业多层次的合作,为环保产业汲取产业发展所需求的资本、技术和资源。

　　发达国家的历史经验启示,在经济不断繁荣的过程中,会存在不同程度水平的经济中心城市。最明显的现象是一个由庞大的资本体系形成的金融中心,其资本的投入程度、集聚程度和辐射程度将发挥巨大的作用。

　　在"十三五"环保规划推出之后,环保产业的发展被提升为国家重要发展战略和目标,一系列环保产业发展政策相继出台。环保产业的发展对社会发展具有正向的促进作用,即具有正外部性。环保产业的经济输出是GDP一个重要的组成部分,因此,环保产业发展的空间和潜力不容忽视。因此,在环保产业发展规划出台之后,产业发展方面应该以"产业+金融+全球"的资源整合模式来正确领导环

保产业前进。环保产业行业并购和整合的步伐在继续,对外部金融资本的支持、资本配置、技术创新和金融创新具有较大依赖性。根据全国工商联数据显示,我国近20家环保上市企业设立了近400亿元的并购基金。截至2016年第三季度,并购的形式较为多样,以"上市公司+PE"的并购形式最为广泛。

除了环保产业自身的建设之外,国家财政对环保的支出也在不断提升,具体数据见图7-1。

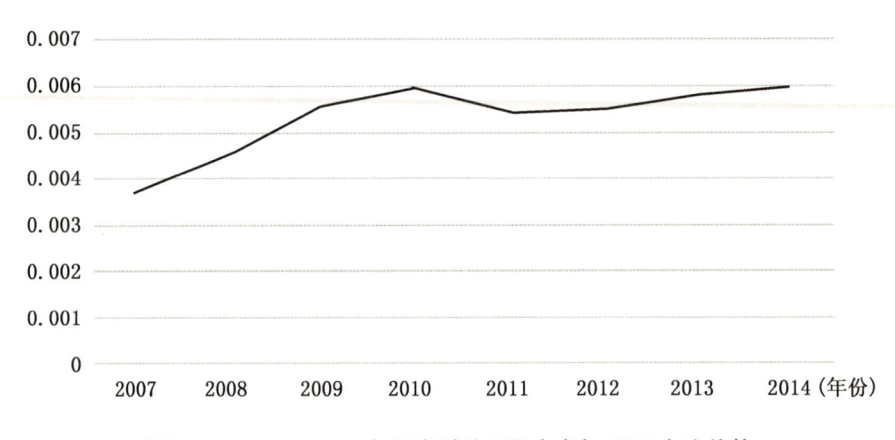

图 7-1 2007—2014 年国家财政环保支出与 GDP 占比趋势

由图7-1可知,随着我国经济的稳定高速增长,国家财政环保支出整体水平也在不断提升,并且国家财政环保支出与GDP的占比随着经济发展逐年递增。这从某种程度上表明我国对环保问题的重视,即以提高财政支出来提高环保水平。

党中央发布了"十三五"科技创新规划。在规划中,环保被列为"十三五"期间重点规划领域之一。2016年,由科技部开展的"第五次国家技术预测"研究成效指出,能源市场和环保技术未来的发展空间巨大。环保技术不能过于依赖和满足于现状,需要补充新的创新元素以扩大竞争力和影响力。在我国,高校和科学研究所在技术升级与创新方面发挥着重要作用,国家对高校研究教育以及研究所的投入在不断提高。但是,研究是在实验室,而实际运用是在现实条件下,实验室的创新技术普遍应用于实际这个转化过程是漫长而又艰辛的。在转化过程中应该建立开放的科研数据共享平台,从而推动产学研深度融合。创新是为了改善当前的发展现状。在技术创新主体中,除了研究所及高校外,企业将获得更多参与机会,地位也将愈加稳固。目前,已经有不少环保企业培育自己的科研基地、创建实验室,并承担国家的重点课题。当前,环保产业中的龙头企业已经具备一定的实力和规模,在技术创新端完全有能力胜任作为一个领导者的中坚力量。对于中小型企业而言,创新是企业生存的唯一突破点,是其安身立命之本。国家落实战略部署的重要举措,有利于提高纳税人的意识和企业的责任,从地方政府开始干预,优化财政收入分配及结构调整。

当前,对区域金融发展与产业,特别是环保产业这样的新兴产业之间的发展问题研究较少,产业发展是经济发展的实体,经济发展的根基同样也会受到区域金融发展水平的影响。因此,探讨环保产业在受区域金融发展水平的影响条件下,其空间上的效应和结果将对国家实施"十三五"规划具有重大战略意义,也会使得政府目标、环保产业发展、区域金融发展水平这三者协调统一,使得国家制定产业发展战略政策和规划更具有针对性和有效性。

(二)途径分析

随着新经济增长模式在我国的不断展开,各区域之间的金融合作显得日益重要,金融集聚程度越高的金融中心对区域之间的产业合作越具有深远意义。首先,区域金融的高速发展为金融集聚创造了有利条件,具有高集聚度的金融中心可提高环保产业投融资便利度,降低交易成本。金融集聚程度越高,其作为金融资金集散地的重要性就越强,从而可以通过发达的金融市场和金融体系为当地的环保产业提高资金支持,帮助环保新兴产业度过初创期的资金瓶颈。同时,发达的金融市场和完善的金融体系为市场中的闲散和闲置资金提高投融资渠道,使得金融与产业发展之间协调配合,为市场的供给与需求创造一个平衡发展的空间。金融集聚程度越高,其金融中心的市场机制越发达,越可以增强金融与产业发展的创新活力,从而架起金融与环保产业之间的合作桥梁。

1. 外部规模效应

区域金融除了向市场上需要提供金融支持的产业提供援助外,其自身金融结构的合理程度对整个区域金融资源的配置效率也会产生直接影响。而且金融中心除了具有集聚效应之外,还能够辐射周边地区,呈现外部规模效应,金融集聚中心在资金流动、资本配置和政策引导下会产生极化效应,由此带动环保产业的经济增长。

区域金融的外部规模效益可以从提高资金使用效率、提高资金的流动性、增强资本配置、金融集聚以及政府引导等层面辅助环保产业迅速发展。在金融集聚的地区内,银行业、证券业、保险业三个金融体系间可以进行相互合作,在这些行业间的客户资源可以通过减少客户承揽减小成本,从而相互共享。

金融集聚的规模效应可以降低金融业同业间以及同其他产业间的合作交易成本,即环保产业同金融业的相互合作为环保产业减少交易成本。具体作用途径见图7-2。

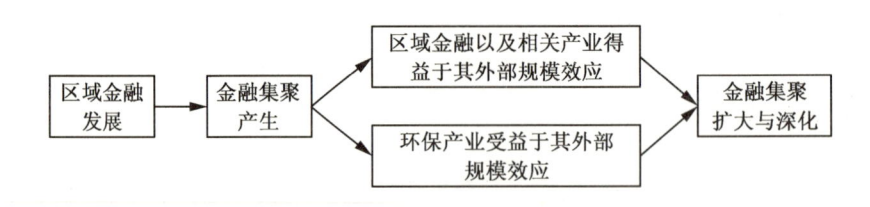

图7-2 区域金融与外部规模效应关系

企业间的相互合作需要从信息相互传递开始,相邻企业间的信息获取可以多个方式、在较短的时间内进行,降低企业间的相互排斥程度,减小由于成本原因造成的负面效果。同时,产业在形成一定规模后会发生产业集聚现象,这种现象会产生更多的工作机会,导致更多的求职者集聚于此,从而增大劳动用工的竞争,相对减少劳动力的获取成本。且产业集聚对社会具有一定的广告效益,通过工业园区、产业基地等形式集中管理,让社会群众对集聚地区的产业园区有更深的印象和信服力,从而为集聚地区的企业节省宣传的成本。

2. 金融扩散效应

区域金融发展形成的金融集聚只是区域金融发展所引起的其中一种效应,其发展还会带来扩散效应,主要分为初期阶段和高级阶段。在初级阶段,主要以金融集聚效应为主,集聚效应的效果是能够为产业发展带来更多的资本,当资本集聚到一定程度才能对周边相邻区域产生辐射效应。从金融集聚初期阶段到高级阶段,也是金融集聚的效应达到一定境界的表现,金融中心在扩散过程中既能加剧其金融中心的代表性作用,更能加强其与周边相邻区域的相互联系,在此作用下,周边地区的环保产业才能够不断汲取金融业带来的营养成分,从资金需求端带动环保产业的经济发展。

环保产业处于产业发展初期,需要从资本支持、技术支持与创新以及产品创新等方面开始培育。区域金融中心能够解决环保产业发展的资本需求,从而双方共同受益,资金一旦到位,能够吸引更多的优秀研究人员从事技术创新和应用,产生的创新在结合市场需求的反应下对产业发展的未来构建美好蓝图。区域金融中心主要是从资本支持端到产业产出帮助其他产业进步。除此之外,金融产业还能为环保提供一定的技术力量,在环保产业金融服务方面,给予更多的技术支持。待到金融中心发展到高级阶段后,通过层层的相互替代,致使金融集聚中心的相对较不发达产业(对比而言在周边不发达地区属于发达产业)向周边地区进行产业转移,这种不同层次产业间的相互迭代和替换,能够不断提高产业发展水平,且层次越高的产业发展过程就能够吸引越多的金融支持力量。

3. 金融外溢效应

处于不同发展阶段的产业具有的竞争力各不相同,而这些众多的企业汇聚在一定范围内,由于各种资源的限制,只能保留一部分企业,此时这些众多的金融机构存在不同程度的外溢现象。在金融外溢的过程中,先进的信息、知识和技术必将会从集聚的中心往四周扩散。在此资源的带动下,周边地区的信息、知识和技术也能提升至一个新的档次。环保产业在发展初期是一个依赖于外部资本、技术和信息支撑的初创期产业,当金融业产生外溢效应的同时,环保产业在其集聚与外溢的转换中利用相邻区域间的低成本的信息传播、先进的科研知识与团队,以及具有核心竞争力的技术创新等手段使环保产业与金融间的合作关系更进一步。金融信息的高度时效性是环保产业发展信息的警铃,将环保产业发展之路以金融产业进行包装有利于其产业再发展。根据费尔德曼曾经的研究成果可以发现,区域间的技术外溢现象是否明显在一定程度上会受到区域间的空间距离的制约,技术外溢的程度与区域间的距离成逆向相关关系,区域间的距离越大,则技术外溢的程度较低,区域间的距离越小,则技术外溢的效果更明显,且集聚程度也对区域间的经验传递与借鉴、技术创新和产业生产力有较大影响。因此,相邻区域间在信息传递方面具有独到的优势,将信息传递的真实性的风险提高,从而保障其有效性(失真的信息视为无效信息)。金融在产业发展过程中主要扮演着中介的角色,金融中介在相近区域内将资金的供给者(社会资金、银行资金、民间资金等)与环保产业(需求方)相互匹配,降低两者信息的交易时间和成本,更好地满足企业进一步发展的资金需求,将产业链进行升级和优化,提高利润,同时也提升了金融机构的盈利空间。

在金融信息外溢过程中,溢入方可以接触到集聚中心传递过来的信息,可以不断扩充和学习对方的优点,并尝试将可利用的资源投入实践中去。金融经过多年的不断发展,积累了很多的存量资源,而且当前金融作为实体经济和总经济的重要部分,每年的金融增量也是巨大的,大量的金融资源的增量和存量在各大产业间进行流动,带动了整体水平的提高。金融资源在流动过程中存在流入和流出两种状态,与金融资源的集聚与扩散相对应,这两者的关系对立统一。当金融集聚到一定境界时,产业发展需要不断升级和优化,相比而言,较低水平的金融资源会被淘汰至周边相对集聚程度不高的地区,在金融资源从集聚到扩散的过程中呈现多层次的梯状传递,形成以集聚中心为中心的圆锥体。具体而言,区域金融的核心资源的特征为规模较大、竞争力强、成长性高、质量较高,而在金融扩散时的金融资源流入端表现为一些相对落后的低层次的要素特征,金融资源间也存在优胜劣汰,金融资源的各种要素会随着发展水平的不同在相互区域之间进行由高至低的转移。金融资源与金融集聚程度相辅相成,金融资源依赖于金融核心区域,金融集聚程度也有助于金融资源的更好展现。区域金融由于其资源要素的转移而形成的不同层次,在这些不同的层次间金融资源形成集聚与扩散。在资源不断集聚的情况下,核心地带得到不断的充实和补足,由于核心地带有限的空间的限制,金融市场也同样具有自由竞争,于是将相对劣质的资源淘汰至周边相邻地区,这也是金融资源转移的过程,在这个扩散的过程中,周边相邻地区会由于竞争存在一批优秀的资源,优胜劣汰的竞争会使得优势资源向中心地带不断集中,形成金融资源的集聚态势。

4. 金融资源使用效率

区域金融作为中介平台拥有众多优质的资源,特别是资金资源,如何将金融资源的使用效率提高是金融整体发展层次的关键。区域金融同样为资源的需求方提供了很好的平台,为其节省了交易成本,区域金融将金融资源进行打包分成不同质量水平,通过整合将优质资源匹配至需求金融资源的区域。区域金融是一个高效的金融体系,具有一定的品牌效益,为闲散资源的供给和需求双方节约大量的时间和交易成本。环保产业是七大新兴产业之一,环保也是国家可持续发展的重大战略部署之一,因此环保问题得到越来越高的重视,市场潜力巨大。金融资源与环保产业之间的相互匹配既能大大加速环保产业的发展周期,同时也能为区域金融及环保产业自身获取高的投资回报。环保产业初期获取产业转型和升级的资本资源后,能加速推进产业发展进程,使得产业调整的步伐进一步加快,从而提升区域金融和环保产业的综合效益,为彼此节省时间成本。银行业能够为产业发展中的企业提高跨地区、跨企业的资金支付效率从而提高金融资源在跨地区层面上的配置效率。区域金融体系不断地调整、转型和升级,金融集聚在不同的区域环境得到体现,这将有助于区域金融的各种优势资源能够普惠各地区,向各地区进行溢出和集聚。

5. 促进技术创新

环保产业是我国在可持续发展战略中部署的新兴产业之一。作为新兴产业,环保产业发展初期的最基本的生存根基就是环保产业技术创新,技术创新对环保产业的综合效益产出的效率具有直接相关性。当前技术革新一般都是在一定的资本市场下由需求和资金带动的创新活动,因此,技术革新如同区域金融发展般存在较大的地理位置上的集聚现象。区域金融集聚使得大量金融资源产生集聚现象,区域金融资源集聚会使技术创新在部分地区大批量、高质量、高效率地产生。区域金融集聚能够造就一定的市场环境,有了好的市场环境,技术创新的技术和知识传播才能够得以实现,因此金融集聚对技术创新具有良性传导作用。区域金融集聚会形成对应的集聚地带,在集聚地带范围内会呈现大量的金融从业人员、相关领先技术以及龙头型企业,使得技术创新活动在资金、人力、政策等各方面共同带动下表现出不一般的水平。环保产业的技术创新需要通过各种途径才能更大提高,技术创新需要面向社会全体,在借鉴高级的技术力量之外,产业与产业之间、产业与研究所之间、研究所与研究所之间相互合作共赢为技术创新激发新的灵感和合作机会,这样才能更好体现区域金融集聚在构建产业与研究所间的集聚资源和优势。在空间地理位置上的金融集聚和创新,能够加深市场的信息传播与交流,也能促进区域金融资源、企业资源和先进技术力量的分享和进步,市场竞争是产业可持续发展的必要动力,有竞争就会有淘汰,想要在市场中力争上游就必须走在前列,因此,促进技术、设备、人员的不断革新是生存的根本路径,也是走可持续发展道路的永久动力。

(三)影响机理分析

影响环境污染的途径多种多样,需要从源头开始限制,在生产过程中加以约束,在末端加以评断、治理,全过程进行检测,追求低量资源投入、高效低碳绿色经济产出。首先,把区域金融对环保产业发展的影响机理分成多种渠道进行分析,从而进一步得出其对环保产业综合效益的影响机理。区域金融发展需要在以下六个方面产生作用:金融集聚、资本支持、资本配置、企业监督、政府引导、绿色金融。这六个方面再分别对资金和资源的投入及使用施以效果,从而对环保产业的三大效益——经济效益、生态效益和社会效益起到关键性作用,最终综合影响环保产业综合效益。然后,再通过历史数据进行实证检验。从理论上看,区域金融对环保产业发展影响的传导机制,见图7-3。

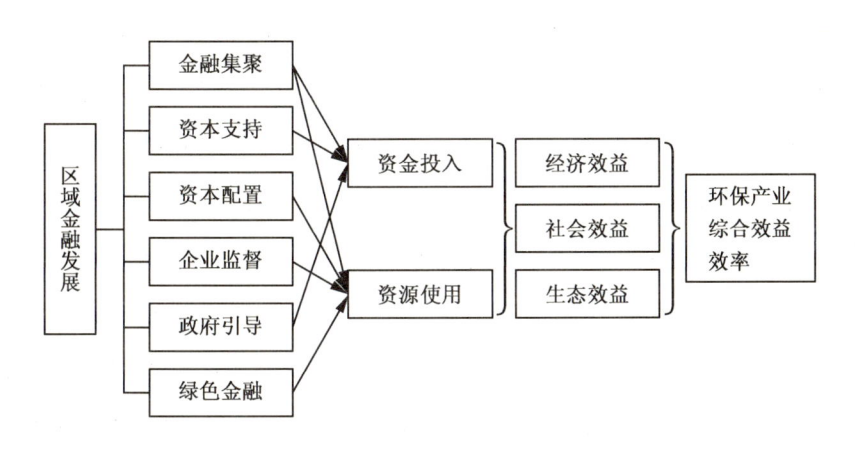

图7-3 区域金融对环保产业综合效益的影响机理

1. 金融集聚效应

金融集聚是区域金融发展到一定规模、层次和周期必然出现的现象。金融集聚一旦形成,在集聚区域内的不同金融属性的部门之间关系密切,其他各种产业的发展状况对金融集聚的发展也会产生深刻影响。在金融发达区域,金融集聚效应可以通过经济因素、金融因素、政治因素和政策因素等方式对环保产业发展产生作用。由于不同区域间受到金融集聚的影响,具备空间溢出效益,因此,金融集聚可以通过相互影响不同区域的金融业从而影响环保产业发展效益。

2. 资本支持效应

金融体系的功能性较全,包括风险控制、信息交流、资源有效分配、企业合作等。金融市场发挥着资本的转化角色,其融资等能力具有广泛的机制和体系支撑,对于资金需求端的要求,金融中介能够其将资金转换成不同形式的资本能力,从而匹配市场中资本需求的客户群体,对于需求资金的产业进行产品生产、规模扩大、投资建设以及技术创新和引荐等经营活动具有绝对的支撑条件,从而进一步加速产业发展绿色经济,创造超额收益,满足正常生产经营和可持续发展。市场中的微观企业欲进一步发展自身经济可以更简易地从金融集聚区域的金融相关机构获取较低成本的资本,有了资本的大力支持,产业能够较快地实现规模经济模式,极有可能在资本支持效应的作用下产生更多的经济产出和生产力。区域金融为环保产业发展提供更多的资本支持使得环保产业在资本筹集上减少了很多交易成本和实现了便捷,解决了产业发展初期所遇到的资金瓶颈。

3. 资本配置效应

资本配置指的是区域金融作为资金的中介,在不同市场行情下,在不同的地区对不同的客户需求方给予的资金量配置。资本配置的不同能够对市场各界的发展起到至关重要的作用,能够调节市场经济。区域金融最基本的市场功能是其作为市场金融中介的职能,并依此为社会服务。因此,金融市场的资源配置功能是一个具有核心主导力量的功能。在金融市场的资本配置过程中,资本配置的效率与市场中行业及个体单位的发展态度有关。在市场竞争中,资本具有逐利性,资本总是流入更具有投资价值和潜力的单位,企业单位或部门具有高的生产效率,就会吸引更多的资本流入;相反,若单位或部门的生产效率低下,则会导致原有的资本从本部往外流出。总而言之,在金融市场中,资本总是流入更需要、更有投资价值、一级资本运作更有效率的地方。金融中介在金融市场中将一定规模的资源对促进市场经济的个体进行再分配,也就是资本对市场的再配置,只有通过将有限资源配置到市场潜力大、投资空间大的区域以及个体,才能更加有效地促进配置区域及个体的全面发展目标和规划。由于资本在产业发展进程中不断逐利和寻找新的机会,因此,在不同规模和发展状况的企业之间以及经济发展水平不同的区域之间,会呈现不同程度的经济产出差异。环保产业在具有资本支持的情况下,将各种资本配置到环保生产、服务等各环节,通过不同程度的资金支持,达到一个相对较优的资本配置,使得资本在最大程度上发挥作用,进而使其综合效益能够得到充分的体现。

4. 企业监督效应

对于在金融市场中获取金融资本的企业在所获取的金融资本运作过程中，需要符合相关运作规定，金融中介和体系对其具有一定的片面管理和控制作用，为了进一步防范风险事件的发生，将风险控制在有效操作范围内，就能变相地促进企业在发展自身经济和效益时提高绩效管理、监督和风险控制。企业在创造利润的同时也要考虑相关利益者的影响即社会成本和效益，企业的经营不能只建立在技术可行和经济收益之上，需要考虑决策对社会的长期和短期的影响，此影响包括相关者的利益、社会利益、环境保护等多种因素。金融中介及金融体系对获取金融资本的环保产业单位可以从多个方面进行监督管理。

5. 政府引导效应

我国环保产业市场发展体系还不够完善，产业发展方向和国家层面的宏观发展目标要保持一致。

首先，区域金融对环保产业的资本投资支持的主体形式比较多，在金融资本的投后管理中，各种形式的金融主体应确认其责任和义务。政府作为新兴产业的投资者之一，加以其特殊身份特征，需要从宏观层面对环保产业的整体产业发展规划、策略部署、政策支持等方面明确责任，从而保证资本投资后的管理工作顺利进行，把握好产业发展的节奏和步伐。

其次，是投入层次，企业是以盈利为首要目标，而区域金融体系除了经济利益外，还包括宏观社会利益（社会福利）以及环保产业对环境等公共性质的体现。环保产业所获取的资本是区域金融对于产业发展中企业的规模以及综合质量的标准之一。

最后，对于环保产业的投资方向，除了根据产业发展前景外，还与中央及政府制定的宏观蓝图有着密不可分的关系。在后工业时代，资源必定会日益短缺，我国注重的可持续发展战略对环保产业的投资方向进一步细化和明确。环保产业将其重点放在制造清洁能源、节能减排工作和设备生产、废弃物的资源持续再利用以及环境污染治理与保护过程中的服务与产品上。

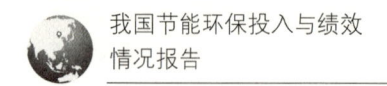

6. 绿色金融效应

区域金融发展到一定规模时要兼顾发展绿色金融模式,这是区域金融可持续发展的重要体现。区域金融机构与体系要坚持以高效发展、低能、低排及低污染为目标。所谓的绿色金融效应,即通过区域金融参与环保产业的污染治理过程,可以同环保产业共同治理或者间接通过资本、资源支持加以有效治理的效应。区域金融与环保产业的协同作用,为产业发展提供资本支持、技术创新支持和环保产业金融模式,且国家财政对绿色产业的资金和政策支持,再一次凸显了环保产业作为一个绿色产业其未来发展的潜力空间巨大。

(四)研究假设

通过上述途径以及区域金融对环保产业综合效益产生影响的六个机理,可以发现区域金融通过以下几个渠道影响环保产业综合发展效益:

一是区域金融及其集聚可以为环保产业发展提供更多的投融资渠道、相对较低成本的资本支持和较高效率的资本供给。区域金融的主要手段是通过空间地理位置不同的金融机构及体系在产业发展道路上配以实施的工具、制度和政策,从而有效地加强金融体系的创新和完整。不同地区间可以通过区域金融的发展采取多样性的方法,从而促进产业发展更有效率。环保产业作为新兴产业,区域金融通过可以提高金融支持、银行金融业务创新、企业股权设计、环保基金等多种方式为环保产业提供更多的融资渠道。与此同时,各地区都在建立多元化的金融服务平台,这些平台不仅可以为产业发展提供资本支持,还可以为环保产业按照需求设计金融创新产品等,因此,区域金融的发展水平不断提高能够为环保产业的发展节省产业融资、交易成本。

二是区域金融的发展能够促使新兴环保产业更有效地使用筹集的资金,但金融集聚会带来环保产业发展的空间溢出效应。区域金融是传统的金融模式的升级版本,在信息经济时代,区域金融很好地结合当前新的金融政策,在日益严格的金融控制制度下将金融工具和服务同当前市场需求相匹配,通过一系列金融支持,解决新兴产业在初创期所遇到的瓶颈。基于之前的理论研究和分析,一个地区的区域金融在影响本地区的金融和产业发展之外,还能够通过资本溢出、技术溢出等影响周边地区的产业发展效率。因此,提出以下假设。

假设1:区域金融发展水平与环保产业综合效益之间呈现正相关关系。

从金融发展水平的五个渠道(金融集聚、资本支持、资本配置、企业监督和政府引导)和一个目标(绿色金融)可以看出,环保产业发展初期对产业外资本具有较大依赖性,金融水平的发展程度越高,环保产业发展的空间越大,两者之间构成良性循环,对环保产业综合效益具有促进作用。环保产业作为经济增长的重要组成部分,其产业发展越强,经济效益越强,此时金融发展水平也会同步并进,两者之间构成良性循环。

假设2:金融集聚程度与环保产业综合效益具有空间相关性。

区域金融发展到一定程度时出现金融集聚现象。区域金融发展水平的提高除了对本地区的综合经济发展具有促进作用,在本地区的金融体系强大到一定程度时,还能对周边相邻地区的经济产业产生促进作用,即区域金融发展水平具有溢出效应,其外溢效果受空间距离的约束较大,通常空间距离大会导致外溢效果较差。集聚所带来的知识溢出、技术溢出、资本溢出有利于集群内的产业在发展进程中的经验共享、创新能力和产出。区域金融的众多资源在不断流动过程中增强和升级,区域金融资源的流动呈现集聚和扩散现象,具体表现为当某个地区的金融发展水平除了满足当地的金融发展需要之外,还可以满足周边地区的产业发展需求,这就构成区域金融资源的溢出效应;相反地,某地区的金融资源过于薄弱,则不会存在集聚和扩散效应。

假设3:区域金融、金融集聚对环保产业综合效益具有滞后性影响。

区域金融通过将金融资源不断整理、优化和分类,将不同层次的金融资源按照产业发展水平和需求进行差别分配,尽量做到资源配置更加有效。环保产业处于初创期,其产业发展需要建立在产业基础建设投资、产业资源配置的基础上,而产业发展是需要时间和周期的,虽然国家在大力推进环保新兴产业发展,推出环

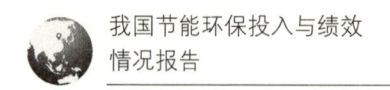

保产业"十三五"规划,但是区域金融对环保产业的支持而产生的综合效益不一定能在短时间内取得良好效果。

(五)理论模型

通过以上假设并借鉴 Los 和 Verspagen(1997)和 Los(2000)的方法设定基本的生产函数模型,参考潘文卿、李子奈和刘强(2011)在经济研究的生产函数所衍生的 C-D 函数构造的研究模型。

区域金融的发展作为经济发展中必不可少的重要组成部分。综合考虑其外溢性理论可以得到环保产业综合效益的生产函数:

$$Y_i = A f(K_i, L_i, RF_i) \tag{7-1}$$

其中,Y_i 表示环保产业的综合效益,RF 为区域金融对环保产业的支持。假设生产函数规模报酬不变,则可以进一步改写为:

$$Y_i = \delta \cdot K_i^{\alpha} \cdot L_i^{\beta} \cdot RF_i^{\gamma} \tag{7-2}$$

其中,δ 表示其他影响对环保产业综合效益影响的因素;α、β、γ 分别表示各要素的产出弹性。如果生产函数具有规模报酬不变性,为了生产函数的广泛适用,我们假设 $\alpha+\beta+\gamma=\lambda$,则可将函数变形为:

$$Y_i/L_i = \delta \cdot (K/L)_i^{\alpha} \cdot (RF/L)_i^{\gamma} \cdot L_i^{\lambda-\beta-1} \tag{7-3}$$

(六)区域金融发展对环保产业综合效益影响的面板分析

1. 指标构建

自变量选取如下:

(1)金融集聚程度指标

金融集聚程度指标(FCD):金融集聚程度是一个综合性评价指标,是一个地区金融集聚在规模、专业化水平、外部环境和经济相关性等方面的综合评价指标。借鉴丁艺(2013)建立的较完善的金融集聚指标体系,具体细则见表7-1。

表 7-1　　　　　　　　　　　　金融集聚程度指标体系

目标	准则	因子	单位
宏观金融	总体规模	V1 金融业增加值	亿元
		V2 金融业产值占总产值比例	%
		V3 金融业从业人数	万人
		V4 金融业固定投资	亿元
		V5 金融机构总资产	亿元
		V6 金融机构总量	家
		V7 非金融机构融资总量	亿元
		V8 广义货币(M2)	亿元
金融行业	银行业	U1 银行网点数量	家
		U2 银行从业人员	万人
		U3 银行资产总额	亿元
		U4 金融机构存款余额	亿元
		U5 金融机构贷款余额	亿元
	证券业	U6 总部设在辖内的证券公司数	家
		U7 总部设在辖内的基金公司数	家
		U8 总部设在辖内的期货公司数	家
		U9 证券市场总股本	亿股
		U10 债券筹资	亿元
		U11 上市公司数量	家
	保险业	U12 总部设在辖内的保险公司数	家
		U13 保险密度	%
		U14 保险深度	元
		U15 保费收入	亿元

(2)资本效应指标

资本效应指标(CS):金融机构存贷比、人均存款、金融深化指标、金融市场化率。金融机构存贷比说明了金融机构将存款转化为贷款的比例,从而来衡量金融机构资本对产业发展的支持力度;人均存款代表了资本支持的规模和能力;金融深化指标是金融机构存款与GDP之比,表示金融市场的资本自由度;金融市场化率是指金融市场化进程中的一个水平,该值越大即代表市场化程度越高,反之亦然。

(3)资本配置指标

资本配置指标(CA):用贷款配置效率表示。贷款配置效率=(当地GDP与全国GDP占比)/(当地贷款总额与全国贷款总额占比),该比值越大意味着贷款利用率越高。

(4)产业监督指标

产业监督指标(ES):产业在自身发展的同时还离不开社会责任,环保产业中环保上市企业规模具有代表性,环保上市公司需要公开披露接受外部监督,某区域内的上市公司越多,意味着其受监督程度越高,因此首先选取上市公司比重(上市公司数量/规模以上企业数量作为市场的监督效应);其次选取短期借款占比和长期借款占比衡量银行贷款对企业的监督效应。

(5)政府引导指标

政府引导指标(GG):政府财政环保投入额代表政府对环保产业的财政资金支持力度,这是政府除政策支持外的重要指标。

(6)绿色金融指标

绿色金融指标(GF):环境污染治理投资中银行贷款规模、银行贷款占环境污染治理投资的比重说明了银行贷款对环境治理的直接支持力度,可以从一定程度上反映绿色金融的概念。

控制变量(CV):用实际利用外商直接投资额(FDI)和环保产业发明专利授权量表示。

因变量(Y):环保产业综合效益。环保产业具有外部性,其发展离不开可持续发展战略的要求。环保产业在经济效益、社会效益和生态效益中不断发展且更好地为国家和大众服务。因此将变量分解为经济效益、社会效益和生态效益三部分组成。经济效益由环保产业总产值、环保产业总产值与 GDP 比重和环保产业总产值年增长率组成；社会效益由环保产业就业人数、环境污染治理投资额组成；生态效益由废水排放量、废气排放量、固废排放量组成。

通过采用许和连(2012)在《管理世界》综合指数的算法求出各指标的综合指数。上述指标中含有多层子指标的变量，对 30 个省份的上述指标进行综合，通过以下方式求出综合指数，计算方法及步骤如下：

第一步，采用常用的数据标准化处理方法：

$$P_{ij}^2 = \frac{X_{ij} - \min(X_{ij})}{\max(X_{ij}) - \min(X_{ij})}$$

其中，X_{ij} 中的 i 和 j 分别代表省份和指标($i=1,2,\cdots,m; j=1,2,\cdots,n$)。

第二步，对标准化处理的数据进行平移：

$$P_{ij}^1 = P_{ij}^2 + 1$$

第三步，根据各省份数据计算各指标的比重：

$$P_{ij} = \frac{P_{ij}^1}{\sum_{i=1}^{m} P_{ij}^1}$$

第四步，根据指标所占比重计算该指标的熵 E_j 和变异系数 C_j：

$$E_j = -\frac{\sum_{i=1}^{m} P_{ij} \ln P_{ij}}{\ln m}, C_j = 1 - E_j$$

第五步，计算各指标在综合指数中的权重：

$$W_j = \frac{C_j}{\sum_{j=1}^{n} C_j}$$

第六步，计算综合指数：

$$CEPI_i = \sum_{j=1}^{n} W_j P_{ij}$$

2. 样本数据及模型设定

本模型以我国除西藏之外的 30 个省、直辖市和自治区为样本，样本周期为

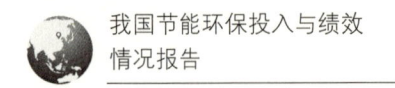

2005—2015年，数据来源于Choice数据库、Wind数据库、中国环境统计年鉴、中国统计年鉴等。

面板数据（Panel Data）含有横截面、时间和指标三维信息，这能够避免截面和时间序列等单方面的研究。面板数据模型表示为：

$$Y_{it} = \alpha_i + x_{it}\beta_i + u_i \quad (i=1,2,\cdots,N; t=1,2,\cdots,T) \tag{7-4}$$

其中，N为截面个数，T为时期总数，α_i为常数项，β_i表示对应解释变量x_{it}的$k \times 1$维系数向量，k表示解释变量个数。随机误差项u_i相互独立，且为白噪声。根据面板模型的常用分类方法可以分为固定效应模型和随机效应模型。

固定效应模型（Fix Effects Regression Model，FEM）的一般形式表现为：

$$Y_{it} = \alpha_i + \lambda_t + x'_{it}\beta + \varepsilon_{it} \tag{7-5}$$

其中，α_i是个体效应，λ_t是时间效应项，不随个体而改变。

随机效应模型（Random Effects Models，REM）的一般形式表现为：

$$Y_{it} = x_{it}\beta + z'_i\delta + u_i + \varepsilon_{it} \tag{7-6}$$

以上关于面板数据的分析属于静态分析，在区域金融与环保产业增长的影响研究中，动态的经济关系在静态中难以获取，需要通过引入滞后项来加强对动态关系的解释力，即动态面板模型，其一般形式为：

$$Y_{it} = \delta y_{i,t-1} + x'_{it}\beta + \mu_i + v_{it} \tag{7-7}$$

其中，δ为常数，β是$k \times 1$向量，$\mu_i \sim IID(0,\sigma_\mu^2)$，$v_{it} \sim IID(0,\sigma_v^2)$，$u_{it} = \mu_i + v_{it}$。估计方式主要有工具变量法（IV）和广义矩估计（GMM），我们采用GMM方法。

根据理论分析模型，由于区域金融对环保产业综合效益的影响是通过六个机理构成的，因此可以设定区域金融发展水平（RF）的表达式为：

$$RF_{it} = FCD_{it} \cdot CS_{it} \cdot CA_{it} \cdot ES_{it} \cdot GG_{it} \cdot GF_{it} \tag{7-8}$$

将式（7-8）代入理论模型，综合考虑计量模型，将金融集聚程度（FCD）、金融资本支持（CS）、金融资本配置（CA）、企业监督（ES）、政府引导（GG）、绿色金融（GF）作为自变量，环保产业综合效益（Y）作为因变量，加入控制变量（CV）构建模型，可以得到实证模型，其表达式为：

$$\ln Y_{it} = \alpha_i + \alpha \ln K_{it} + \gamma_1 \ln FCD_{it} + \gamma_2 \ln CS_{it} + \gamma_3 \ln CA_{it} + \gamma_4 \ln ES_{it}$$
$$+ \gamma_5 \ln GG_{it} + \gamma_6 \ln GF_{it} + (\lambda-1)\ln L_{it} + ln CV_{it} + \varepsilon_{it} \qquad (7-9)$$

其中，i 为各省份，t 为 2005—2015 年各年份，α_i 为截距项，ε_{it} 为随机扰动项。

3. 区域金融发展水平评价分析

下面采用主成分分析法和熵权法，运用 2005—2015 年我国影响金融发展水平的指标数据，对金融集聚程度指标、金融资本支持指标、资本配置指标、企业监督指标、政府引导指标和绿色金融指标的数据进行标准化处理。数据结果显示北京金融发展水平最高，其次是浙江、上海、广东，西部地区省份（如宁夏、新疆等）最低。

(1) 金融集聚程度综合评价

金融集聚程度的评价属于多指标综合评价，根据前面对金融集聚指标选取的各个因子，通过主成分分析和熵权法确定各指标权重。

(2) 区域金融发展与环保产业的时空迁移及联系

根据样本数据，通过 Geoda 软件将 2005 年、2010 年和 2015 年的区域金融发展水平和环保产业综合效益数据进行描述性分析。两者的时空迁移特征如图 7-4 所示。

根据区域金融发展水平和环保产业综合效益，通过 2005—2015 年中的三个年度的时空迁移图，可以发现环保产业保持着较高综合效益水平的地区主要有：东南沿海地区、京津地区、青海。区域金融发展水平较高的地区主要集中在东部沿海地区和京津地区，这些地区作为经济发展的重要集聚地，经济发展水平也较高。中西部地区（如青海、山西）的金融发展水平也呈现出上升的态势。从时空迁移规律可以发现环保产业综合效益较高的区域大多是区域金融发展水平相对较高的区域，环保产业综合效益较低的区域大多是区域金融综合发展水平较低的区域，这从一定程度上解释了假设中两者具有较高程度的空间相关关系。

图 7-4 中，广西、江西等省份就是这样的情况。环保产业的综合效益存在类似的集聚现象，这说明环保产业的综合效益存在一定的扩散效应，说明了两者之

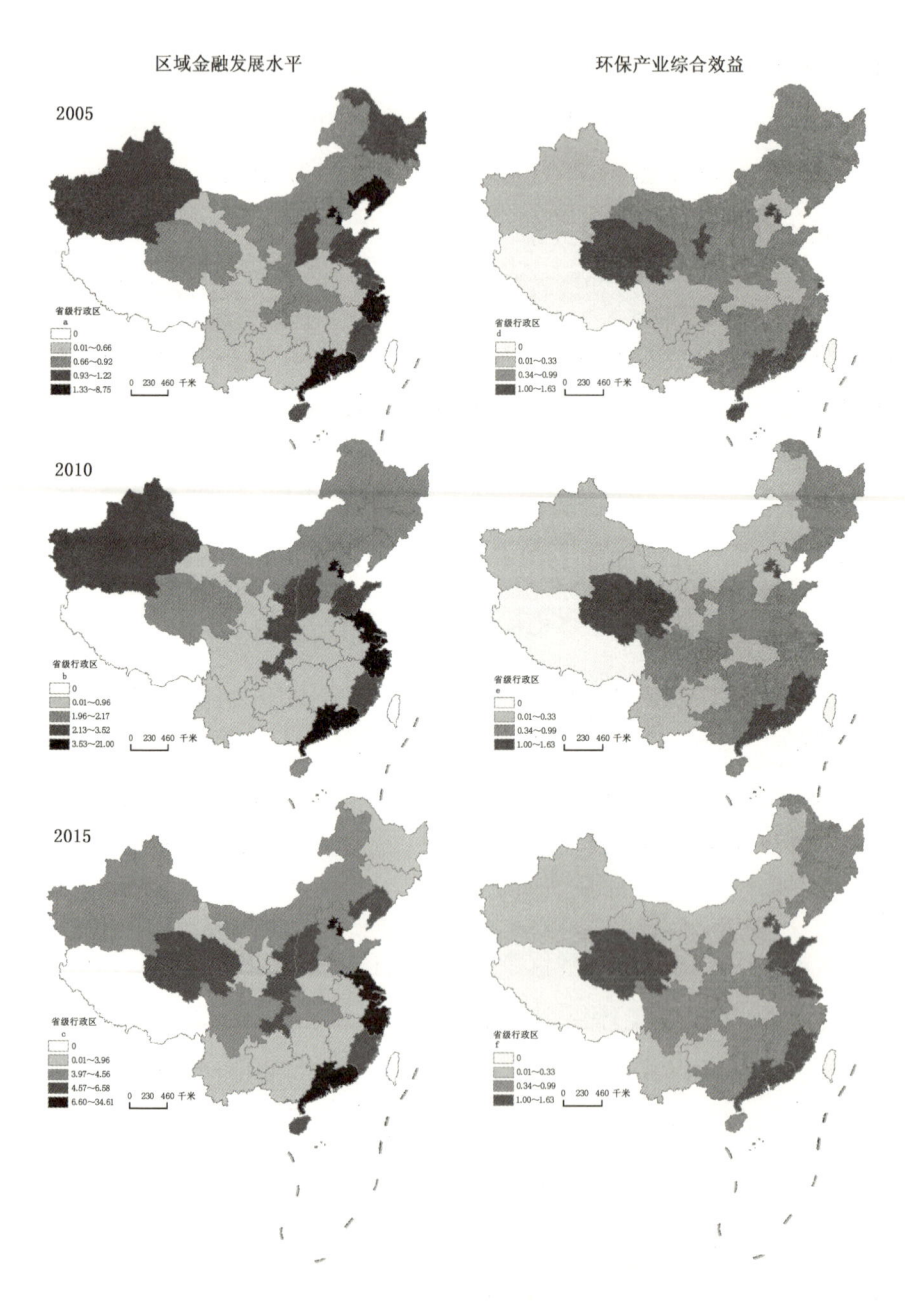

注：本图采用 Arcgis 软件制作，是对于不同省份的区域金融发展水平和环保产业综合效益两个指标数据的描述性分析。左下角不同颜色有不同的值域，不同年份的值大小有所改变。因而，不同省份间的比较是相对的。

图 7-4　区域金融发展水平和环保产业综合效益的时空迁移

间存在一定的空间交互现象。

(3)实证分析

单位根检验(Unit Root Test)主要有三种常用的检验方法:LLC 检验(Levin, Lin 和 Chu,2002)、Fisher-ADF 检验(MaddMa 和 Wu,1999)和 Fisher-PP 检验,其中 LLC 检验的模型设定一般形式为:

$$\Delta y_{it} = \alpha y_{it} + \sum_{j=1}^{P_i} \beta_{kj} \Delta y_{K,t-j} + X_i + e_{it} \quad (7-10)$$

其中,i 为截面个数,t 为时间维度,Δ 为一阶差分。

Fisher-ADF 检验允许每个截面有不同的单根过程,检验的零假设和备择假设如下:

$H_0: \alpha_i = 0$,对所有 i 成立

$$H_0: \begin{cases} \alpha_i = 0, & i = N_I \\ \alpha_i < 0, & i > N_I \end{cases} \quad (7-11)$$

其中,$0 < N_I < N$,零假设说明所有截面单位都是非平稳序列。具体检验结果见表 7-2。

表 7-2　　　　　　　　　　面板数据单位根检验结果

变量	LLC	ADF	PP
ln*FCD*	−16.2482***	251.235***	411.359***
ln*CS*	−14.1847***	237.554***	392.544***
ln*CA*	−4.9529***	70.0072	43.2120
ln*ES*	−7.2672***	−1.6064*	89.4367*
ln*GG*	−10.3929***	72.4077	105.073***
ln*GF*	−5.2806***	68.5825	61.5076
ln*CV*	−3.8184***	70.022	55.8269
ln*K*	−8.1087***	115.215***	97.4707
ln*L*	−1.5239*	27.5814	26.7686

注:***、**和*分别表示在1%、5%和10%的水平下显著。

从表 7-2 可以发现研究的区域金融指标、金融集聚程度、控制变量和因变量

在LLC方法的检验下均通过了单位根平稳性检验,因此可以初步判定变量是平稳的,从而进行下一步计量分析。

4. 面板数据模型参数估计

根据前文对面板数据模型的概述,将数据进行面板模型处理。模型估计效果见表7-3。

表7-3　　　　　　　　　随机效应、固定效应及检验结果

变量	随机效应	固定效应
C	-3.489***	-3.425 8***
lnFCD	2.034***	2.162***
lnCS	1.507***	0.856 9***
lnCA	0.302***	0.352 7**
lnES	0.007	0.011
lnGG	0.004	0.011*
lnGF	-0.001	-0.002
lnCV	0.006**	0.007
ln$K$	0.011***	0.007**
ln$L$	-0.007*	-0.011***
D. W-stat	1.514	1.575
Adj-R^2	0.682	0.949
Hausman test	74.218***	—

注:表中值为回归系数,***、**和*分别表示在1％、5％和10％的水平下显著。

从表7-3可以看出,通过Hausman检验发现拒绝原假设,即不存在显著地随机效应,因此采用固定效应模型。从回归结果分析来看,固定效应模型的拟合度优于随机效应模型,且两种模型的金融集聚程度指标、金融资本支持指标、金融资本配置和政府对环保产业的引导指标都比较显著。根据模型的拟合度和模型效果判断采用固定效应模型来进一步分析区域金融发展对环保产业综合效益的影响。由于模型不区分个体之间的影响,我们用截距项来表示这种影响,因此采用变截距固定效应模型。根据以上假定和检验可以得到Model1(个体固定效应)、

Model2(时间固定效应)、Model3(时间个体固定效应)和 Model4(动态面板 GMM 模型)的检验结果,见表 7-4。

表 7-4　　　　　　　　　　　　　面板模型结果

	Model1	Model2	Model3	Model4
C	-3.425 8***	-3.485***	-3.601***	
lnFCD	0.964 7***	1.863 5***	0.938 7***	1.341 6***
lnCS	0.856 9***	2.022***	0.888***	0.995***
lnCA	0.352 7**	-0.1*	0.322 6**	-0.000 3*
lnES	0.011	0.007	0.006	0.016***
lnGG	0.011*	0.01*	0.022**	0.018***
lnGF	-0.002	-0.002	-0.002	-0.000 437*
lnCV	0.007	0.002*	0.013**	-0.000 002***
ln$K$	0.007**	0.146***	0.008**	0.000 000 13*
ln$L$	-0.011***	-0.011**	-0.016**	-0.000 058***
ln($y(-1)$)				0.512***
D.W-stat	1.575	1.140	1.517	
Adj-R^2	0.949	0.939	0.949	
F-Stat	133.958***	226.046***	108.733***	
J-Stat				26.57

注:表中值为回归系数,***、** 和 * 分别表示在 1%、5% 和 10% 的水平下显著。

根据表 7-4 中的四种模型估计结果可以发现,固定效应模型的三种模型调整后的拟合度和 DW 统计量都相对较好,F 统计量的计量结果也相对较好。Model2 和 Model3 的设置从模型结果层面上看优于 Model1,Model3 时间个体固定效应结果最佳。模型中自变量金融集聚程度、区域金融资本支持、资本配置以及政府引导变量都相对显著,企业监督和绿色金融呈现不显著的效果,在一定程度上说明当前企业发展没有把握好社会责任,正外部性还不足。在 Model4 中通过 GMM 估计可以发现变量均显著。模型设定相对较合理,其中环保产业前一期的综合效益对当期的环保产业综合效益的作用很显著。Model4 的结果表明接受模型原假

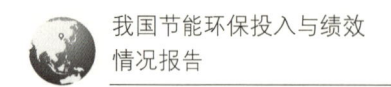

设条件,说明模型设定合理。上述四种模型根据回归系数可知,金融集聚程度、区域金融资本支持、金融资本配置的效果对环保产业综合效益的相关系数远大于其他相关变量,说明这三个变量对综合效益的贡献度相对较高,其他影响因子对综合效益的影响较小。

通过四种模型的对比分析,区域金融对环保产业综合效益的正向效应主要通过金融集聚程度、金融资本支持力度、资本配置效率、企业监督和政府引导五个层面提出的绿色金融概念对产业综合效益具有促进作用。当金融资本对产业发展的支持提高1个单位,产业综合效益会提高0.8个单位或更多;资本配置效率提高1个单位,对产业综合效益会提高超过0.3个单位;此外,产业前一期的产出效益对当期的综合效益产出也具有重大促进作用。

(七)区域金融对环保产业增长的空间模型分析

对区域金融影响环保产业发展的六个机理进行面板分析,发现除了这些因素对环保产业发展的总效益有较大影响,环保产业的前期效益对当期的总效益同样具有较大相关性。前文对样本进行了面板数据实证分析,鉴于理论研究的成果也发现指标之间的相互影响除区域位置的关系之外,还包括区域地理位置的相互影响而相互作用,因此需要采用空间杜宾模型来考虑临界区域相互变量之间的冲击效应对本区域所造成的影响。由于区域之间存在的相互经济联系和社会影响,区域产业发展在空间上也存在相互影响,故需将空间因素纳入来分析区域金融各项指标对环保产业综合效益的影响。

1. 空间面板模型概述

根据 Anselin(1995)对空间计量模型的分类可知,当模型的误差项在空间相关事宜表示存在空间差异性,既考虑了因变量的空间相关性,也考虑了自变量的空间相关性,可以将空间面板杜宾模型的模型设定为:

$$y_{it} = \rho W_1 y_{it} + CS_{it}\beta_1 + CA_{it}\beta_2 + ES_{it}\beta_3 + GG_{it}\beta_4 + GF_{it}\beta_5 + W_2 FCD_{it}\beta_2 + \varepsilon_{it}$$
$$\varepsilon_{it} \sim N(0, \sigma^2 I_n) \tag{7-12}$$

其中，W 为空间权重矩阵，W_1 为因变量的空间权重矩阵，W_2 为自变量 x 的空间权重矩阵，β 为外生变量的空间自相关系数，ε_{it} 为满足正态独立同分布的随机扰动项。

2. Moran 相关性检验

全局相关性是用来分析空间数据在时空系统的表现情况，局部相关性是分析局部区域之间表现出的相关性情况。局部 Moran 的计算公式为：

$$W = \begin{cases} 1 & i,j \text{ 相邻} \\ 0 & i,j \text{ 不相邻} \end{cases} \tag{7-13}$$

Moran's I 指数的计算公式为：

$$\begin{aligned} \text{Moran's } I &= \frac{N \sum_{i=1}^{N} \sum_{j=1}^{N} w_{ij}(x_i - \bar{x})(x_j - \bar{x})}{\sum_{i=1}^{N} \sum_{j=1}^{N} w_{ij} \sum_{i=1}^{N}(x_j - \bar{x})^2} \\ &= \frac{\sum_{i=1}^{N} \sum_{j=1}^{N} w_{ij}(x_i - \bar{x})(x_j - \bar{x})}{S^2 \sum_{i=1}^{N} \sum_{j=1}^{N} w_{ij}} \end{aligned} \tag{7-14}$$

其中，S^2 为 $\frac{1}{N} \sum_{i=1}^{N}(x_i - \bar{x})^2$，$\bar{x}$ 为 $\frac{1}{N} \sum_{i=1}^{N} x_i$，$N$ 为区域内地区的数目。Moran 指数取值的绝对值≤1。值接近于 0 表示属性随机分布、不存在显著相关性。根据上述计算方法，计算出 Moran's I 值，见表 7-5。

表 7-5　　　　　　　　　2005—2015 年 Moran's I 结果

	y	FCD	CS	CA	GF	ES	GG
2005	0.331 7*** (3.059 5)	0.250 9*** (2.320 5)	0.427 2*** (3.650 6)	0.238 1** (2.329)	0.139 6 (1.522)	0.324 0*** (3.046)	0.183 6* (1.876)
2006	0.326 8*** (3.019 1)	0.263 1*** (2.414 9)	0.121 4 (1.236 2)	0.238 9** (2.338)	0.139 4 (1.539)	0.261 5** (2.510)	0.136 8 (1.268)
2007	0.328 8*** (3.037 2)	0.256 2*** 2.356 9	0.281 7*** (2.647 3)	0.236 2** (2.311)	0.140 1 (1.547)	0.252 7** (2.429)	0.212 3** (2.281)
2008	0.329 4*** (3.048 7)	0.259 3*** (2.374 3)	0.312 7*** (2.785 3)	0.232 7** (2.280)	0.138 3 (1.536)	0.224 8** (2.187)	0.002 9 (0.561)

续表

	y	FCD	CS	CA	GF	ES	GG
2009	0.337 2*** (3.111 6)	0.254 0*** (2.328 6)	0.060 8 (0.791 3)	0.232 1** (2.277)	0.139 0 (1.550)	0.226 7** (2.214)	0.148 6 (1.546)
2010	0.334 5*** (3.096 3)	0.263 5*** (2.412 9)	0.094 2 (1.033 4)	0.228 8** (2.244)	0.140 1 (1.577)	0.225** (2.208)	0.113 6 (1.331)
2011	0.333 5*** (3.094)	0.260 7*** (2.384 3)	0.384 4*** (3.318 8)	0.219 1** (2.168)	0.148 8* (1.664)	0.234 4* (2.271)	0.075 5 (0.945)
2012	0.321*** (3.058)	0.234 2** (2.166 7)	0.396 2*** (3.413 5)	0.210 3** (2.096)	0.137 2 (1.53)	0.229 4** (2.234)	0.052 6 (0.695)
2013	0.328*** (3.049)	0.221 7** (2.060 2)	0.132 0* (1.350 8)	0.206 1** (2.058)	0.134 6 (1.497)	0.226 1** (2.206)	0.211 1*** (2.075)
2014	0.329 2*** (3.056)	0.191 7 (1.814 6)	0.286 0*** (2.582 5)	0.198 5** (1.989)	0.127 7 (1.433)	0.215 5** (2.121)	0.278 7*** (2.800)
2015	0.342 9*** (3.165)	0.219 1** (2.037 6)	0.219 5** (2.027 4)	0.173 7* (1.787)	0.125 1 (1.409)	0.239 2** (2.320)	0.281 0*** (2.875)

注：表中值为回归系数，***、**和*分别表示在1%、5%和10%的水平下显著。

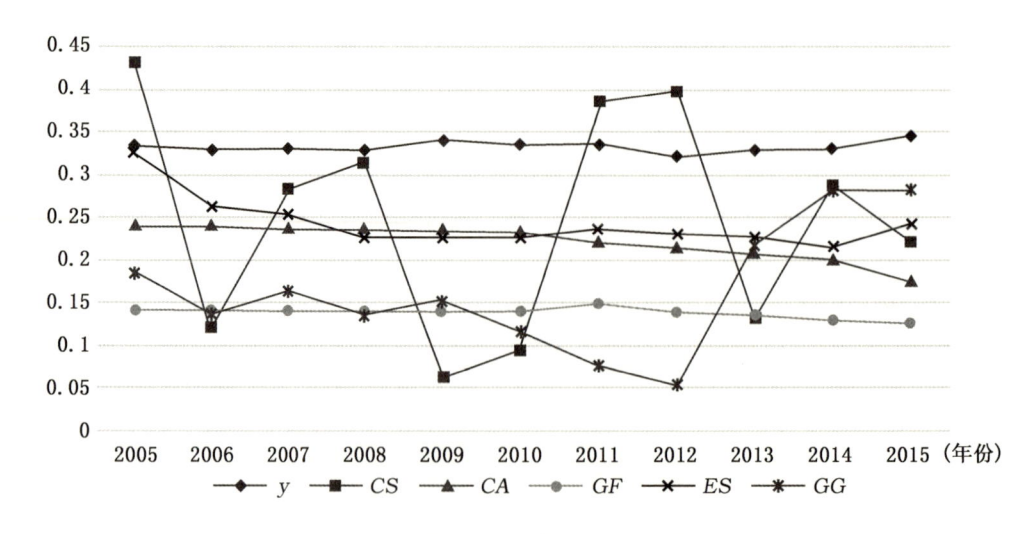

图 7-5 2005—2015 年 Moran's I 结果

从表 7-5 中可以看出，被解释变量环保产业综合效益通过了 P<0.01 的显著性检验，存在显著的空间相关性，解释变量区域金融资本支持（CS）、资本配置

(CA)以及企业监督指标(ES)均通过显著性检验,存在显著的空间相关性。政府引导指标(GG)的空间相关性不显著,绿色金融指标(GF)的空间相关性逐年递增。在我国经济迅速发展的同时,金融业的贡献力量功不可没,资本支持、资本配置以及企业监督对临近区域的扩散效应较强,从而进一步促进环保产业综合效益的增强。

3. 空间模型分析

面板数据模型结果显示采用固定效应模型,因此将以下四个模型进行对比分析:空间滞后固定效应模型(模型1)、空间误差固定效应模型(模型2)、空间杜宾面板模型(模型3)。其结果见表7-6。

表7-6 空间面板模型结果

	模型1	模型2	模型3
Intercept	−4.732*** (−8.86)	−7.675*** (−17.53)	−3.594*** (−6.49)
$\ln FCD$	0.643*** (12.65)	0.942*** (18.91)	0.561*** (10.29)
$\ln CS$	0.020** (2.48)	0.044*** (2.10)	0.064*** (1.91)
$\ln CA$	−0.093*** (−5.85)	−0.035** (−2.19)	−0.056** (−3.46)
$\ln ES$	0.069** (2.46)	0.174*** (4.63)	0.106*** (3.82)
$\ln GG$	−0.003** (−2.47)	−0.015*** (−5.61)	−0.020** (−6.72)
$\ln GF$	0.193*** (4.09)	−0.153*** (−3.30)	0.163** (3.13)
$\ln K$	0.355*** (7.74)	0.239*** (5.18)	0.312** (6.37)
$\ln L$	0.526*** (8.45)	0.727*** (15.93)	0.637*** (12.17)
$\ln CV$	0.094*** (1.23)	0.096*** (1.24)	0.097*** (1.24)

续表

	模型1	模型2	模型3
lny(−1)	0.055*** (3.10)		
Spat. aut		0.096 (1.23)	
R^2	0.960 2	0.981 1	0.983 1
Sigma^2	0.002 7	0.017 2	0.013 2
LR-stat	683.618***	215.096 3***	392.164 3***

注：表中值为回归系数，***、**和*分别表示在1%、5%和10%的水平下显著。

三个空间面板模型中，根据Elhorst(2011)提出的模型的LM检验方式，空间滞后固定效应模型（模型1）、空间误差固定效应模型（模型2）、空间杜宾面板模型（模型3）均通过检验，结果显示均可以在1%的水平下显著，对上述三种模型的稳健性有了证明。

三个空间面板模型中，代表区域金融集聚程度、金融资本支持、企业监督绿色金融指标的系数均显著为正，说明区域金融通过这些途径对环保产业的综合效益产生正向影响，且具有正的溢出效应，所以在建设环保产业的综合效益的同时不可忽视空间因素对其的影响。

金融资本配置和政府引导指标的相关系数为负，表明当前我国环保产业在发展综合效益时金融资本配置还不完善，没能切合产业发展的实际需求进行资本配置，没能将金融资本投入适于产业发展的最有效的地方；政府在环保产业发展时更多采用政策性的引导，而政策性的引导具有滞后性，因而在产业发展期间没能起到很好的作用。

环保产业前一期的综合效益水平对当期的环保产业的综合效益的相关系数为正，表明前一期的效益水平对当期的效益具有正向影响。环保产业具有很大的投资潜力，这将促进区域金融对环保产业的进一步支持，从而使得环保产业发展所需求的资金具有重大帮助，从而影响环保产业当期的综合效益水平。

4. 模型结果分析与建议

本报告基于2005—2015年我国30个省、市、自治区的面板数据,利用Matlab、Geoda、SAS、Eviews工具对区域金融与金融集聚对环保产业综合效益的影响进行面板分析和空间研究。根据研究结果可以发现:第一,区域金融发展水平以及环保产业综合效益在空间地理位置因素上均呈现集聚的动态,且区域金融发展水平越高的地区其环保产业综合效益产出也相对较高,即两者在空间维度上具有一定的关联性,尤其是东南沿海等发达地区的发展水平相对较高。第二,区域金融在给予环保产业资本支持和资本配置两个方面对其产业综合效益产出具有显著的积极影响,与此同时,产业监督对于产出效益的作用还不明显,其原因可能是当前环保产业协会以及地方政府对环保产业的监督力度和支持力度还略显不足。第三,对于区域金融发展对环保产业综合效益作用机理的两个评判指标——资本支持和资本配置——具有显著的溢出效应,集聚区域对相邻区域的发展具有正向推动作用。不过,企业监督在环保产业效益中表现得不够明显,其监督作用和机制有待进一步加强和深化,在环保产业后续的发展过程中需要进一步加强。

根据以上研究,我们建议:首先,构建并完善区域金融发展水平综合体系以及金融集聚程度综合评价相关体系,区域金融在发展层次上的差异化对不同区域产业发展的差距较明显,使得其充分发挥金融溢出效应;其次,具有空间相关性的区域之间可以通过统一的为环保产业服务的综合平台提供服务,同时配以政策和资金支持;再次,政府层面和企业层面之间的引导作用和跟随步调要保持一致,尽量避免因不同步而造成的投入冗余情况和滞后问题,坚持将产业可持续发展与政府提出的相关引导政策和税收政策相结合,充分发挥政策导向的时间效应,同时产业发展应建立在高效的资源使用效率、低层次的环境污染的基础上;最后,要针对环保产业发展的可量化研究,建立一个完整的、系统的相关数据库,以助于政府、学者以及外界等对环保产业发展进行量化分析。

八、节能环保产业发展的特征分析

环保产业在我国的发展始于20世纪70年代。在当前经济下行压力较大的宏观背景下,环保产业仍保持年增长率20%,是未来经济发展的重要组成部分。节能环保产业在保护环境、节约资源能源、促进可持续经济发展以及产业结构调整方面有着十分重要的作用。

"十三五"节能环保产业发展规划为我国的节能环保产业发展提出了新的要求,我国节能环保产业在发展过程中存在的阻力不容忽视,包括科学技术水平限制、节能环保教育普及不够、与经济发展间存在一定的矛盾等。美国、日本、欧盟等国家作为全球环保产业市场的主要力量,节能环保产业较为成熟,其发展历程的特征与政府在权衡经济目标和环保产业发展间关系的经验值得借鉴。

(一)主要发达国家发展历程与特征

1. 美国

(1)美国节能环保产业发展历程

美国节能环保产业发展主要经历了三个阶段,20世纪60~70年代兴起,80年代快速发展,90年代步入成熟阶段。节能环保产业发展的初期主要是为应对工业化引发的环境污染破坏,环保工作的重点是恢复已经遭到破坏的自然生态环境,包括森林植被、河流水源等,政府对生产污染大力整治,这一时期开始认识到资源的有限性,重视资源的回收再利用。90年代之前,由于节能环保产业水平较低、前期投入较大等一系列原因,主要依靠政府"命令+控制"的发展模式,在经历了20

多年的环境治理后,被破坏的环境得到了一定程度的改善,强制性的发展模式不利于节能环保产业的持续发展,原始的节能环保产业增速放缓,政府转由采用经济手段和出口手段推进企业主动技术创新和投资,拓宽节能环保产业内涵。美国联邦政府主要通过执行环境法规、制定国家层次的宏观战略、开展研究和开发活动、与工商界建立合作伙伴关系、提供财政支持和经济激励来刺激企业技术创新,促进清洁生产技术开发和应用,使污染控制过程由末端治理转向源头治理,为企业提供培训和信息服务,促进环保产业发展。

第一阶段,战后经济危机时期。

20世纪初期,美国民众先后以"生态恢复""保护资源""污染治理"为主题进行了三次环保运动。19世纪末美国在进行西部大开发时,无节制的资源使用使得自然资源环境,包括森林、土地、矿产、水源等遭到了极大的破坏,掠夺性的开发让资本集团在短期内囤积了大量的财富,美国人民在此背景下开展了旨在恢复生态的第一次环保运动。1929年美国爆发了资本主义历史上最大的经济危机,经济萧条,失业率激增。1933年,在罗斯福政府的主导下,美国组建民间资源保护队,为失业青年提供大量的就业职位,有效保护森林、土地等资源。第二次世界大战结束后,美国爆发战后经济危机,同期开始进入后工业化阶段,美国兴起了一场反对核污染、化学污染的空前广泛的环保运动。运动自下而上,在全社会范围内引起关注。在这次运动中,民众和政府都不再认为环境污染是工业发展的必然代价,而是认为环境问题不仅可以解决,同时会带来一定的经济效益。

尽管这一阶段的环保运动功利性极强,但是美国联邦政府通过强制性的产业政策解决了化学品管制和污染物处理的问题,尤其是对末端污染的治理效果显著,同时公众的环保意识得到了加强,对于影响人类健康的环境问题关注度提升,美国节能环保产业渐显雏形。

第二阶段,后工业化初期。

美国20世纪的各种资源消耗惊人。1970年,美国各项资源消耗增长十分迅速。人口不断集中导致空间隔绝,小汽车的广泛普及增加了道路交通占用的成本,同时也使得石油、钢材、纸张、苛性碱等材料使用成十倍增加。这一期间,由于国内能源消耗的增加、美国军事战争等一系列原因,美国经历了两次严重的石油危机,GDP增长率下降,1981年甚至出现了负增长,滞涨严重。为解决能源危机和复苏美国经济,美国政府将经济改革和环境政策紧密相连,创新性地对环境管制进行了成本—收益分析,推动环境政策的规范效率化,利用市场机制引导污染防治和资源保护,刺激环保产品和服务的需求,拓宽环保市场。20世纪70年代之后美国进入后工业化社会,社会价值观有了新的改变,从原有的追求物质富足、经济增长和效益最大化开始转变为追求非物质生活品质和幸福感的提升。经济增长不再是社会发展的唯一重心,人们更追求环境长久的舒适性。

该阶段节能环保产业在能源危机的刺激下应运而生。面对能源终将枯竭的现实,美国在满足社会发展的需求下和保证经济可行的前提下,通过技术创新的手段,减少能源在生产和消费过程中不必要的损失,合理高效地利用能源。为了应对能源危机,美国政府采用了政监分离的能源管理体制。1969年美国《国家环境法》出台,将环境保护的重点工作正式放在应对能源危机上。1976年,美国颁布《资源保护与恢复法》。1977年,美国颁布《能源部组织结构法案》,将各类与能源有关的机构并入能源部,同时内设美国联邦能源监管委员会,让美国联邦能源监管委员会依法制定联邦政府职权范围内的能源监管政策,使其具有独立的监管地位。设立之初,联邦能源监管委员会主要负责监管跨州石油管道职责、协调各州内外天然气井口销售、加强热电联产项目和小型发电项目,以实现能源的合理调度,并避免长途运输造成能源浪费和成本增加等。20世纪70年代,美国开始通过立法确定能效标准,此后每3~5年进行一次修订。1985年,美国推出政府节能计划,联邦政府和州政府率先购买节能产品和使用节能建筑。这个计划一方面直接刺激了节能产品市场的需求,另一方面也影响了众多与政府相关的项目,使其也开始购买节能环保产品及设备,从而进一步促进美国节能环保产业的发展。

第三阶段,近代经济高速发展期。

20世纪90年代以后,美国环保产业趋于成熟,本土环境质量得到根本改善,环保产业发展遇到发展缓慢、出口减少的瓶颈。政府意识到,环保产业发展趋势应该是由污染的末端治理转向源头治理,环保问题是全球市场的普遍问题,要推进绿色产品生产、应用以及环境服务业开发。美国环保目标主要转向环保技术开发与创新和环保产品与服务的出口,环保产业发展机制运行方式和发展模式发生调整,以市场为主体的市场机制形成。在这一阶段,美国政府环保产业发展的工作重点是开发清洁技术、发展环保服务业,以及通过经济手段和贸易手段来刺激环保产业的发展。

20世纪90年代,美国逐步建立起由强制性的能效标准、强制性能效信息标识、自愿认证标识等制度构成的能效标准体系。1992年,美国能源部和环保署共同推行名为"能源之星"的政府计划,该计划由最初的电脑产品领域逐渐推广到电机、办公设备、家电、照明灯甚至建筑等多个领域。"能源之星"节能标准通常比美国联邦政府的节能标准低20%~30%,其也成为世界范围内的能效标准规范。联邦政府和州政府对满足"能源之星"的产品消费者进行补助,以鼓励居民对节能产品的消费。除财政补贴外,美国政府还通过减免税收的方式鼓励环保节能产业的发展。例如,1991年,美国23个州对购买循环利用设备的企业免征消费税。尽管小布什执政期间拒签《京都议定书》等一系列消极行为严重影响了美国节能环保技术创新和新能源产业的发展,使美国节能环保产业开发水平开始略次于日本和部分欧盟国家,但是从整体上而言,美国仍是环保产业大国。2005年,美国又颁布了《新能源政策法案》,确立了21世纪的长期能源政策,也为新能源汽车生产和清洁煤技术提供了约140亿美元的税收减免。

第四阶段,2008年金融危机。

在奥巴马政府当政期间,美国在应对全球气候变化和清洁能源开发方面所做的投入有目共睹,且功效显著。在此期间,美国联邦政府的节能环保工作重心转移到新能源战略以及全面能源战略的制定与实施。奥巴马政府在气候变化等方面采取了一些积极政策,既支持国会立法,又促进美国环境保护总署(EPA)加快用《清洁空气法》管制温室气体的进程。2009年,《美国清洁能源安全法案》颁布,每年为燃煤发电的碳捕捉科研、设备改建等提供10亿美元的资金。2014年,美国能源部宣布实施甲烷减排战略,拨款3 000万美元用以资助甲烷探测和测量突破性技术的研发。政府的积极政策大大激起了美国国内投资相关技术研发的热情。美国节能环保产业的快速发展也为美国人民提供了大量的就业岗位,2016年仅节能能效领域就提供超过220万个就业岗位。

美国政府为解决能源危机,进一步加强在节能环保领域的科技投入,积极开展在加压洞室方面的研究,提升化石燃料的利用率,进一步建立太阳能系统,提升太阳能的效率和存储技术并降低其成本。联邦政府打算在5年内投资7.7亿美元成立46个能源前沿研究中心,3年内拨款4 400万美元促进核能技术升级,拨款7.9亿美元推动生物燃料的发展。2015财年,联邦政府向能源部拨款279亿美元,比2014财年增加2.6%,其中73亿美元用于可再生能源、节能方面的研究和增加再生能源。美国能源部通过与美国农业部、国家城市联盟等合作,极力推动农村小企业普遍安装可再生能源系统来提升能效,也极力推动社区节能设施建设和相关输配电线路建设,实施建筑零能耗加速计划,从而开发更多的可持续发展社区和节能建筑群。

(2)美国的节能环保产业发展历程的特征

其一,美国节能环保产业产生较早,民众和政府节能环保意识的觉醒是美国节能环保发展的重要前提。早期通过思想传播、群众运动和政府政策相结合的方式,使发展节能环保产业在环保产业发展初期就获得了较为广泛的群众基础,使人们对于过度依赖不可再生能源的能源结构所存在的风险性具有一定的认知,同时使人们意识到节能环保产品的使用切实为其自身带来收益。这种意识的普及,在全社会范围内形成了良好的节能环保氛围。民众是节能环保产业市场的重要组成部分。只有充分考虑到民众中各群体之间的利益,才能促进节能环保意识在全社会普及。

其二,在节能环保工作中,政府与非政府机构协作,制定产业发展战略。政府在美国节能环保产业发展中扮演了十分重要的角色。美国政府通过联邦政府和州政府两个层次进行管理。联邦政府通过美国能源部、美国环保署、联邦新能源管理机构等对节能环保技术进行管理。其中,能源部从能源政策和产业发展规划的制定与实施、电力和工业技术节能、交通运输节能、建筑节能、可再生能源开发与管理五个方面促进节能环保产业发展;环保署和联邦新能源管理机构则保障节能环保政策的扩散实施。各州政府设立能源管理部门,制定节能环保目标,保障能源部节能环保政策在全州范围内的实施。各类非政府节能环保科研机构和行业联盟则在政府和企业间搭建起桥梁,对政府的节能环保战略规划提出指导性的意见和建议。

其三,政府政策与时俱进,用战略推动技术创新与应用。在美国节能环保产业发展的演进历程中,环保意识的觉醒将环保推动至制度层面,促使美国政府逐渐建立起符合市场机制的政策制度,促使政府根据市场和节能环保技术水平,不断修改提高能效标准(包括高效家电标准、汽油和汽车排放标准、石油和天然气生产中的存储罐标准、电力生产中空气污染物排放标准等),不断提高要求以促进节能技术创新与应用。节能环保实验专利的市场转化度较高是美国节能环保产业的优势,专利的实际应用高达70%。这一方面源于美国节能环保技术具有悠久的研究背景和雄厚的科研实力,其中包括可再生能源实验室、劳伦斯伯克利实验室、多家高水平大学实验室等非政府机构,以及政府能源部成立的关键能源技术项目研究局;另一方面源于在对于包括节能在内的重要能源技术进行攻坚的同时,通过对企业工厂进行节能技术培训和普及推广,从而在节能环保企业和实验室间建立了联系,促进先进节能环保技术的市场化应用。

经过几十年的发展,美国节能环保产业已经相对成熟,环保产业在进行细分的同时也在进行产业整合,从而持续发挥在节能环保设备、节能环保服务供应等领域的全球市场竞争优势。作为一个成熟产业,美国节能环保产业面对市场竞争激烈、需求呈现多样化、利润空间被压缩等现状,应该通过产业链整合的方式降低成本、提高效率以促进全行业的健康发展。

2. 日本

（1）日本节能环保产业发展历程

同美国一样,日本节能环保产业发展也起步较早,又加之日本地域狭小人、口众多和能源相对匮乏,因此在20世纪50、60年代严重环境污染公害事件频发之后,日本政府和民众的环境危机感和环保意识就催使环保产业形成雏形。70年代后,日本政府和企业都充分认识到资源破坏的严重性和节能环保的重要性,并采取相应的措施,日本节能环保产业进入发展期。经过几十年的快速发展,日本是全世界环境保护最全面的国家,也是全世界"循环型国家"战略执行得最成功的国家之一。当前,日本的节能环保产业已经进入成熟期,环境污染得到有效治理,绿色能源发展迅速,污染治理新技术的研究和发展均居于世界前列,日本政府在协调经济发展和环境效益的关系上有着值得借鉴的经验。

第一阶段,经济高速增长时期。

20世纪50、60年代是日本的重工业化时期。在这一阶段,日本形成了以重工业为中心的工业体系,产业结构由劳动密集型向资源密集型转变,经济发展对资源的依赖性较高,以火力发电为主导,石油加工和钢铁工业都得到快速发展。日本经济保持了长达20年的高速增长,GDP年平均增长率接近10%,但高速增长的背后是高污染和高能耗的产能过剩以及产业结构失衡。20世纪50年代后期,日本成为世界上污染最严重的国家之一,爆发了多次土地污染、大气污染、水质污染等公害问题,生活环境遭到严重污染,人民健康面临挑战。面对环境如此恶劣的情况,日本政府1958年颁布了《公共水域水质保全法》和《工厂排污规制法》,1962年制定《烟尘排放规则法》,通过立法限制经济活动对水资源和大气等的污染;1968年又通过了《大气污染防治法》和《噪音规则法》,从而有针对性地通过立法来解决经济发展所造成的公害问题。1967年,日本政府颁布《公害对策基本法》,对公害防治进而对环境做出要求,限制排放。日本政府对社会经济活动进行了一定的行政干预,指出保护国民健康要与经济健全发展相协调,这表明日本政府意识到日本经济的高速发展是以牺牲国民的健康和资源环境为代价的,但此时并没有足够重视,仍是以经济发展为重心。

第二阶段,经济稳定发展时期。

资源密集型产业为日本累积财富的同时,也带了产能过剩、内部结构失衡的后果。同其他资本主义国家一样,20世纪70年代爆发的两次石油危机使得日本的经济遭遇重创。1973年第一次石油危机导致国际原油价格上涨,直接导致日本国民生产总值下降7％;1979年第二次石油危机的爆发,又使得日本经济损失惨重。日本政府不得不拟定石油紧急对策纲要以应对石油危机,从企业到个人,掀起了全国范围内的节能运动。在这个时期,原有的以石油加工和钢铁制造为重心的重工业产业结构已成为日本经济增长的负累,日本政府迫切地希望调整产业发展战略,由原有的资源密集型向节能技术密集型转变。具体措施包括逐步淘汰高污染、高耗能、低效益的产业,对不能淘汰的高耗能工业进行升级改造,严格制定耗能排污标准,同时重点发展劳动力密集型和技术密集型的轻工业。经过一系列产业结构调整,日本经济才得以持续发展。

该阶段日本政府对经济发展和节能环保间的关系高度重视。日本政府认识到经济发展过程中确保资源稳定、安全、持续、高效供应的重要性,决定发展本土能源,摆脱对进口石油的依赖,形成新能源战略思路。考虑到自然环境的局限性,日本提出发展太阳能、风能、生物质能等清洁新能源,并于1974年推出"新能源技术开发计划"(又称"阳光计划"),1978年推出"节能技术开发计划"(又称"月光计划"),1979年出台《节约能源法》为能源的合理使用立法,1980年出台《替代石油能源法》并设立新能源综合开发机构(NEDO)。一系列法规明确地对公民和企业提出了在新能源和节能技术开发利用中的要求,推进包括核能、太阳能、风能在内的多种石油替代能源的开发,同时利用政策引导节能环保产业的发展,对响应国家节能号召的企业进行税收优惠,普及资源节约的民众教育,在全社会范围树立资源节约意识。这一系列举措促进了日本新能源战略的有效实施,对产业结构调整起到了不可小觑的积极作用,使得日本经济迅速先于其他资本主义国家从石油危机导致的经济滞胀中走出来。

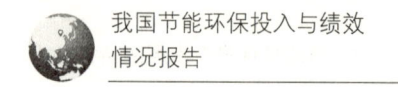

第三阶段,循环经济发展时期。

20世纪90年代,随着日本经济进入全球化,日本环境管理的观念正式发生改变,由原来的以经济发展为中心转变为兼顾经济发展与环境保护,"循环型经济"和"循环型社会"的理念初步形成。1993年,日本政府在"新能源技术开发计划"和"节能技术开发计划"的基础上加入1989年出台的"环境保护技术开发计划",形成了"新阳光计划",以倡导寻求环境保护、能源供给和经济发展间的协调。《环境基本法》作为日本政府第一次制定的关于环保的基本施政策略,提出要想保持社会发展的可持续性,制定产业调整政策必须要考虑到环境的实际情况,且制定相应的环境政策,在改善环境的同时促进经济发展。1997年,《新能源法》将引进新能源作为日本的一项基本方针,要求国家、地方乃至个人都要认识到新能源利用技术开发的重要性。

日本的循环经济立法是世界上最完备的,在立法体系上采取了基本法统率综合法和专项法的模式。日本是自上而下地制定综合性循环利用法,然后向具体领域推进。具体可分为三个层面:第一层面为基础层,即《促进建立循环社会基本法》;第二层面是综合性法律,有《固体废弃物管理和公共清洁法》和《资源有效利用促进法》;第三层面是针对各种产品的性质制定的具体法律法规,如《促进容器和包装物分类回收法》《家用电器回收法》《食品回收法》《建筑及材料回收法》《车辆再生法》《绿色采购法》等。这些法律对不同行业的废弃物处理和资源循环利用等作了具体规定,并严格实施。

日本通产省于1999年首次提出构建循环型经济社会的概念,并将其作为日本经济社会发展的主要方向。21世纪初《循环型社会基本法》的颁布,标志着日本正式进入循环型社会,循环型社会成为日本经济社会发展的总体目标。2001年《促进资源有效利用法》的颁布将原有强调原材料的循环,扩展到废弃物减少(Reduce)、零部件再次利用(Reuse)、回收废品循环利用(Recycle)的著名"3R原则"。2004年"新能源产业化远景构想"对日本新能源发展提出了新的目标,要求将日本对石油的依赖程度降至总能源消费的40%,新能源产值升至3万亿日元。2007年的《21世纪环境立国战略》创造性地提出,可持续发展的社会也是"低碳化社会""循环型社会""与自然共生的社会"。此时,日本的环境保护达到高度良性循环,与经济发展具有了高度协调性。2008年,日本政府提出"美丽地球50"计划,该计划确立了21种节能环保的先进技术,涉及环保电力、清洁能源、环保运输、节能建筑、高效生产等多个领域,日本政府为这些世界级技术的研发和应用制定了方案。2010年起,日本采用环保积分制,规定使用环保节能产品和住宅可以换取积分并可用于消费等。2012年7月,日本首部全面推广可再生能源的法律——《可再生能源法》开始实施。日本福岛核泄漏事件的灾后重建工作,加快了风能和太阳能等新能源的利用。2013年起,日本又加快了海上风力发电站的建设,以应对去核化。自2007年起,日本经济省每年制定《节能技术战略》,以指明节能技术研发的方向。最新一期《节能技术战略2016》表明,日本节能环保产业将围绕能源供给与转化、工业生产制造、家庭生活、运输及综合领域5个方面、14项技术重点展开。

(2)日本节能环保产业发展历程的特征

其一,同美国一样,日本的节能环保产业具有悠久的发展历史。不同于美国的是,日本是资源小国,资源的局限性使得日本在节能环保产业发展中,必须更加重视可再生能源的开发与利用。

其二,系统性的法律体系和宏观清晰的节能环保目标规划是日本节能环保产业迅速发展的重要原因。政府在重要部门制定了行业规范标准。日本以经济产业省和地方产业局为领导,在日本节能中心和新能源产业技术开发机构等节能专业机构的推进下对产业进行有效管理,不断出台和完善《可再生能源法》《新能源法》等节能法规,以21世纪环境立国战略为依据,阶段性出台技术战略,引导节能环保产业的发展方向。

其三,节能环保教育普及度高。早在20世纪60年代,日本就对有关环保的学校教育出台了相关指导;90年代,政府又以立法的形式对环保的教育与学习做出了规定。自2001年起,日本的《环境白书》出版儿童版本,让小学生了解节能环保产业发展现状。日本政府和民间组织积极组织全国性的节能活动,使得在全社会

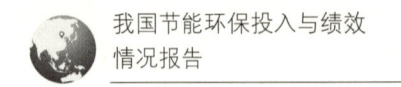

范围内,以政府官员到普通百姓,都树立起节能环保的荣誉感。

其四,以家庭为单位,每户的生活耗能较低。在相同生活水平下,日本每户生活耗能仅为美国的30%,日本的环保积分制度鼓励每户购买符合节能环保标准的高效低耗能电器,使用电动或油电混动及小排量汽车,以降低能耗。

3. 德国

(1)德国节能环保产业发展历程

德国是世界第七大能源消费国,资源相对贫乏,且由于历史原因,德国关注环保问题晚于节能环保领域处于世界领先地位的美国、日本等国家,但是自1970年以来通过大力发展可再生能源,德国使节能环保理念深入国家生产、生活的各个环节,也使可再生能源经济成为德国经济的一张重要名片。

第二次世界大战以后,德国政府零星出台过部分涉及环境保护的法律,如《饮用水法》(1957)和《植物保护法》(1968)。1972年,《德国基本法》的修订赋予了德国政府在环境政策领域更多的权力,之后,真正意义上的环境保护法——《废弃物处理法》的诞生,以及《联邦控制大气排放法》《水源保护法》《汽油铅控制法》等法律的颁布,使环保法律深入经济发展和社会生活的方方面面。这样,德国逐渐形成了一整套完整的环境保护法律体系。德国作为欧盟的一员必须遵守欧盟的法律。欧盟针对各成员国的不同情况,对其环保法律在总体上采取的是分级、分阶段逐步提高的策略。一般来说,欧盟的法律规定要严于各成员国国内的法律规定。为发展循环经济,德国根据预防原则、污染者付费原则和合作原则制定了节能减排的相关法律法规,包括《循环经济与废弃物法》(1996)、《可再生能源法》(2000)、《可再生能源修订法》(2004)、《联邦控制大气排放条例》(2005)、《能源节约条例》(2005)等。德国主要通过间接使用法律调控(如经济手段)来影响生产者的经济利益进而达到降低能源损耗、达成节能环保的目标。例如,1998年德国在产品税制改革中引入生态税,即通过对使用了对环境有害的材料或消耗了不可再生资源的产品增收生态税的方式,促使生产商采用先进的工艺和技术,进而达到改进消费模式和调整产业结构的目的。同时,德国还实行了一系列税收优惠政策,如2003年起对无硫燃料采用较低的税率,促使德国企业放弃使用含硫燃料;免征企业三年环保设施固定资产税;减免废水达到最低标准的企业税款;允许环保项目研发费用计入税前生产成本等。信贷优惠或直接补贴也是德国政府鼓励企业投资新能源、达到环保节能目标的经济手段之一。

除了通过完善的法律制度监管企业的经济活动外,德国政府还建立了与之配套的监管制度,由独立的监管机构对企业经济活动的各个环节进行监督。德国于1984年首创了覆盖联邦各州的环境报告体制,柏林联邦环境局每两年出版一次国家环境信息报告,通报上一年环保措施具体实施情况和各项环保指数达标状况,规定和完善下一年的环保目标。为贯彻联合国环保和可持续发展战略计划,德国也提出了相应的生态环境保护具体指标。1994年,德国开始要求政府和环保机构有义务让公民了解所需的环境信息,鼓励环保机构参与环境治理,提高环境保护的公众参与度。《1998年环保报告》明确了国家级的环保计划,与《走向可持续发展的德国》和《德国可持续发展委员会报告》(1997)一起确定了德国21世纪环保纲要的总体框架。2000年以后,德国环保产业进入成熟期,核心产业十分成熟,发展重心由环境污染末端治理转移到全过程污染防控。

德国政府较早地注意到化石燃料对环境污染的危害。同时,为了避免对国外能源的过度依赖和解决国内环境污染问题,从20世纪70年代起,德国政府开始大力推广各种可再生能源。正是德国政府在可再生能源方面的先见之明,使得德国在当今世界环保产业强国中占有一席之地。当前,德国环保产业市场占有率高达21%,资源利用率和再生资源利用率居世界第一,光伏太阳能、风能、地热能和生物质能等,不论是技术水平还是生产规模,均居世界前列。欧盟获得ISO14000标准的企业中有2/3为德国企业,且德国作为世界第二大技术出口国,节能环保产品和技术出口占世界市场的18.7%。预计2030年,新能源产业将为德国带来1万亿欧元的产值;同时预计2020年,仅再生能源就可提供35万人次岗位。德国新能源产业在带来新的经济增长点的同时,为就业率的提升做出显著贡献。

(2)德国节能环保产业发展历程的特征

德国节能环保产业发展时间较短,但在较短的发展时期内,德国节能环保产业迅速地在世界范围内占有一席之地。德国的政策补贴和经济补助是一个重要因素,以此来调动企业和个人节能的积极性。对于企业和公民减少污染、提高能源效率的行为给予税收优惠,对环境污染超标实行征税和收费。节能环保产业项目的研发投资额居德国政府产业投资额的最大部分,德国环保企业数量约占全球节能环保产业市场企业数量的21%,是世界上节能环保企业最多的国家。

4. 加拿大

(1)加拿大节能环保产业发展历程

作为发达国家的第三大资源消费国,加拿大凭借广袤的国土面积和较少的人口,在自然资源方面有着比其他发达国家天然的优势。

由于吸取了邻国美国多年来经济发展的教训,因此加拿大政府非常重视对环境的保护。加拿大政府从早期的保护树木、土地等资源,扩展到20世纪60年代通过制定《净化空气法》《北极水域污染防治条例》《渔业法》《危险物品运输条例》《环境保护法》等一系列法律法规对环境进行保护。

在市场经济环境下,加拿大政府对行业的影响力较弱,又由于加拿大各省在教育、林业、矿产资源、城市建设等方面都拥有自己的立法权,因此为促进全国经济和环保产业协调发展,1986年加拿大国家环境与经济工作组建议在全国及大都市成立"环境与经济圆桌会议",由政府、产业界、环境部门、学术界及其他各方面人士共同探讨加拿大经济与环境协调发展问题。加拿大通过推出环境科技发展的国家级绿色计划,以及产业研究援助计划(IRAP)、环境技术证书计划(ETV)、加拿大技术合作计划(TPC)等多项产业计划,加速使加拿大环保产业迅速形成规模且在国际贸易中占有一席之地。与此同时,税收减免、财政补贴等政策也是促进加拿大节能环保产业发展的重要经济手段。

2001年起,加拿大从美国引入"能源之星计划",并对其进行了扩充,涵盖家用电器、照明、商用电器、办公设备等40种产品。自20世纪70年代起,加拿大对清洁能源领域尤其是氢能源展开了一系列研究且成果卓越,并从2003年起对氢能和燃料电池的商业化提出了系统性的规划和实施并进行推广应用。2007年开始,加拿大政府先后启动"清洁能源科技行动计划""利用可再生能源发电计划""利用可再生能源供暖计划""生物能发展计划""环保汽车激励计划"等促进清洁可再生能源的开发与利用。

(2)加拿大节能环保产业发展历程的特征

加拿大由于与美国在国际关系和地理位置方面比较紧密,在节能环保的发展过程中一定程度上借鉴了美国节能环保发展的经验和教训。同时,美国的节能环保有关标准对加拿大节能环保产业发展中相关标准的制定有着一定的借鉴意义。

在依托美国节能环保产业的基础之上,加拿大重点关注清洁能源的开发项目,尤其是在氢能源和燃料电池以及生物质能开发方面。清洁能源项目现已成为加拿大第三大行业,仅次于航空航天和能源业,成为加拿大21世纪第一新兴产业,清洁能源的研发实力居于世界前列。

(二)规律与启示

通过对比美国、日本、德国、加拿大的节能环保产业发展历程,以及对发达国家节能环保产业和经济发展之间协调性分析,可以从中发现一定的规律和启示。

第一,节能环保产业发展的初期,各国往往面临着一定的能耗问题,政府及社会需要认识到这既是对各国经济发展的挑战,也是经济发展新的机遇。政府在对高能耗产业进行一定的限制和对环境污染、资源浪费的情况采取惩罚措施时,对经济发展可能会造成一定的影响,同时有可能会带来失业。但政府可以以此为契机,制定产业政策,推进产业结构转型升级,以节能环保产业作为替代,从而提供更多的就业机会。

第二,建立完善可行的环保法律制度和采用经济手段是发达国家促进节能环保产业发展的常用办法。通过制定更严格和具体的法律法规,鼓励市场化的环保产业发展,通过税收减免、财政补贴等经济手段促进企业采取环保措施,鼓励企业进行技术创新。

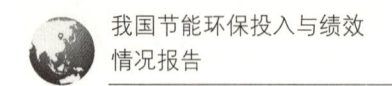

第三,增加政府在节能环保科研领域的投资,由政府出资设立大型节能环保技术研发机构,通过加强与高校、国家科研机构以及社会科研机构之间的节能环保科研技术交流和成果共享,加快成果的应用和普及,使节能环保企业将实验室成果迅速产业化。

第四,提高全民节能环保意识,增强经济发展应当与节能环保产业协调发展的认识。人民有权利了解国家环境保护现状,政府有义务对民众进行节能环保知识教育,同时注重非政府环保组织的发展,扩大节能环保的群众基础。

(三)我国节能环保产业发展历程与特点

1. 我国节能环保产业发展不同时期的特点

节能环保产业是指节约能源资源、发展循环经济、为保护环境提供技术基础和装备保障的产业。我国节能环保产业的发展相对较晚,20世纪90年代之前的节能环保产业侧重于环保,也就是将防治污染、保护环境作为中心,节能更多地体现在可再生能源产业的发展上。90年代之后,在世界节能环保产业发展的影响下,节约能源和发展循环经济在我国节能环保产业中的比重逐渐加大,节能环保产业开始初步发展。经历21世纪初的迅速发展期和"十二五"时期的发展高峰期之后,我国节能环保产业现已形成与我国经济发展水平和阶段基本协调的产业体系。节能环保产业旨在节约能源、保护环境,范围涉及节能环保产品生产、环境保护服务、资源循环利用、新能源技术产品等多个领域。节能环保产业已成为我国经济发展新的增长点,在国民经济中占有重要地位。我国节能环保产业运行机制是政府主导型模式,市场机制的作用还有待进一步开发、完善和利用。从总体上看,我国节能环保产业还处在较初级的发展水平,作为政府设定的战略性新兴产业之一,未来有更大的发展前景。

八、节能环保产业发展的特征分析

表 8-1　　　　　　　　1988—2017 年我国节能环保产业内涵演进

发展历程	时间段	调查时间点	环保产业内涵
萌芽期	1960—1993 年	1993 年	环境产品生产、环保产品营销、环保技术开发、环境工程设计施工、"三废"综合利用和自然生态保护
初步发展期	1993—1997 年	1997 年	环境产品生产、环保产品营销、环保技术开发、环境工程设计施工、"三废"综合利用、自然生态保护和低公害产品生产
快速发展期	1997—2000 年	2000 年	环保产品生产、环保服务、洁净产品生产、自然生态保护、废物处理与循环利用
迅速发展期	2001—2004 年	2004 年	环保产品生产、环保服务、洁净产品生产、废物处理与循环利用
发展高峰期	"十二五"时期	2015 年	环保产品生产、环保服务、环保技术与监测设备、环境友好产品
发展高峰期	"十三五"开端初期	2016 年初	节能环保产品生产、节能环保服务、环境监测与咨询服务、资源循环利用服务、环境友好产品

资料来源：历年《全国环境保护相关产业状况公报》。

(1)萌芽期:20 世纪 60—90 年代

有关环境保护的初级内容最早见于 20 世纪 50 年代。1972 年斯德哥尔摩的人类环境会议使得我国深刻认识到环境问题对于经济社会发展具有重要影响。1973 年 8 月在北京召开第一次全国环境保护会议,标志着我国环境保护事业的开始。之后,我国首次尝试制定有关防止污染的法律,1978 年通过《宪法》明确解释环境保护的内涵为国家保护环境和自然资源,1979 年颁布《环境保护法(试行)》确定环境保护的基本方针和"谁污染,谁治理"的政策。

节能环保产业的重点强调"三废"治理,尽管企业在《环境保护法》出台的背景下,开始重视安全生产和环境保护,但是该阶段节能环保产业规模小、形式单一(以除尘、防毒、防污为主)、投资规模小、市场前景不确定,而这一时期西方国家经历了经济发展史上著名的能源危机,以此为背景,我国认识到摆脱对矿石能源的依赖和开发可再生能源的重要性,并展开对可再生能源的初步研究和探索。20 世纪 70 年代,我国积极推进太阳能利用的研究,兴起了太阳能利用研究的热潮,成立了以北京太阳能研究所为代表的多个科研机构,有一大批太阳能热利用的成果转变为生产力。同时,太阳能光伏发电作为新兴产业也得以发展,最早光伏发电用于空间,70年代末由空间向地面转移。这一时期对发展核电和风电也进行了尝试,各地通过研究引进国外发电机组,进行风电场建设和实验研究。当时节能环保产业的尝试主要以投入为主,没有形成经济效益,对经济发展的影响不明显。

20世纪80年代,为改变工业落后的局面,我国产业结构由劳动力密集型的第一产业向资源密集型的第二产业过渡。在此过程中,尽管中央政府出台了若干环保方针和政策,但由于地方政府对环境保护认识的局限性,方针和政策并没有得到妥善落实。地方政府在积极推动工业发展的过程中,忽视对环境的监管,出台了许多与国家建设紧密相关的重工业项目。这些重工业项目在带来经济效益的同时也造成了高能耗与高污染。1983年底召开的第二次全国环境保护会议,明确了环境保护是我国的一项基本国策。1984年,我国环保工业协会正式成立。1988年,环保产业概念被提出并走入公众视野。1989年开展的第一次环保工业调查的结果让全社会认识到环保产业发展的必要性。党和政府将环保产业作为优先发展产业。之后,以1989年颁布的《中华人民共和国环境保护法》为核心,相继颁布了针对水资源、土地资源、矿产资源保护的相关法律法规。我国环境保护的政策和法规体系开始初步形成。节能环保产业的发展开始有了法律和政策作为支撑。

20世纪80年代末,我国的节能环保产业初具规模,其中环保产业主要是为了应对工业化所带来的环境污染,治理工业是以治理粉尘污染、水污染、大气污染为主的环保设备制造业为主。1988年,全国用于环境污染治理的资金投入为74亿元,当年环保产品产值为38亿元,环保企业大多规模较小,技术水平较低。节能产业中,可再生能源的开发利用开始实现商业运行,其中,经过十余年的尝试,我国已经具备自行设计制造运行风电组的实力,在1986年第一个风电场建立后,风电迅速实现了商业化。

1989年召开第三次全国环境保护工作会议,党和政府对发展环保产业极为重视,在《关于当前产业政策要点的决定》中把发展环保产业列入优先发展领域,此后国家环境保护局还专门对这个问题作了调查研究。当时,我国环保产品生产厂家有1 928家,其中千人以上的大厂27家,占总数的1.4%,职工25.6万人,创收1.24亿元,环保产业的初级发展规模逐渐显现。这一时期,我国环保产业的形成具有较强的地域性,主要集中在我国重化工业密集的地区,以东北、华北为主要市场区域。20世纪90年代中期,光伏发电进入稳步发展阶段。

总的来说,萌芽期优先考虑政府目标——工业经济的发展,在环保方面仅针对重化工业带来的污染进行治理,以及该产业环保设备的使用。环保产业处于自发且无序状态,是在遵守政府政策与法规的基础上被动地发展。环保产业发展走上正轨,环保产业的发展萌芽期结束。

(2)快速发展时期:20世纪90年代

20世纪90年代我国节能环保产业进入可持续发展时期,环境原则已成为经济活动的重要原则。环境原则主要有:商品必须达到国际规定的环境指标的国际贸易环境原则;要求经济增长方向由粗放型向集约型转变,推行控制工业污染的清洁生产,发展清洁能源,实现生态可持续发展的环境原则;整个经济决策的过程中都要考虑生态要求的环境原则。党中央、国务院对发展环保产业高度重视,颁布实施了一系列环境保护法规和标准,加大了环境污染的治理力度,制定了鼓励和扶持环境保护产业发展的政策措施。这一阶段,我国环保产业不再是单纯的环境污染治理,对于新能源和清洁技术提出了需求,迈入了快速发展时期。政府对可再生能源提出了新的要求,其中秦山、大亚湾两座第一批核电站核电机组投入使用,1994年推出第一个按照商业化模式开发的风电项目,1995年提出风电产能要在2000年实现100万千瓦的装机量。

这一时期,许多重要的环保法律得以制定与修订,包括《水污染防治法》《固体废弃物污染环境防治法》《大气污染防治法》等,逐渐形成较为完整的法律体系,为环保事业的发展奠定了法律基础。另外,升级后的国家环境保护总局的成立,使环保事业的发展获得更有针对性的指导,相对科学并具有可操作性的环境保护五年规划开始发挥作用,"九五"计划更是突破性地提出了"一控双达标"的政策目

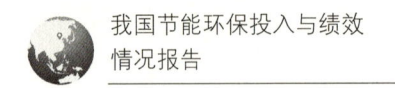

标,在对污染行为加以政策约束的同时促使减排需求的释放。

1997年后,受亚洲金融危机的影响,我国经济紧缩的压力巨大,政府为了刺激经济采取了积极的财政政策,先后增发大量的国债用于投资,其中有将近500亿元投入环境保护领域,支持了以基础设施建设为主的500多个环保项目,极大地带动了污染治理需求与产业发展的对接,促进环保产业的快速形成。

20世纪90年代,我国政府目标仍是经济的快速发展,但是随着我国工业经济的迅速发展壮大和地方政府对环保的忽视,环境污染等问题触目惊心。该阶段政府重视环境保护,不断出台相关法律法规,增加环保投资。这一时期环保的目标仍是配合经济发展,治理经济发展过程中的污染,以政府为主导。而地方政府为了经济发展目标,对环境保护的重视不够、监管不严,环保产业无论在规模上、技术水平上还是经济效益上都仍处在很低的位置。

(3)迅速发展时期:21世纪初

21世纪初频发的污染事故和能源匮乏的显现,使政府对节能环保产业的推动更为积极,且更加注重系统性和实效性。2001年,政府出台《关于加快发展环保产业的意见》,第一次将环保产业作为优先发展产业,为环保产业的快速发展奠定了政策基础。水、大气、固体废弃物等领域的重要环保法律法规先后得到关键性的修订,对污水处理、废气排放等污染源控制有了严格的要求,标准进一步明晰和提高,这都加快了污染治理的进程。这一时期,我国淘汰了一大批不能满足污染控制标准的企业,我国节能环保产业工作重点开始从污染物末端治理向污染源源头控制的全过程转变。认识到经济激励政策在节能环保产业中有着积极的作用,因此我国鼓励社会资本参与节能环保领域的建设,使我国节能环保产业逐步进入迅速发展时期,环保产业更加受到重视与扶持。

在市场需求不断扩大和政府对产业层面发展实施政策倾斜的情况下,我国节能环保产业在"十五"后期开始逐步进入快速发展期。到了"十一五"时期,《可再生能源法》(2006)出台,之后围绕可再生能源开发先后颁布了《电力法》《节约能源法》《清洁生产促进法》《循环经济促进法》《环境保护法》等三十余部相关法律法规,节能环保法律体系得到进一步完善,为环境保护和可再生能源利用等提供了良好的发展契机。在突出要素导向、重视执行考核的"十一五"环保规划和纳入国民经济与社会发展约束性指标的总量控制制度等一系列强有力政策推动下,污水处理、大气治理等领域的环保市场需求得到爆发性的释放。此外,除了税收优惠,政府开始更加重视运用多种经济手段来促进环保事业和环保产业的发展,采取"以奖代补"等形式发放多项污染防治专项资金,脱硫电价补贴、垃圾焚烧电价补贴、"绿色信贷"、排污权交易试点等都作为重要的环境经济政策先后实施,并取得了很好的成效。政府通过投资环境保护方面的基础设施建设,不断加大对节能环保产业的投入,并且开始使用经济手段鼓励环保企业的发展,因此节能环保投资增幅近两倍,极大地带动了节能环保产业的成长,在带动产业发展的同时也降低了全球金融危机对我国经济的负面影响。

21世纪初期,我国陆续建成投入使用27台核电机组,核电开始商业化运行。"十一五"期间,太阳能光热光伏利用都进入快速扩张阶段,2007年已经有600多家企业和机构从事光伏利用。风电发展十分迅速,风电装机总量连续四年翻倍增长,仅用了3年就在2008年完成了"十一五"风电发展规划的全部任务。之后,我国风电装机总量跃居世界前列,与美国并肩。这一时期,在经济持续高速增长的同时,环境问题仍层出不穷,公众与政府节能环保意识开始提升,市场需求爆发,要素投入巨大,我国节能环保产业整体上快速成长,企业人数与从业人员数量和水平都有了一定提高。行业内竞争与协作日益频繁,技术水平和经济效益获得了提高。

(4)发展高峰时期:"十二五"时期

在"十二五"时期,我国经济发展速度稳定,环境问题仍然严峻,政府在保证经济发展的同时,加大了对环境保护的力度,从战略、法律、政策、经济手段等方面提高对环境保护的支持。2011年12月15日,国务院印发《国家环境保护"十二五"规划》,第一次专门为节能业制定总体性发展规划,系统地、有针对地对各主要环保领域分别制定了更为详细的子规划,以明确其具体的发展目标与要求。从各规划的内容看,"十二五"时期环保工作覆盖的领域更广,领域内的细分也更深入,如污水处理领域中的污泥处理处置、大气治理领域的脱硫设施建设、生活垃圾无害化处理、环境监测设备安装、土壤及地下水修复等都成为发展的热点,都有较严格的标准要求和较大的建设目标。同时,"十二五"环保规划对环保区域发展的问题予以重点关注,创新性地提出"环境保护基本公共服务均等化"的概念,要求根据不同区域的功能特点实行有针对性的环保政策,并着力提升落后地区环保基本支出水平。"十二五"时期我国全社会环保投资需求超过3.4万亿元,是"十一五"时期的两倍。"十二五"时期有关环保规划的种种特点预示着"十二五"时期乃至之后一段时期环保事业将继续保持快速的发展,释放并满足更多领域、更深层次及具有区域特点的污染防治与生态保护需求。

2010年,国务院发布《关于加快培育和发展战略性新兴产业的决定》,将节能环保产业列为七大战略性新兴产业之首,要求尽快将其培育为先导与支柱产业,使节能环保产业较以往的地位有了明显的提高。随着《"十二五"节能环保产业发展规划》的颁布与实施,细分行业的专项产业规划与政策也陆续出台,包括《环保装备"十二五"发展规划》《关于发展环保服务业的指导意见》等,更为详细地对各领域的发展予以指导。党中央、国务院持续高度重视大气污染防治工作。2013年国务院发布《大气污染防治行动计划》,2015年又相继颁布《水污染防治行动计划》《土壤污染防治行动计划》等,为空气污染、水污染、土地污染防治工作制定了全国性的行动指南。同时,财政部建立专项拨款以保证行动计划的实施,各地也根据各行动计划的总方针,提出适合当地情况的具体行动方针,明确各级政府部门的任务,并对其工作成绩进行评审。

"十二五"时期是我国环保事业发展的高峰时期,随着节能环保产业发展带来的市场需求的不断释放与深化,环保投资等资本要素不断增加,我国节能环保产业快速发展。政府对节能环保产业格外重视,节能环保产业面临更好的发展环境,在各项政策的扶持下取得更快速、更有效的发展,技术创新和经济效益等都得到整体性的提升,在不断培育的市场机制下,通过竞争与协作会培育出更多的环保企业,形成较为稳定、齐全的产业格局。尽管在改善大气、水等环境质量方面已经取得初步成效,但面对巨大的减排压力、严峻的环境治理形势,污染防治依然任重而道远。经考核,2014年全国31个省、自治区、直辖市和新疆生产建设兵团,以及中石油等8家中央企业均实现年度减排目标。但仍有少数地方和企业在总量减排中存在突出问题。

该阶段,虽然节能环保产业的发展迎来了天时地利人和的机遇,节能环保产业成为经济增长的重要推动点,但是由于企业和个人从事环保动力不足,加上环保意识缺乏,从而削弱了政策因素对环保产业的正面驱动作用,不利于实现节能环保产业与政府经济发展目标的协调性。

2. 我国节能环保产业发展特征

(1)前期发展较为缓慢,21世纪后开始迅速发展

21世纪以前,经济发展是国家发展的首要任务,环保产业主要是为了应对工业生产过程中所造成的污染,且没有明显的有利于环保产业发展的条件,环保产业的技术水平较低,市场较小,需求单一,不能够为节能环保产业发展提供动力。21世纪后,随着工业化发展进程的进步对社会生产提出了更高的要求,催生了一系列节能环保产品的诞生,市场需求不断扩大,节能环保产业成为我国新兴支柱型产业。

(2)节能环保政策和制度不断优化

我国节能环保产业的发展对于政府政策的依赖性较大。进入21世纪,政府对节能环保产业发展重要性的认识加强,出台了一系列促进节能环保产业发展的政策,"十二五"期间先后发布《"十二五"节能环保产业发展规划》《"十二五"国家战略新型产业发展规划》《关于加快发展节能环保产业的意见》,明确了节能环保产业作为新兴支柱型产业的地位。2016年底,《"十三五"节能环保产业发展规划》在"十二五"规划的基础上,提出了五大中心任务,保障节能环保产业在2020年成为国民经济的一大支柱产业。同时,法律制度环境也在不断优化,环境保护的标准不断提高,指标越来越全面详尽,进一步增大了节能环保产业的市场需求。

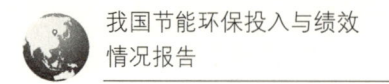

(3) 节能环保技术水平不断提高

节能环保产业属于高科技新兴产业,科技水平的高低与节能环保产业的竞争力密不可分。经过多年有利于节能环保产业政策的扶持,我国节能环保产业研发水平与国际先进水平之间的差距缩小,部分研发技术已位居世界前列,节能环保产业的生产和供应能力进一步提高,有利于提升我国节能环保产业在国际上的竞争力。

(4) 资本在节能环保产业发展中发挥着越来越重要的作用

进入 21 世纪以来,节能环保投资呈逐渐上升趋势。"十一五"期间,节能环保投资额为 2.1 万亿元,"十二五"期间增至 3.4 万亿元,"十三五"期间则有望达到 17 万亿元。对节能环保产业的巨大投入,一方面刺激了节能环保技术研发的热情,有利于提高我国节能环保的科技竞争力,另一方面鼓励了绿色工业的发展,刺激了节能环保产业市场需求,增强了我国节能环保企业的实力。同时,节能环保产业的投融资也成为热点,多渠道的融资方式为节能环保产业的发展提供了新的活力,促使节能环保产业市场化。

九、我国节能环保产业存在的问题与发展趋势

（一）节能环保产业目前存在的问题

虽然我国的节能环保产业起步比较晚，但是在较短的时间内取得了巨大的成绩，截至 2015 年整个产业的总产值达到 4.5 万亿元，年均增长率达到 18%。其中相关政策的推动至关重要，从"十一五"规划开始，一直到 2016 年拟定的"十三五"规划，环境保护都成为重要的战略被反复提及。我国的环境状况显著改善，主要的工业污染物排放均呈下降趋势，国家治理环保问题已经由 20 世纪末的被动"治"变成了主动"防"，新技术、新模式的出现成为改善环境质量的重要保证，更成为推动经济增长的新亮点。2008 年全球经济危机之后，我国经济的发展模式由重出口转向了重内需，节能环保产业也抓住机会迅速发展，但是客观分析依然存在几个方面的问题。

1. 企业主动性节能环保意识不坚定

改革开放三十年取得了巨大的经济成就，但也造成了巨大的环境污染。发展过程中，由于相关的法律法规约束不力，导致很多企业节能环保意识薄弱、社会责任感不强，往往为了眼前利益而牺牲环境。普通民众往往只有真正伤害到自身利益的时候才会站出来，大多保持沉默，更有甚者对于高污染、高能耗企业，只要其给予自己一定经济补偿，就会放任其继续破坏环境。所以，我国社会整体节能环保意识的提升还有很长的路要走。

2. 相关法律与节能环保标准不完善

节能环保产业是一个政策引导型产业,从国外发达经验看,国家政策对于这个产业的发展起着至关重要的影响。政府意识到自己的责任,在过去几年陆续出台了许多法律和规划,但产业仍然面临大量制度和规划上的空白区域,包括税收、技术、金融政策、产业政策等方面。

3. 节能环保产业结构与地域分布不均衡

我国节能环保产业有着自身独特的特点,产业结构失调,地域分布严重不均,产业内企业数量多、规模小,企业管理落后;从产业链角度分析,大量企业存在于产业链下游产品端,而上游技术端的企业数量较少,企业的产业链分布明显失调;虽然地域分布很广,但大多集中在经济发达的沿海、沿江地区。有数据显示,截至2014年,我国环保产业中50人以下的小微企业比例接近9成。小而散的企业特性,使得我国节能环保产业缺少大型龙头企业,限制了产业的进一步发展。

4. 节能环保技术人才不足

我国节能环保企业研发投入少,人才的培养和储备机制欠缺,造成我国本土的节能环保企业与国外的相关企业相比技术差距明显。目前,我国节能环保企业缺少相关自主知识产权,进而缺少核心竞争技术,往往在许多生产的关键技术领域需要进口国外技术。

(二)我国节能环保产业发展趋势分析

改革开放以来,我国经济发展一直秉承着发展优先的原则,追求速度,但是随着我国经济发展的深入,先前的很多优势逐渐丧失,人们开始反思发展带来的问题。如今的我国经济面临着资源和环境的双重挤压,传统的经济发展模式已经不能适应新的环境要求,转型势在必行,因此政府已在前几年就提出了转变经济发展模式的政策方针。而节能环保行业正是经济转型的重要推动力量,纵观发达国家发展经验,大部分走的都是先污染再治理的路子,而节能环保产业在这些国家经济转型背后起到的推动作用明显。根据发达国家数据显示,国家环保投入一般占GDP比重高于2%,而只有达到3%才能使环境质量得到明显改善。在"十二五"期间,我国的环保投入为3.4万亿元,只占GDP的1.8%,由此可见,我国节能环保产业还有很大的发展和提升空间。

1. 政策有力促进,节能环保进入攻坚阶段

二十年来,我国环保产业经历了一次发展模式的改变,从原来的政府主导模式到现在的政府配合模式。在早期的模式中,政府主导整个市场的发展,是主要的投资者,专门的环保公司与排污的居民和企业是分离的,通过强制性政策和巨大的资金支持整个环保产业链的运转。这样的模式市场化程度低、效率不高,见图9-1。随着经济的发展,企业和居民环保观念提高,原有模式发生转变。在新的模式下,专门的环保企业直接与需求端对接,环保企业自发地发起投资,政府不再主导整个市场,转而负责整个市场的规范和平衡,市场成为资源配置的决定因素,竞争更加有序,政府注重相关政策和规划的落实情况和实际的运行效果,环保规划进入效果时代,见图9-2。

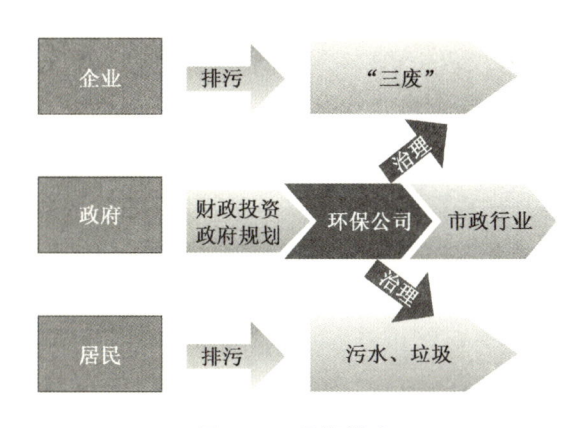

图9-1 早期模式

面对新的发展模式,政府陆续出台了很多顶层文件,如2015年《生态文明体制改革总体方案》、2016年《环保税法》草案,表明了国家生态文明建设的态度。随着顶层设计的完成,原先发展中产权、追责等一系列问题在文件中都有了进一步规划。可以预见,在"十三五"的后几年,类似的发展文件还会持续不断出台,进一

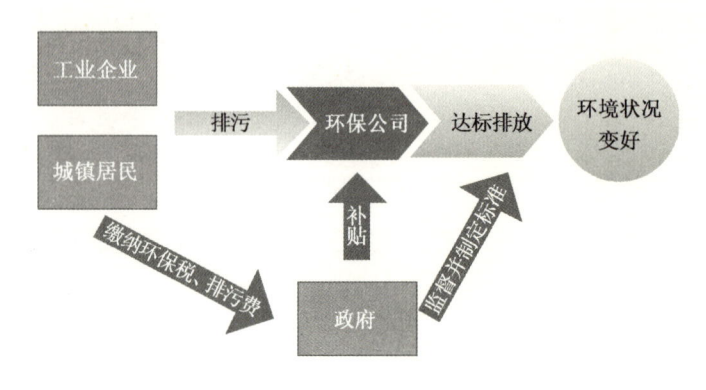

图 9‑2　现有模式

步推动和规范产业的发展。

2. 产业结构优化,助推经济发展模式的转变

随着经济的发展,新经济状况对于节能环保产业要求越来越高,而节能环保产业结构继续优化,主要有三个方面。

一是从原有以末端治理为目标的产品生产模式逐渐向过程和源头治理为目标的产品生产模式过渡。西方的发展经验提醒,单纯的末端防治在效率和效果上是差强人意的,最终它们都转变成了源头治理为主的产业结构,而我国正在这个转型的关键期,国家和市场必将敏锐地把握好这个节点,实现由末端到源头的改变。

二是节能环保产业内企业竞争加剧,并购合作不断发生。我国节能环保企业的特点是规模小、技术落后,但是随着企业发展更快、治理要求更高,企业间的竞争会更加激烈,兼并收购会成为下一阶段行业内普遍发生的事件,这样可以淘汰生产效率低下、技术水平落后的小企业,成就有实力、有技术、在国外市场有竞争力的龙头公司。

三是产业链的完善与延伸。传统环保产业链中上游主要是产品、技术以及资金的供应商;中游是服务商,对上游产品继续加工实现价值增值;下游可能是生产企业,也可能是具体的消费者。随着互联网化、智能化的深入,传统产业链在不断完善的同时也在不断探索,将延伸到更加广阔的领域,围绕产品、服务、技术与资源的配套金融、信息、物流等产业形成网络化、多功能化的拓展,创造新的市场需求关系和价值分配模式。

节能环保产业随着内部结构的优化,会更好地服务其他行业的发展,推动整个经济体由原来高能耗、低效率的生产模式向低能耗、高效率生产模式的转变,最终推动经济转型。

3. 节能减排力度进一步加大,相关节能企业发展空间巨大

随着"十二五"的结束,我国节能减排任务顺利完成,但是从总量来看,我国节能减排之路任重而道远。国务院发布《"十三五"节能减排综合工作方案》,方案提出新的节能减排目标,并且首次将节能减排目标与领导班子政绩考核挂钩,进一步强调国家对降低能耗、改善环境质量的决心。按照"十三五"规划,"十三五"期间我国节能减排的目标是单位国内生产总值能耗降低15%、2020年能源消费总量控制在50亿吨标准煤以内。预计在"十三五"期间,节能减排的任务很重,对比我国现有节能产业的状况,明显存在较大差距。为了最终实现"十三五"相关规划的目标,要求节能企业从企业规模、技术水平等多方面显著提升,因此节能企业有机会借助这一契机实现更快增长。

4. 新技术、新领域不断拓展

节能环保产业是高新技术产业,技术是企业最核心的竞争力。随着政府和民众越来越重视环境问题,对环境的要求也越来越高,开发新技术、应对新要求将会是节能环保企业的一个重大挑战。例如,节能环保产业中节能技术装备、环保技术装备、资源循环利用技术装备、环保服务四大领域重要的技术发展点,如表9-1所示。

表 9-1　　　　　　　　节能环保产业四大领域的重要发展点

子行业	关注点
节能技术装备	工业锅炉
	电机系统
	能量系统优化
	余能回收利用
	照明和家电
	绿色建材
环保技术装备	大气污染防治
	水污染防治
	土壤污染防治
	城镇生活垃圾和危险废物处理处置
	噪声和震动控制
	环境大数据
资源循环利用技术装备	尾矿资源化
	工业废渣
	再生资源
	再制造
	水资源节约利用
环保服务	节能节水服务
	环境污染第三方治理
	环境监测和咨询服务
	资源循环利用服务

在这些具体的技术发展点中,很多是一直被重视的关注点,如大气污染、水污染的防治;也有很多是新兴的关注点,如余能回收利用、环境大数据等。不断研发新技术、探究新模式,这些研究与尝试会不断推进产业的发展、环境的改善。

5. 合作新模式

基础设施和公共服务具有明显的外部性,所以政府在节能环保产业发展过程中起到主导作用。随着节能环保产业的不断发展,政府主导发展模式劣势明显:效率低下、寻租空间大。这就督促政府以及整个行业转换发展模式,找到新的更有效的合作模式。近些年在国企改革的思维模式下,政府非常重视民间资本的作用,给新的合作模式探索创造了有利的外部环境,其中PPP模式成为这几年发展迅猛的合作模式,随着探索的深入会有更多模式被开发出来。

十、相关建议

　　随着人们环保意识的增强以及对环保治理力度的加大，我国的节能环保产业取得了明显的成就，节能环保产业作为战略性新兴产业要重点建设，近年来一直保持着15%左右的较高增速。最近几十年，我国对环保产业的投入不断加大。"十五"以来，环保产业投入年增长率都在15%以上，"十二五"期间环保产业投资总额规划达到3.4万亿元，较"十一五"期间投资额翻倍，环保产业投资额占GDP比例达到1.5%以上。2015年，节能环保产业产值达4.5万亿元，为社会提供逾3 000万个就业岗位。我国环境政策法规、技术规范不断完善，ISO14000环境管理体系认证发展迅速。在规划环境标准、规范市场并制定环保规划的同时，出台了多项鼓励和扶持环保产业发展的优惠政策。我国资源综合利用规模不断扩大，利用水平逐年提高，绿色食品与有机食品认证制度以及环境标志的实施推动了清洁产品制造业的大力发展。国家高度重视自然生态保护，包括自然保护区建设、生态恢复与治理等，资源与生态保护已纳入国家重点计划。

　　主要工业污染物排放均呈下降态势，这表明我国污染防治已经进入新的阶段，由过去的被动治理转向主动预防。可再生能源开发利用也是政府节能环保产业的重要组成部分，在多个相关专项规划的实施下，我国可再生能源产业市场竞争力明显提升，太阳能、风能、核能、生物质能开发和智能电网与相关配套储能技术得到了迅速发展，并开始积极实行产业链布局。政府通过出台"十三五"节能环保产业发展规划，明确我国节能环保产业发展趋势，由产品制造向服务型制造逐渐转型，初步具备成为支柱型产业的条件，进一步打入海外市场，增强节能环保产业的国际竞争力。

(一)加快节能环保产业的发展

1. 完善法规政策,发挥政府职能

环保产业是政策引导型产业,从发达国家的经验可以看出,国家政策和有效的管理对环保产业发展的作用。完善节能环保相关的法规政策,增强其具体性和深入性有助于法规政策的具体实施。通过健全产业管理体制来辅助环保政策的落地执行,同时明确政府责任,建立政府、企业、公众共同参与的环境监督体系,增强公众节能环保意识,约束企业生产行为,监督政府及相关部门的执法,发挥政府在保护生态环境和自然资源、应对环境污染和资源破坏方面的监督、治理、恢复等职能,不能为了完成政府经济目标而放松对环境的监管。

同时,增强节能环保产业的科技创新实力。节能环保产业作为可持续经济发展的重要组成部分,对于科技研发水平要求较高,且科技创新实力也是产业发展最重要的动力。随着人们环保意识的提升,对于环保产品的需求将更加专业化、精细化。只有不断进行技术革新才能满足市场对节能环保产品的要求,应密切加强科研实验室与企业间的联系,积极推进节能环保科研成果产业化,加大在节能环保产业技术方面的人才培养,满足市场上的节能环保企业对于高水平人才的需求。

2. 与信息化相结合,紧跟国企改革政策

21世纪是信息化高度发展的时代,信息化和大数据平台对于节能环保产业发展有着积极的作用,通过对环境检测、节能检测的数据进行信息处理,发展智能节能环保产业,利用信息和大数据分析结果对环保产业发展监管和决策提供事实依据。信息化的普及有利于社会各界对环境情况的知情权,对节能环保产业做出响应。

2013年11月,《关于全面深化改革若干重大问题的决定》颁布,明确了新一轮国企改革的思路,随后各地方政府陆续出台相关国企改革文件,全国各地掀起了改革的热潮。本轮国企改革的目的是加速混合所有制的开展,引入更多外来资本,改变原有的国有经营模式,盘活国有资产,全面提高企业的运行效率,增强企业竞争力,让原来运行缓慢的"老爷车",重新焕发新的活力,最终促进经济的发展。

环保企业具有很强的地域性和公共性,因此有一大批地方政府控股的环保企业成为改革"先遣部队",地方政府通过引入外来资本或者通过资产重组的方式进行混合所有制的改革。通过三年的努力,改革成绩突出,但仍然有很大一部分企业还未改革,所以改革空间巨大。

3. 对接资本市场,引入新型 PPP 合作模式

除了通过政府直接投入为节能环保产业发展提供资金支持以外,在节能环保产业发展中引入资本市场,将更有利于节能环保企业投融资的实现。公私合营模式(PPP 模式)是政府与企业合作、完成公共物品和服务的重要方式。当前与环保相关的 PPP 项目约占总项目的 24%,PPP 作为一种金融工具,在其模式下成立的节能环保产业基金有利于引导绿色投资,将资金更多地投入低能耗的环保绿色产业,发展绿色金融。

近些年地方政府的债务问题日益凸显,为此国家 2014 年发布《国务院关于加强地方政府性债务管理的意见》(国发〔2014〕43 号),财政部 2017 年发布《关于进一步规范地方政府举债融资行为的通知》(财预〔2017〕50 号),规范政府的借钱和花钱问题。而环保问题因为自身特点,具有一定公共性,特别是环保的基础设施建设工作往往需要政府主导,因此 PPP 模式必将成为今后主要的商业模式。2016年财政部印发《关于在公共服务领域深入推进政府和社会资本合作工作的通知》(财金〔2016〕90 号)等数份重要的引导社会资本进入公共服务领域的文件。从资金面分析,随着"资产荒"时代的到来,民间资本正急需寻找新的资本去处,PPP 模式正是抓住了这方面资源的错配情况(政府无钱却需要钱用,民间有钱却找不到地方用),在完成基础设施建设需求的同时,又合理了资源的配置。

十、相关建议

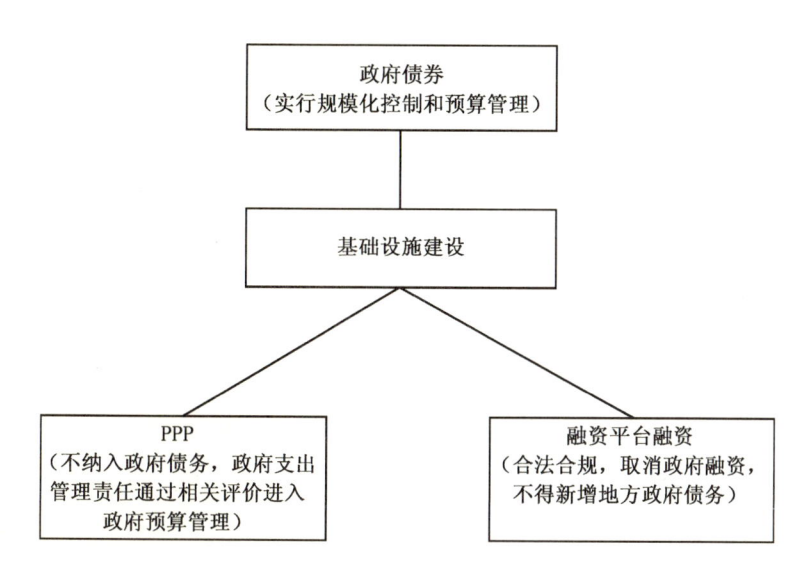

```
          ┌─────────────────────┐
          │      政府债券         │
          │(实行规模化控制和预算管理)│
          └──────────┬──────────┘
                     │
          ┌──────────┴──────────┐
          │    基础设施建设       │
          └──────────┬──────────┘
             ┌───────┴────────┐
┌────────────┴──────┐  ┌──────┴──────────────┐
│       PPP         │  │    融资平台融资       │
│(不纳入政府债务,政府支出│  │(合法合规,取消政府融资,│
│管理责任通过相关评价进入│  │  不得新增地方政府债务) │
│    政府预算管理)   │  └──────────────────────┘
└───────────────────┘
```

图 10-1 融资模式图

4. 发展绿色金融,辅助配合 PPP 模式

这两年 PPP 模式在我国进行大量的推广,成绩显著,环保产业有了飞速的发展。但是 PPP 模式也有一定的不足,如银行无法将项目的土地、特许经营权等抵押,造成银行对于环保项目的信贷支持力度不足,很多项目还是很缺钱,而且相较于目前 PPP 项目 10% 的预期收益率,银行的借贷成本还是很高。所以,在现行大力推广 PPP 模式的同时,还需要发展绿色金融,借助其他的金融方式帮助环保企业融资。权威机构研究表明,在未来的 15 年中,我国绿色融资需求量至少要 40.3 万亿元,最多可能达到 123.4 万亿元。

目前,国家推动节能环保产业的方式仍然是补贴,但是这种方式缺点明显:补贴很难惠及小企业、补贴程序繁琐、企业作假骗补情况严重。在这样的背景下,2015 年 9 月和 10 月,国家先后在《生态文明体制改革总体方案》和"十三五"规划建议中明确发展绿色金融的必要性。绿色金融主要指:通过贴息和担保机制推动绿色信贷、发展绿色债券市场、发展绿色产业基金等。这既使企业更容易获得资金,又降低了企业的融资成本,配合 PPP 模式全面推动节能环保产业发展。

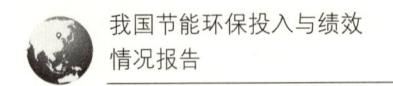

5. 鼓励节能环保企业进行海外并购整合

我国经济地位提高带动了一批有国际竞争力的公司的成长。在2008年金融危机之前,跨国并购多为发达国家主导,但近些年我国本土企业在外通过并购方式开疆拓土的例子屡见不鲜。并购的目的主要有三个:一是开拓新市场;二是扩大自身规模,形成规模经济效应;三是获得先进技术和管理经验。对于我国节能环保企业来说,普遍存在企业规模小、技术水平低、管理经验差的问题,因此并购方式是我国节能环保企业迅速做大、做强的合理选择。恰逢国家提出"一带一路",借着政策春风,国家应当鼓励有能力、有经验的节能环保企业走出国门收购优质海外企业,全面提升自己的竞争力。而且近些年不少西方发达国家经济增长缓慢,受难民的因素影响政局不如以前稳定,身在其中的企业面临相当大的压力,也给我国企业收购海外优质公司创造了条件,因此节能环保企业在立足我国市场的同时,多看看外面的机会,把握并争取发展的主动权。

6. 重点发展节能产业

我国现在主要的环境治理模式是末端治理,由以前我国先发展、后治理的理念造成。这样的模式存在三个弊端:一是治理成本高,投入大;二是末端治理与企业的生产几乎没有联系,治理效率低;三是末端治理不是彻底治理,特别是雾霾问题,与源头治理的彻底性相比,末端治理只是污染的转移。根据国外的先进经验,当经济发展到一定程度,随着污染成本的增加必然催生清洁生产、节能减排行业的大发展。政府也意识到了节能减排的重要性。

2015年巴黎气候大会上,我国承诺2030年二氧化碳排量达到峰值;工信部最新印发的《工业绿色发展规划(2016—2020)》要求大力减少能耗,发展节能减排技术。总体来看,我国正处在末端治理向源头治理转型的重要节点,在今后的一段时间内,节能行业必将迎来井喷式发展,企业应当充分把握住这个机会,推动节能行业的发展。

7. 利用先进技术发展智慧环保

随着云计算、大数据等先进技术的发展,各行各业都纷纷利用这些技术服务现有的产业。2016年国家出台《生态环境大数据建设总体方案》《生态环境监测网络建设方案》两个重要文件，表明政府希望引导产业利用先进技术推动环境监测产业的发展。

目前国家的相关环境监测只是覆盖重点的污染企业，很多小的企业并不在监测体系覆盖范围内，同时相关的监测数据质量参差不齐，因此具备了利用大数据技术的先决条件。环境监测公司会把专门的感应器嵌入检测对象，然后搜集相关数据，利用云计算等先进的技术对数据进行分析、整合，最终做到实时监控、实时分析、实时决策，使得监督更加智能，这就是"智慧环保"的理想模式。随着技术的更进一步，这些监测的结果还可以与产业链其他部分结合，帮助更高效的治理环境问题。

8. 普及节能环保理念，发展非政府环保组织作用

通过学习发达国家的经验，发现国民对节能环保意识有了广泛普及，非政府环保组织水平较高，且非政府环保组织在环境保护、节能环保产业发展中都有着较高的参与度。加强节能环保教育、普及节能环保理念有利于提高公民对环境及能源现状的认知，有利于节能环保政策在全社会范围内的实施，同时，非政府环保组织应当增强在节能环保政策制定中的参与度，同时对节能环保政策的实施进行监督，促进节能环保产业发展。

9. 发挥市场机制，调整产业结构

节能环保产业的市场机制是为了弥补政府机制的失灵，在政府引导下逐步建立的。通过发挥市场机制有利于正确传达节能环保产品的市场需要，形成统一开放、竞争有序的市场环境；有利于节能环保企业共同发展。当前，节能环保产业的龙头大多为大型国有企业，在政策支持、资金规模和技术创新方面具有一定的优势，占据着环保市场的大部分份额。小微企业和中型企业则数量惊人，不同规模的企业通过合作，以产业群的形式共同拓展节能环保市场，在对环保节能企业规模结构进行调整的同时，增加在国内外节能环保市场的比重。

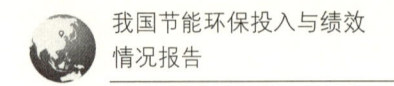

(二)提升节能环保科技水平的建议

随着经济水平的提升,人民对于生活质量水平的追求日益提高,对环境质量水平的需求日益提高,各地区政府对环境污染治理方面的投入等也日益加大。各种污染问题的高频出现使得人们认识到当今世界经济发展对环境的压迫,人们对环境质量需求的不断提升使得各国、各地区政府加大对节能环保的重视力度。我国经济发展形势面临改革期,产业结构转化为逐渐向第三产业转型,同时广大人民群众对环境的需求不断提高,这都注定了我国对节能环保的重视力度逐渐提高。而发展节能环保首先需要提升科技水平,提升自身的研发能力,从根源支撑起我国节能环保的发展。结合实证分析结果,针对目前我国节能环保产业发展的现状对政府政策制定提出合理有效的建议。

1. 依据地区资源差异进行调整,形成有效的资源配置结构

我国各区域节能环保科技投入绩效存在由东到西递减的差异,因此,在继续发展东部地区节能环保事业的同时,加大对中、西部地区的投入,提高中、西部地区的节能环保科技投入。这可以有效地减小区域间的差异性,使得各地区都能得到较高的节能环保科技投入绩效。

2. 开发利用新的无污染能源,提高能源利用率

节能,就是节约现有能源消耗量;环保,就是保护环境不受污染。要很好地开展节能环保活动就必定要资金和技术的支撑,在这样的前提下,国家与各地政府应该加大节能环保科技资金投入,让相关部门有足够的资金开展科技创新活动来提高节能环保相关技术水平。

3. 注重对科研人员和技术人员的培养和支持

人才一直是各国和各行业追求的基础,有了人才才会有成果,才能有各项技术水平的提高,各地区的节能环保科技投入绩效才能得到提高,因此国家应该对技术人才与科研人才进行大力培养,给予他们足够的支持,让他们安心搞科研,实现技术创新与改革,有效改善我国各地区的环境质量水平与能源消耗水平。

4. 充分发挥节能环保科技投入绩效的空间溢出效应

通过打破地区垄断,加强地区信息交流,促进节能环保科技投入行为在各区域间互通有无机制的形成。由实证分析结果可知,各区域间存在空间溢出效应,各地区应充分利用这种优势,由节能环保科技投入绩效水平高的地区带动绩效水平低的区域,减小区域间的差异,整体上全面地提高绩效水平,提高我国的环境质量。总的来说,政府应该加大人力、物力、财力的投入,全力支持我国节能环保产业的发展,实现产业转型,让节能环保产业全面兴起,在全国各地都能得到很快的发展,使得环境污染严重的地区能够控制环境污染程度,保证环境不会继续恶化,同时保证环境污染较轻的地区的环境水平能够得到一定改善,环境质量较好的地区应该充分利用其地区优势来帮助周边地区发展节能环保事业发展。

5. 合理利用区域差异性

结合实证分析得到的结果,也可以对企业的投资提供一些参考意见。由于我国的节能环保科技投入绩效在区域间存在差异性,因此企业投资可以利用好这些差异性,在推动企业自身发展的同时推动国家节能环保产业的发展。国家对节能环保产业的发展越来越重视,每年都在加大这方面的投入,企业应该紧跟政府政策方向,加大对节能环保科技的投资来获得收益。在投资节能环保产业时可以参考我国节能环保科技投入绩效的区域分布差异性,将节能环保产业所处地区加入考量的范围,可以在一些发展稍落后的地区加大投资,因为这些地区发展潜力巨大,进行投资较容易获得收益,建议企业在中、西部地区加大对节能环保科技的投资力度。

6. 加大对中、西部地区的投资力度

中、西部地区的节能环保产业起步晚、发展不成熟,节能环保科技投入绩效水平均不是很高,发展潜力巨大。应增强企业的技术创新能力和实力,在发展扩大企业建设的同时,助力中、西部节能环保产业发展。企业投资重点应该放在节能环保相关产业与技术创新上,技术是重中之重,有了技术才能保证收益,才能保障企业利润。因此,企业投资可以加大技术创新投资,并且可以关注一些节能环保产业发展比较有潜力的地区,在这些地区加大投资可以得到一定收益。

参考文献

[1]王领,杨阳. 环保投入与经济发展关系的实证研究——基于上海 1991—2010 年数据[J]. 中央财经大学学报,2013,11:69-74,96.

[2]薛求知,伊晟. 企业环保投入影响因素分析——从外部制度到内部资源和激励[J]. 软科学,2015,3:1-4、51.

[3]钟茂初,李梦洁. 环保投资的经济—环境—民生综合绩效测算及影响因素研究——基于省际面板数据的分析[J]. 云南财经大学学报,2015,5:30-39.

[4]张可,汪东芳,周海燕. 地区间环保投入与污染排放的内生策略互动[J]. 我国工业经济,2016,2:68-82.

[5]董秀海,李万新. 地方环保投资驱动因素研究[J]. 云南师范大学学报(哲学社会科学版),2008,3:49-56.

[6]连志东. 环保产业发展影响因素的理论分析与实证研究[J]. 环境科学研究,2009,5:627-630.

[7]张可,汪东芳,周海燕. 地区间环保投入与污染排放的内生策略互动[J]. 我国工业经济,2016(2):68-82.

[8]刘霁雯. 上海市环保投入与经济增长关系研究[J]. 统计与决策,2016(17).

[9]Porter ME. Toward a New Conception of the Environment-competitiveness relationship[J]. *The Journal of Economic Perspectives*,1995,9(4):97-118.

[10]Berrone P,Gomez-Mejia LR. Environmental Performance and Executive Compensation:An Integrated Agency-institutional Perspective[J]. *Academy of Management Journal*,2009,52(1):103-126.

[11]孙晶,蒋伏心. 金融集聚对区域产业结构升级的空间溢出效应研究——基于 2003—2007

年省际经济数据的空间计量分析[J].产经评论,2013,1:5-14.

[12]张晔林.金融集聚下我国产业结构调整路径——基于1999—2012年省级面板数据[J].金融纵横,2013,11:46-52.

[13]邓向荣,杨彩丽.极化理论视角下我国金融发展的区域比较[J].金融研究,2011,3:86-96.

[14]杨义武,方大春.金融集聚与产业结构变迁——来自长三角16个城市的经验研究[J].金融经济学研究,2013,6:55-65.

[15]杜雪.泛珠三角区域的金融集聚研究[D].广西大学,2013.

[16]黄建欢,吕海龙,王良健.金融发展影响区域绿色发展的机理——基于生态效率和空间计量的研究[J].地理研究,2014,3:532-545.

[17]陆军,徐杰.金融集聚与区域经济增长的实证分析——以京津冀地区为例[J].学术交流,2014,2:107-113.

[18]周海鹏,李媛媛,李瑞晶.金融产业集聚对区域经济增长的空间效应研究[J].现代财经(天津财经大学学报),2016,2:63-76.

[19]习羿晖,陶长琪.金融集聚视角下金融发展对产业结构优化的影响研究[J].江西师范大学学报(自然科学版),2016,3:245-250.

[20]刘军,黄解宇,曹利军.金融集聚影响实体经济机制研究[J].管理世界,2007,4:152-153.

[21]黄永明,林江鹏.金融产业集聚对区域经济发展——兼论金融中心建设[J].金融理论与实践,2008,(5).

[22]刘红.金融集聚对区域经济的增长效应和辐射效应研究[J].上海金融,2008,6:14-19.

[23]黎平海,王雪.基于金融集聚视角的产业结构升级研究——以广东省为例[J].广东金融学院学报,2009,6:51-59、127-128.

[24]刘铁牛.我国技术创新与资本市场发展的协整分析[J].经济研究导刊,2009,17:69-71.

[25]朱欢.我国金融发展对企业技术创新作用效果的实证分析[J].科技管理研究,2010,14:26-30.

[26]姜冉.泛珠三角地区金融集聚与经济增长——基于1982—2007年的数据分析[J].经济研究导刊,2010,20:60-61.

[27]李林,丁艺,刘志华.金融集聚对区域经济增长溢出作用的空间计量分析[J].金融研究,

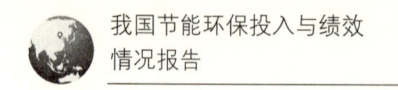

2011,5:113—123.

[28]张晓燕,王成亮.我国金融结构和产业结构关系的实证研究[J].当代经济(下半月),2012,4:32—33.

[29]顾海峰.战略性新兴产业演进的金融支持体系及政策研究——基于政策性金融的支持视角[J].科学学与科学技术管理,2011,7:98—103.

[30]罗子嫄,何宜庆,毛华.华东地区金融集聚与经济发展耦合关系研究[J].企业经济,2013,8:135—138.

[31]豆晓利.基于空间模型的我国金融集聚对区域经济增长的溢出作用分析[J].区域经济评论,2013,6:113—120.

[32]马军伟.金融支持战略性新兴产业发展的障碍与对策[J].经济纵横,2013,1:94—97.

[33]何凌云,祝婧然,边丹册.我国环保投资对环保产业发展的影响研究——基于全国和区域样本数据的经验分析[J].软科学,2013,1:37—41.

[34]夏喆,王晓东.广州市战略性新兴产业发展的金融支持政策研究[J].科技管理研究,2014,24:37—40.

[35]王弓,叶蜀君.金融集聚对新型城镇化影响的理论与实证研究[J].管理世界,2016,1:174—175.

[36]化祥雨,杨志民,叶娅芬.金融空间联系与经济增长关系——基于江苏省县域的实证研究[J].经济地理,2016,3:32—40.

[37]Parris S, Demirel P. Innovation in venture capital backed clean, technology firms in the CK[J]. *Strategic change*, 2010, 190:343—357.

[38]Solomon T adesse. Financial Architecture and Economic Performance: International Evidence[J]. *Finance Development and Technology*, 2010, 11:429—454.

[39]杨光.浅析地方性商业银行向区域性转型的发展策略[J].中小企业管理与科技(上旬刊),2011,11:89.

[40]高秀艳,高亢.区域高技术产业竞争力评价与对策分析——以辽宁省为例[J].企业经济,2012,1:141—143.

[41]张亮,周申.金融扭曲差异与外商投资:存在U型曲线关系吗?[J].产业经济研究,2012,1:87—94.

[42]尚杰,姜睿.要素禀赋对区域环保产业竞争力的影响研究——基于Kim-Marion模型和

Moreno 模型的实证分析[J]. 我国软科学,2012,2:166—173.

[43]李红,王彦晓. 金融集聚、空间溢出与城市经济增长——基于我国 286 个城市空间面板杜宾模型的经验研究[J]. 国际金融研究,2014,2:89—96.

[44]陆军,徐杰. 金融集聚与区域经济增长的实证分析——以京津冀地区为例[J]. 学术交流, 2014,2:107—113.

[45]周丽丽,杨刚强,江洪. 我国金融发展速度与经济增长可持续性——基于区域差异的视角[J]. 我国软科学,2014,2:58—69.

[46]唐松. 我国金融资源配置与区域经济增长差异——基于东、中、西部空间溢出效应的实证研究[J]. 我国软科学,2014,8:100—110.

[47]程钰,任建兰,陈延斌,徐成龙. 我国环境规制效率空间格局动态演变及其驱动机制[J]. 地理研究,2016,1:123—136.

[48]Mckinnon, R. L Money, Capital in Economic Development[M]. Brookings Institution, Washington, D. C., 1973.

[49]Shaw, E. S. Financial Deepening in Economic Development[M]. New York : Oxford University. Press,1973.

[50]黄建欢,吕海龙,王良健. 金融发展影响区域绿色发展的机理——基于生态效率和空间计量的研究[J]. 地理研究,2014,3:532—545.

[51]陆军,徐杰. 金融集聚与区域经济增长的实证分析——以京津冀地区为例[J]. 学术交流, 2014,2:107—113.

[52]林毅夫,姜烨. 经济结构、银行业结构与经济发展——基于分省面板数据的实证分析[J]. 金融研究,2006,1:7—22.

[53]李仁杰. 绿色金融的探索与实践[J]. 我国金融,2011,10:29—31.

[54]辛璐,赵云皓,徐顺青,孙宁. 促进环保产业发展的环境政策制度链研究[J]. 我国人口·资源与环境,2014,11:97—99.

[55]张雪梅. 西部地区生态效率测度及动态分析——基于 2000—2010 年省际数据[J]. 经济理论与经济管理,2013,35(2):78—85.

[56]涂红,刘月. 我国风险资本市场发展的决定因素:基于分地区面板数据的经验分析[J]. 南开经济研究,2014,2:76—98.

[57]胡鹏,覃成林. 空间外部性、空间依赖与空间外溢之辨析[J]. 地域研究与开发,2011,30

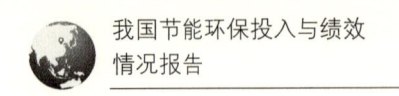

(2):5-9.

[58]武建龙,王宏起.战略性新兴产业空间布局方法及其应用研究[J].我国科技论坛,2013,4:28-34.

[59]汤向俊,张国强.区域战略性新兴产业竞争力比较:以长三角、珠三角和京津冀为例[J].经济问题探索,2012,8:42-47.

[60]尚杰,姜睿.要素禀赋对区域环保产业竞争力的影响研究——基于Kim-Marion模型和Moreno模型的实证分析[J].我国软科学,2012,2:166-173.

[61]谢友宁,钮钦.战略性新兴产业集聚区社会效益评价及实证研究[J].华北金融,2013,2:29-33.

[62]徐健万,丛颖.我国区域战略性新兴产业的发展评价[J].现代管理科学,2012,6:82-84.

[63]杨威,贾根良.战略性新兴产业与美国经济的崛起——19世纪下半叶美国钢铁业发展的历史经验及对我国的启示[J].经济理论与经济管理,2012,1:97-110.

[64]袁冬梅,魏后凯,于斌.我国地区经济差距与产业布局的空间关联性——基于Moran指数的解释[J].我国软科学,2012,12:90-102.

[65]周晶.战略性新兴产业发展现状及地区分布[J].统计研究,2012,9:24-30.

[66]朱方明,古冰.我国污染密集型产业区域转移动机及区位选择的影响因素研究[J].云南社会科学,2013,3:66-70.

[67]祝尔娟,牛立超.战略性新兴产业发展与主导产业变迁的关系[J].发展研究,2011,6:77-81.

[68]汤向俊,张国强.区域战略性新兴产业竞争力比较:以长三角、珠三角和京津冀为例[J].经济问题探索,2012,8:42-47.

[69]吉钠娜,杨树旺.利用风险投资加快我国环保产业发展[J].我国环保产业,2003,12:7-9.

[70]魏星,夏恩君,李全兴.风险投资项目决策中的风险综合评价[J].我国软科学,2004,2:153-157.

[71]邢恩泉.基于资金引导模式的政府引导创业投资的经济学模型分析[J].投资研究,2014,12:25-42.

[72]陈作章,贝政新,施耀,荣誉满.政府引导基金投资杠杆效果与激励约束和监督机制创新[J].中小企业管理与科技(下旬刊),2014,7:155-162.

[73]田雪平,季春香,夏小勇.商业银行信贷业务环保风险及防范[J].金融纵横,2013,9:70—74.

[74]徐扬,汪世琦.风险投资对环保产业的推动——以东江环保为例[J].绿色科技,2014,1:211—215.

[75]王晓刚,陈浩,屈志光.我国环保产业发展问题研究:环境资本运营的视角[J].生态经济,2013,2:104—109.

[76]徐顺青,逯元堂,陈鹏,朱建华,高军.民间资本投资环保项目创新模式分析[J].我国人口·资源与环境,2013,S2:251—254.

[77]方虹,姚鹏,方惠,何琦.环保产业投融资模式选择与效率研究[J].全球化,2014,1:97—108、126.

[78]郭朝先,刘艳红,杨晓琰,王宏霞.我国环保产业投融资问题与机制创新[J].我国人口·资源与环境,2015,8:92—99.

[79]陈雯.我国环境保护投融资问题与机制创新研究[J].长春大学学报,2016,1:11—15.

[80]Christopher S.Galika, Robert C.Abtb, Gregory Lattac, Andréanne Méleyb, Jesse D.Hendersonb.protect areas:public or partnerships[J].2016,15:264—274.

[81]黄福广,彭涛,田利辉.风险资本对创业企业投资行为的影响[J].金融研究,2013,8:8—18.

[82]黄福广,彭涛,田利辉.地理距离如何影响风险资本对新企业的投资[J].2014,6:83—95.

[83]彭涛,黄福广,熊凌云.地理邻近对风险资本参与公司治理的影响[J].管理科学,2015,4:46—58.

[84]涂红,刘月.我国风险资本市场发展的决定因素:基于分地区面板数据的经验分析[J].南开经济研究,2014,2:76—99.

[85]原毅军,耿殿贺.环境政策传导机制与我国环保产业发展——基于政府、排污企业与环保产业的博弈研究[J].我国工业经济,2010,10:65—74.

[86]汪秋明,陶金国,付永红,丁远.环保产业集聚绩效影响因素的实证研究——基于宜兴市环保产业集聚企业调查问卷数据[J].我国工业经济,2011,8:149—159.

[87]逯元堂,吴舜泽,赵云皓.基于环保投入的区域环保产业发展空间均衡性分析——以2004—2011年为例[J].我国环境科学,2015,5:1586—1591.

[87]岳文飞.我国环保产业投融资机制及效应研究[J].财会研究,2014(10):208—210.

[88]Dima Jamali. Success and failure mechanisms of public private partnerships (PPPs) in developing countries: Insights from the Lebanese context[J]. *International Journal of Public Sector Management*,2004,5:414—430.

[89]Xiaolan Fu, Jun Hou. Key Determinants of Technological Capabilities for a Green Economy in Emerging Economies[J]. *Technology and Innovation for Sustainable Development*,2015,3:151—217.

[90]Wilkinson, Xia&Chen. Promoting low carbon building industry development through PPP procurement system in China[J]. *Sustainable Buildings and Structures*,2016,1:226—252.

[91] Photis M. Panayidesa, Francesco Parolab, Jasmine Siu Lee Lam. The effect of institutional factors on public-private partnership success in ports[J]. *Transportation Research Part A: Policy and Practice*,2015,71:110—127.

[92] Chung D, Hensher D. A, Rose J. M. Toward the betterment of risk allocation: investigating risk perceptions of Australian stakeholder groups to public-private-partnership toll road projects[J]. *Research in transportation economics*,2010,30(1):43—58.

[93] Svensson A, Hoffman A. Allocation of Risks in PPP Projects: A Comparison of UK Standard Form and Swedish ABT 06[D]. Halmstad University,2011.

[94] Li B, Ren Z. Bayesian technique framework for allocating demand risk between the public and private sector in PPP projects[C]//Service Systems and Service Management,2009. ICSSSM'09. 6th International Conference on. IEEE,2009:837—841.

[95]Sutherland, D. Araujo, S. Public-Private-Partnerships and investment in Infrastructure[R]. OECD Economics Department Partnerships and Investment in Working Papers, Vol. 803, 2010.

[96]Wagenvoort, R, Nicola, C& Kappeler. A. Infrastructure finance in Europe: Composition, evolution and crisis inpact[J]. *EIB Papers*,2010,1:16—3.